U0934261

天津文史資料選輯

第130辑

中国人民政治协商会议天津市委员会
文史资料委员会 编

天津出版传媒集团
天津人民出版社

图书在版编目(CIP)数据

天津文史资料选辑. 第130辑 / 中国人民政治协商会议天津市委员会文史资料委员会编. -- 天津 : 天津人民出版社, 2018.12
ISBN 978-7-201-12336-3

Ⅰ. ①天… Ⅱ. ①中… Ⅲ. ①文史资料-天津 Ⅳ. ①K292.1

中国版本图书馆 CIP 数据核字(2018)第 286346 号

天津文史资料选辑第130辑

TIANJIN WENSHI ZILIAO XUANJI DI130JI

出　　版　天津人民出版社
出 版 人　刘　庆
地　　址　天津市和平区西康路35号康岳大厦
邮政编码　300051
邮购电话　(022)23332469
网　　址　http://www.tjrmcbs.com
电子信箱　tjrmcbs@126.com

责任编辑　岳　勇
装帧设计　明轩文化 TEL:23674746 ·王　烨

印　　刷　高教社(天津)印务有限公司
经　　销　新华书店
开　　本　787毫米×1092毫米　1/16
印　　张　21
字　　数　250千字
印　　数　1800册
版次印次　2018年12月第1版　2018年12月第1次印刷
定　　价　68.00元

目录

庆祝改革开放40周年

纪念“五一口号”发布70周年

纪念高考恢复40周年

忆人忆事

津门工商往事

庆祝改革开放 40 周年

从粮店售货员到博物馆馆长

——改革开放40年之人生际遇

·陈　克·

一、高考之路：机会总是留给有准备的人

40年前，已近而立之年的我参加了高考，从此改变了我的人生轨迹，一直走到现在。事情要从1966年说起。

1966年6月18日，《人民日报》发表北京女一中和北京四中的两封《致毛主席的信》，提出砸烂高考制度。从那时起，许多人的高考梦破灭了，我的高考梦结束得更早，初中毕业后我上的是粮食学校，对于职员出身的我来说，这不失为明智之举，至少躲过了上山下乡。1968年，我被分配到离家一百多里的大港油田的粮店，这一生似乎就定局了。在个人前途迷茫的时候，父亲给了我很好的人生指导：一要好好工作，做一个正直的人；二要努力学习本领，不要荒废时间。他甚至为我设计了学中医的方向，因为当时社会认同了赤脚医生，加上各种中医经典出版很多，中医成为“文革”中的“显学”。父亲告诉我，学中医不一定上大学，必须先掌握经典，有机会再向名医请教临床脉象和辨

证施治。我买了《医宗金鉴》等书，还背过药性赋、汤头歌等。1972年尼克松访华，同年10月北京电台开始播出业余英语广播讲座课程。对求知无门的我来说，这不啻为一股解渴的甘泉。无须沟通，父亲已为我买到了抢手的课本，全力支持我学习。我又花了近两个月的工资，买了一台半导体收音机。学习过程是艰苦的，困难在于坚持，当时没有录音机，没有参考书，只能在工作之余，在规定播出时间收听。外语热不过是开始热，逐渐坚持下来的人就少了，课本越来越好买。采油指挥部来了南开大学开门办学的老师，我也参加了学习班。一开始四五十人，后来剩了不到十人。学习资源还是越来越多，最解渴的还是“美国之音”的“英语九百句”，在油田收听没干扰，何丽达的声音十分清楚。“美国之音”的特别英语新闻加上文学读物，极大地丰富了学习内容。我的收音机也给力，每天都是伴着《汤姆沙耶历险记》或《欧亨利浅读》入睡。回想起那时的学习，并没有什么特殊目标，但是每天都有新收获，生活充实又有趣味。

1977年10月21日，新华社、《人民日报》发布了恢复高考的消息。那年我29岁，心里很羡慕，但没敢妄想。一天采油指挥部的一位北京朋友问我报名没有，我说年龄过了，他说这次没有年龄限制，这次就是收咱们这批人的。我一听，脸上不动声色心里却乐开了花。人生三步棋，上学、工作、结婚，基本就定了，工作了9年，难道还能重头来不成。第二天一早我就跑到管理站报名考试，站里的书记说，你那么大岁数跟着起什么哄。我就搬出《人民日报》社论，说要响应党中央号召，粉碎“四人帮”阴谋云云，当时那形势，谁也不敢拦。报名就要填志愿，那时天津没几所大学，我就填了南开大学外文系。报完名静下心来，面对的是手头没有一本书，时间还剩不到一个月的现实。于是我以最快的速度跑回天津，找到在中学当老师的哥们李智华，凑齐了一套课本，然后回到大港。单位并没有放我的假，白天上班晚上看书。那些日子，“粮店大陈”报名的消息传遍了采油基地，问候的人络绎不绝。特别是那些老大学生，感觉比我还兴奋，自告奋勇帮我复习，给我讲题，还真就有两道解析几何题，考试时派上了用场。

一个月时间一晃就过去了，考场设在几十里外的咸水沽。油田的冯大哥安排我和另一个报考的年轻同事孙振琦住在咸水沽的家里，给我们做饭，盛情难忘。当天晚上，咸水沽全镇停电，只能点蜡烛，给考试之行添了点戏剧性。两天的考试很顺利，历史、地理算满分100分，我都提前交的卷。问题出在第三天的外语考试，早晨一睁眼就感到头像炸裂了一样，原来是中了煤气。老冯找来了醋，喝了半瓶，又吃了一把去疼片，一时也不见效。考场换到了3里地外的咸水沽一中，老冯和小孙架着我一步一步挨向考场，回想起来，真有点与命运拼搏的味道。进了考场，卷子有五六张，老题型，不算难，于是头痛似乎轻了一些，一刻钟后，我发现教室里还剩了不到一半人，大概都交白卷了。写完最后一个字母，头痛完全好了，走出考场信心满满地深吸了一口气，好像获得了新生。

等待发榜才是真正的好事多磨，口试过了，体检的程序也过了，但第一批发榜通知始终没接到。一种不祥之兆笼罩在心头，周围人们好奇的关注让我无言以对。此时恰好外祖母在北京住院，我干脆请长假去了北京。过了一个来月，又传来扩大招生的消息，刚调整好的心态又被搅成乱麻，回想我那考试状态也不至于落榜啊。

一天，我突然觉得归心似箭，立刻就要回去看看。安排好医院的事，就奔回天津，马不停蹄赶到大港的粮店。一进门，店里值班的小杨就慢条斯理地说："陈师傅，听说您考上了，书记让你回电话呢。"我故作镇静地回答："别找乐啊，烦着呢。"打通了电话，传来书记津南的口音："你小子这回行了！"听到这话我知道事情落实了。后来，粮食局人事处正式征求我的意见，是否同意改成历史专业。我迫不及待地签了字，拿到了我期盼了两个月的通知书，心说兽医专业我也干啊。就这样时刻努力着、准备着，我终于抓住了上大学的机会，也由此改变了本来几乎已成定局的人生轨迹。

二、校园生活:聆听、思考、努力、释放

梦游一样回到天津,走进那魂牵梦绕的南开校园,当时还是满院地震棚。“又来了一个大个儿”,这是在系办公室听到的第一句话。系办胡主任催促我马上去上课,说已经落下了两个月的课,一周后中国通史就期中考试,我本可以选择免考,但还是决定参加考试。抄了一星期笔记后,考试得了83分,这个结果让我信心大增,因为班里还有不及格的。

我很快就融入了班集体,他们来自各行各业,每个人都有故事。我自以为看的书多,进校门才知道那不过是些知识碎片,专业课程的实质是让知识系统化。需要补读的书浩如烟海,真是“学拳三年打遍天下,再学三年寸步难行”,“十年浩劫”中丢掉的时间太多了。我得重新适应课堂提问,如基础英语课从中级班开始,我是经过了几星期的课堂提问和上前写黑板的考验,才被认可插班的。有一次中国通史课,孙香兰老师问“什么叫外戚?”没人回答,就叫起了我。我说:“就是皇后的娘家人吧?”“从哪知道的?”“小人书。”另一方面就是学习治学方法,那是一辈子的事,大学只是入门,或者说是建立一种目标和自信心而已。

当时南开大学历史系名家荟萃,郑天挺、杨志玖、王玉哲、杨翼骧、林树惠、魏宏运、刘泽华、来新夏、吴廷璆、杨生茂、辜燮高、黎国彬、王敦书、陈振江、冯尔康、南炳文等悉数上讲台讲课。那时没有教科书,全凭上课记笔记,因此,课堂上每句话都不敢落下,否则考试时没法复习。那一届学生很苦,也是幸运的,能近距离感受先生们的智慧。我特别爱听黎国彬先生的专业英语课,他选的范文都是历史哲学,很过瘾。周继坤先生的美国史文选也很棒;刘泽华先生的课堂很热闹,互动较多;南炳文先生要求每个学生都上去讲一课。那时学术禁区正在逐渐被打开,很多专题课都是“文革”后重开的,学生的思想十分活跃,课间答疑最热闹。学生与先生之间互相点烟的场景也颇奇葩,于可先生和杨翼骧先生都是超级烟民。我们也常去听别的系课,如中文系叶嘉莹先生讲的诗

词，哲学系车铭洲先生讲的萨特、宁宗一先生讲的金瓶梅等。那时也开始有外教了，中西交通史课就请来了日本学者藤枝晃讲敦煌学，我选了这门课的。藤枝晃腿有些不方便，还一直站着讲课。他说的中文不太清楚，吴廷璆先生一直坐在下面补充。“敦煌在中国，敦煌学在国外”，这句话到底是吴先生插话，还是翻译藤枝晃的话，成为悬案。平心讲，当时藤枝晃是在介绍敦煌文书流散海外现状，并没有贬低中国的意思，听过课的人没人纠缠这句话，后来有人拿这句话做文章很不公平。我很享受学校里的学术气氛，既活跃又严肃，既超凡脱俗而又严谨有序。

在学校里，精神得到极大的释放，不仅在学习上，也在业余活动上。一天，校团委和学生会的干事找到我，要我组织乐队。可能是我在班里吹牛，让他们知道了。我从小就是音乐爱好者，无论在中学还是在油田，都是乐队成员。在采油指挥部时，团泊洼干校来的音乐家钟立民在油田办了工人作曲班，曲式学、和声学，我好歹学了一通。在学校，面对紧张的学习任务，我很纠结，最后还是同意了。这个事又喜欢，又没做过，当乐队指挥对我是一个挑战。除了添置乐器外，我们还参观了几所北京的高校。清华大学的乐队有专业老师，连分谱都有人给抄，而我们则是连总谱都得自己去找。学生中选出的乐手很优秀，有些是在文工团待过的专业乐手。选了一些曲目，都很简单，如《天鹅湖》《海滨圆舞曲》什么的，找没人地方背总谱吧。业余乐队演成什么样都成功。后来又组建了民乐队，每年全市大学生会演都是压轴节目，水平还行吧。另外我指挥系里的合唱队，谱个曲子什么的，出尽了风头。有一次来了一批老南开校友，据说都是原南星合唱团的，要重温当年的风采，也拉我来指挥。只记得朗诵的人是鲁园，演出也很成功。历史系历来很活跃，韩永进写了个剧本《于谦》，全年级都参加了演出，我为主题歌谱了曲，还组织了小乐队录音配乐。那时大家都很兴奋，事实证明文体活动并不耽误学业，反而又有助于激发人的潜能。

大学的学习生活，是我人生的转折，新鲜事来得太多，还来不及消化，那短暂的四年就结束了。

三、重入社会：扎根博物馆，在社会课堂里学习、磨砺

1982年春天，我毕业被分配到天津历史博物馆，在大港9年天天盼着回天津，总算回天津工作了，很满意这个单位。我是高考后第一批分配到博物馆的大学生，以后每年都有各地毕业生分来，但是多数都志存高远，有的考研，有的出国，走了二十几个。其实我喜欢历史博物馆还因为这里有一批老先生，很多都是老大学生。如51年的翟乾祥、53年的顾道馨，后来的廖永武、王文斌、张树勇、蒋原环、陈瑞芳等一批南开前辈，有韩嘉谷、李经汉、张黎辉等北大的前辈，厦大的林开明等。当学生时历史系曾组织到天津历史博物馆集体参观，顾道馨老先生给我们讲解，我听到最后，直到外面的大轿车司机催着走。谁知道我后来真被分配到了历史博物馆，与顾老的办公室隔壁。当时国内文化热方兴未艾，大量的国外经典著作被介绍到国内，顾老给我们几个年轻人指出了一个读书方向，即从民俗学入手，进而扩大视野到社会学与文化人类学的路径。从小册子《社会学是什么》开始，到弗雷泽、马林诺夫斯基、利普斯、柳田国南、弗洛伊德、本尼迪克特等人的作品等，再到《走向未来丛书》《二十世纪文库》《现代社会学研究丛书》，只要新书一出就买。读这些初级读物又必然追溯到《汉译名著》中的经典。很多书顾老都读过，不时与我们讨论。越来越多的新书都是过去曾被冠以资产阶级学说，该补读的书浩如烟海。这些书在读大学时还没出版，我如饥似渴地阅读。回想起来，学校的课程还局限在传统范式里，如果20世纪80年代不读书肯定要被淘汰。看起来所谓“十年浩劫”只不过是表面的现象，学术上的浩劫岂止10年，被耽误的又岂止我们这一代。

1983年中国民俗学会成立，顾老是创始人之一。在顾老与乌丙安、张子莀、郭子升等老前辈编纂《中华风俗词典》的同时，顾老在天津博物馆主持了国内第一个民俗陈列。那个展览从内容到形式都是创新的。此

外，顾老与许钰、乔维堂等主编了《中华风俗小百科》一书，分给我“居住器用”一章，在与之相配的丛书里又分配我写《中国语言民俗》。在写作中，顾老给予了直接的指导。这次写作实践，使当时读的书有了用武之地，同时又逼我读更多的书。顾老的口传心授打开了我的眼界，使我的知识结构调整到适应博物馆工作的领域中来，令我受益终生。

一天，我发现东侧厅里面堆满了书，由于“文革”中很多老馆员都被下放，谁都不知道是何时堆在那的。仔细一看，那些书都是民国版的，还有不少线装书，上面满是尘土，还不时有人踩着书进出，觉得很心疼。我问了一下馆长，他说因为太脏，没人愿意整理。于是我就自告奋勇提出整理这些书，副馆长廖永武同意了，一同参加的还有岳宏、王昆江和赵进中。一上手才发现尘土实在太多，只要一动书，现场就弥漫起尘雾。两个来月，每天都是灰头土脸，现在想起来不知吃了多少尘土。虽然清除了尘土，资料室还是不接收，说是带虫卵的书不能进库房。这时我想起上中专时学过的粮油害虫防治课，包括了书鱼、书蠹等害虫。于是找到当时粮校的害虫防治教研室，请他们帮忙，那里的教师大部分是我的同学，搞熏蒸很专业。于是在博物馆找了一间孤立的地震房，周围拉上警戒线，还画了骷髅标志。那个骷髅至今还是馆里人的话题。消毒完成后我们又人抬肩扛，把书运上三楼。粗算起来，共有两万多册，大部分是民国平装书。后来我当陈列部主任时，资料室划归我部，岳宏和王昆江都是资料室图书建设的主力。天津博物馆资料室藏书 20 万册，当时在市里排名第六。

（一）第一次独立主持展览

我在博物馆独立主持的第一个展览，是 1985 年的纪念抗日战争和世界反法西斯胜利 40 周年展，那个展览要表现抗日战争正面战场。过去教科书里对正面战场的叙述很简单，而且缺乏细节。陈列展览必须用形象说话，为此我在资料室下了很大功夫，确实从旧画报里翻出很多资料。关于二战的资料相对多一些，我们还买到中央电视台发行的一套二十几个小时的二战纪录片，配合展览放映。展览的艺术设计杨国良也是第一次独立设计，小伙子很有才华，我们配合很好。由于内容敏感，宣传部反复审查，找出一些错字，但有一处展牌颠倒却没发现，而电视片又审了好几天。展览获得了成功，观众踊跃，只是座谈时，有个别老干部仍认为国民党是消极抗战的，应多表现敌后战场。

1986年恢复职称评审，馆里很多人面临外语考试。我又自告奋勇在馆里办了个英语补习班，此举惠人惠己，我也得复习。令人欣慰的是，最后班里有人通过了中级职称考试。有一年，国际博协两位专门委员会主席荷兰人门施博士和波尔博士来天津，分别要在南开大学和历史博物馆办讲座。李经汉馆长找到我说，这回我们就不找翻译了，就你来吧。我答应了下来，但会场翻译这活从来没干过，心里没底。中午我先跑到南开大学见到了两位专家，冯承柏先生做了介绍。谈话中波尔说他有讲稿，我一听喜出望外，连忙要了过来。趁他们中午休息，我先预习了一遍。到了现场还是有些紧张，波尔讲了一大段回头一看我，全场各馆的业务人员也都盯着我，又听他讲，又对文字稿，脑袋一会就大了。有一段我翻过头了，波尔再说时，我只能跟大家说实话，结果哄堂大笑。这一下反而轻松了，既然了解内容就不必拘于一字一句，干脆脱稿翻译更顺。这次经历使我信心大增，以后再也不怵这种场合了。在天津历史博物馆时期，我获得了“文化部优秀专家”称号。

(二)筹建平津战役纪念馆

1994年8月23日，由十四届中共中央政治局常务委员会第67次会议决定在天津修建平津战役纪念馆，并责成北京军区牵头，会同北京市、天津市共同完成建馆工作。1995年5月，我被抽调去参加平津战役纪念馆建馆，那又是新的体验。由张新生副局长牵头从文化局挑选了7个精兵强将，组成建馆办公室。为先辈建纪念馆激起大家极大的工作热情，另外建委有的同志总是怀疑我们人太少，还举出某某工程指挥部有七十多人的例子，我们也很不服气。军民三方共建新馆，协调关系异常复杂，面对繁杂的基建手续、各种会务和文件的起草和管理、重要接待等，我们7个人使出了浑身解数，几个月以后指挥部的工作得到了三方领导的认可。建馆工程当时是天津市的一号工程，得到军地领导和全市人民的热情支持，我们联系工作时充满自豪感。

当年11月底举行了高规格的奠基仪式，由天津市负责，实际具体会务则由我们指挥部负责。一次会上，市政府副秘书长刘玉麟说，我们还需要一个现场总指挥，小陈你就来吧，我们给你做后盾。对此我毫无经验，又是不小的挑战。会议常开到半夜，打交道的可是中办、国办和军办的领导，使我见识了不少高层的办事程序以及细节。来宾尽是大人物，有洪学智、杨成武等二十多位老前辈，时任中央军委副主席张万年、北京军区司令员李来柱，还有国家计委、财政部的领导，北京市和天津市的主要领导等。从行车路线、交通管制、宾馆安排、排位、现场布置、应急预案，到用餐、合影、全程安全警戒、会议议程等虽然有各系统各负其责，但我都要心中有数，保证落实。我记住了周恩来的一句话"把小事当大事办"才能万无一失。奠基前一天，一切准备就绪后，我给七八个单位的军官现场布置任务，事后张新生副局长拍着我的肩膀说，小陈你注意没有，都是大校啊。我的感觉则是"挟天子以令诸侯"。第二天一切进行得很顺利，我在现场及时补了几个漏。等待时队伍有点乱，我就临时拟了几条会场纪律，当场宣布，效果很好。请来电视台女一号做司仪，我把稿件中的人名难字都注了音。奠基仪式进行得很顺利，得到中央几个办公厅的好评。

建馆期间，我们接待了许多重要人物，与部队建立了密切的关系，特别是与北京军区政治部、军事博物馆设计部、军科院和国防大学关于大纲的沟通、北京军区负责的文物征集、天津建筑设计院的设计方案与军博多维演示厅的结合等，都是纪念馆的关键环节。我们结识了军博的设计大师杨谷昌和许多艺术家，与北京军区政治部建立了亲密的关系。两年多的时间里，许多天津市民和驻天津的师以上部队都来参加义务劳动。我当时是现场指挥部办公室主任，参与了建馆的各环节，并参与了对新馆的运作模式、机构设置、人员组成等的设计，经历了博物馆学的实践过程。之后，我和北京军区的马战校秘书分别起草李来柱司令和王德惠副市长在项目总结会上的发言稿，稿件都充满了军地双方的真实情感，使会场气氛十分融洽。这段经历使我极大地开阔了眼界，提升了能力。

1997 年 7 月 28 日，平津战役纪念馆隆重开馆，我留在纪念馆任副馆长。纪念馆展览内容对林彪及有关的一批军界人物的历史功绩，做了公正评价，社会影响很大。在观众中引人关注的是当年参战的老战士。有一批在广东的四野老战士，他们自发组织了参观团。他们在序厅五大书记铜像前行军礼，每个人都泪流满面，场面感人至极。

许多老前辈或是其家属子女纷纷前来参观等。刘亚楼的夫人翟云英是中苏混血，她来馆时一张口竟然是天津南郊口音，原来她母亲是俄罗斯人，父亲翟凤歧是咸水沽人，是由东北逃亡到俄国的华工。1917 年，翟凤歧参加了列宁领导的十月革命，是“中国团”的战士。开馆时吴法宪已经搬到北京，因天津战役时吴法宪是二纵政委，我们便称他吴政委。老人是由亲属推着轮椅来的，他的双臂布满伤疤，而且还缺一个拇指，显然是身经百战。进馆后他一言不发，只是默默地参观。当轮椅推到有他照片的地方时，他的夫人问他“这是谁？”他突然打起精神一拍胸脯说“我”。整个参观他就说了这一个字。有一个感人至深的故事，一位叫刘岩的老战士，当年攻打西营门时是尖刀班成员，战斗前 13 个人约定，活下来的人扫墓时要给牺牲的人送点烟酒。战斗结束时只有刘岩一个人活下来。他每年从湖北如约到天津红桥烈士陵园来扫墓，一直坚持了 50 年。1999 年纪念天津解放 50 周年时，他来到天津，在平津馆参加了报告会。当他坐火车去东北探望老部队时，在沈阳车站因劳累过度，心脏病突发去世，时间正好是 1 月 14 日。

当时党和国家领导人江泽民、李鹏、乔石、李瑞环、胡锦涛、尉健行、田纪云等人来参观过，都是一级任务。中央军委的张万年、迟浩田及四总部、各大军区军兵种的领导也都来馆参观，基本上是由我来讲解的，可是见了不少的大人物。那几年平津战役纪念馆成了社会热点。我还接待过美国国防大学、美国战争学院、国防大学外军班、俄罗斯军官团，当年学的英语算是派上了用场。

为了充分发挥平津纪念馆的爱国主义教育基地和国防教育基地的作用，建馆初期我还主持了一些临时展览，如警钟长鸣——世界现代兵器大型图片展、世界现代海军兵器仿真模型展、百年国耻——八国联军侵华史实展、新中国从这里走来、平津战役英烈展等。1999 年发生了中国驻南斯拉夫联盟使馆被炸事件，此后中国革命历史博物馆推出邵云环、许杏虎、朱颖三烈士展，后来听说主办单位是光明日报社，正好我一位南开同学胡萌在报社任国际部主任，许杏虎就是她的同事。我当即跑到北京光明日报社找到她，提出天津引进展览的事，请示当时的社长王晨，很快答应下来，胡萌帮了大忙。一个月后我们在天津举行了一个隆重的开幕式，王晨来天津参加了开幕式，因为朱颖是天津人，我们还请来了朱颖的父母。展览取得轰动效应。

建馆初期，纪念馆就接到了有关部队赠送的导弹、飞机等展品，陈列在馆内广场。一天海军司令员石云生上将来馆参观时，听到我们需要退役兵器的要求时，立刻委托海装部天津局负责落实。我和办公室主任刘光欣随天津局同志来到北京海军司令部。海装部的同志要我们提要求，平津馆搞过兵器展，对国内兵器有点认识，于是就狮子大开口开了个单子，从舰艇、舰炮、鱼雷、深水炸弹到轰炸机、歼击机等。没想到人家一查当年退役装备表，单子里要的都有。一架轰五、一架歼五、一架歼六，机关炮、鱼雷等共十几件，最大的一件是六二丙护卫艇。六二丙是从海南退役的，馆长张世增去海南举行了交接仪式。舰艇是跟在台风“玉兔”后面拖回来的，到新河船厂进行了消毒整修，上层建筑提前拆解运回馆里。船体从外环线运回那天，报社作了《明天上街看军舰》的报道。

交通局大件办派出最好的拖车,各区交通队派出摩托车队护送。那天路边真是人山人海,直到天黑才到馆。那时候国人都在热议航母,我们就设计了一个航母的舰岛,把兵器布列其间,取名“军威园”。这是我在平津战役纪念馆参与的最后一件事。整个建馆过程要风得风,要雨得雨,都是各界的支持呀!

(三)筹建周邓纪念馆

在平津战役纪念馆建馆后,局领导又派我同时兼顾了周恩来邓颖超纪念馆的筹备工作。这又是非常有意义的一项大工程,如果说平津战役纪念馆是一段活的军事史,周邓馆就整个是活的革命史。天津有一个周恩来青少年时期在津活动纪念馆的基础,征集文物工作得益于该馆很能干的女馆员李爱华,她也是平津馆七人小组成员之一。她长期跟踪与周恩来有关的文物线索,与周、邓身边工作人员关系密切,人脉很广。我有幸接触了许多特殊人物,如周恩来的卫士长高振普、成元功,邓颖超的秘书赵炜等,获准多次进西花厅挑选文物,中央警卫局副局长高振普还带我们参观了毛泽东生活过的丰泽园、颐年堂等地。中央文献研究室周组专门开会为我们征集工作提供线索,那里很多优秀的年轻人与我们同龄。如田家英的女儿曾自,她的丈夫陈烈曾在南开大学博物馆专业上学,是李爱华的同学,因此对我们十分热情。我们拜访了中共中央文献研究室主任李琦,他曾任周恩来总理办公室副主任、教育部副部长,审定过《周恩来年谱》和《周恩来传》。李琦对建馆工作十分关注,听说我是1977年入学的时,十分感慨地回忆起当年在教育部主持那次考试的往事,并感慨地说“都成才了”。他还谈起有一个亲戚李锡九,曾是天津早期党组织的成员,我当然知道,于是就有了共同语言,临行时李老还赠书题字。不久李老就到天津参观平津战役纪念馆,我为他边推轮椅边讲解。

在征集周邓馆馆藏小物过程中,还拜访了许多艺术界名人,如新凤霞、袁雪芬等。为了周邓馆序厅的设计,我们拜访了中央工艺美院的周令钊先生，他是武汉黄鹤楼壁画的作者。他说，你们天津的地毯很出名，何不用挂毯呢？后来他为我们设计了《与天地同在》的挂毯。我们还拜访了沈尧伊先生，他是天津人，不久前曾为平津战役纪念馆创作了油画《战略决策》。这次我们希望他复制他那幅名画《遵义会议》，他很为难，因为该画所有权属于中国革命博物馆。经协商，复制画应比原画或大或小十厘米，这比原大复制要困难得多。出于对周恩来的感情，沈先生答应了。周恩来、邓颖超双人像非潘鹤莫属，他的作品一稿通过。这位国内顶尖的雕塑家给人的印象就是个老顽童，他心胸坦荡，与人一见如故。关于他去加拿大会见初恋情人的传奇故事，他毫不掩饰地给我们讲了很多细节，他的很多作品都是有故事的。那些年令人兴奋的任务令人目不暇接，我没有工作到周邓馆建成，就又被调去参加天津博物馆新馆建设了。

（四）文化中心博物馆陈列展览

新建的天津博物馆坐落在天津文化中心，就是把艺术博物馆和历史博物馆合并成一个大馆。我负责新馆的陈列展览，有了前两个馆的经验，干起来比较顺手。接任的文化局副局长张志是个艺术家，一点也不刚愎自用，幽默机智，工作配合很默契。比建馆更复杂的是，新馆开馆后我被任命为党委书记，这个有点意外，因为我一直是搞业务的。新馆的建设需要把两班人马合成一套，还得设计一套新的管理架构，协调人事关系是免不了的。好在这个书记只当了五年，急难险乱的事也处理了不少。

（五）外语派上了用场

在对外交流方面有几件事印象较深，一件是 2005 年 10 月在罗马和米兰隆重举行的意大利“中国天津周”，共有 17 项活动，各自为战。天津博物馆承担的四项是文物展、图片展、民俗展演和一个文化论坛。两套图片展牌提前制作好，放进四个行李箱和歌舞剧院的乐器一起运走。我们这一组有博物馆的岳宏、欧阳长桥和南开大学的陈志强，加我四个人。一到现场就自己动手，很快把展览布置起来。展览和讲演场地连在一起，第二天一上台，意大利人发现还是这四个人，很奇怪。我们是做了充分准备的，题目分别是“马可波罗、利玛窦、郎世宁和天津意租界”。每个人15分钟，互相放PPT，事先都演练过。意方有两人讲演，一位是威尼斯大学教授，讲中国近代法律；另一位八十来岁东方学院的教授，一开口就把我们震住了。他说认识巴金，并与钱钟书是好朋友，他主要是作学术回顾，也很不错。主持是一位老资格的院长老太太，会后我们交换了礼品。天津的媒体都来了，天津文化局的几个局长都出席，意方有五十多专家出席，论坛十分成功。天津各团队来的人都是精英，在国内随机应变能力很强，意方的负责接待的一个车辆调度安东尼，因受不了天津人工作方式的折磨，最终神经错乱，这是那次活动的插曲。

2006年夏天，我还奉命去美国洛杉矶，接收一位美籍华人王渤生捐献的二十多件张大千书画。张大千青年时代是在天津度过的，从铃铛阁中学毕业。这次的捐献在洛杉矶华侨中影响很大，当地天津同乡会的领袖陈军组织了一个盛大的招待会，把华人媒体都叫来了。同行的鉴定专家刘光启在会上分析了作品。然后，我先高度评价了王老的捐献行动，针对华侨认为国内博物馆落后的印象，介绍了当前国内博物馆突飞猛进的发展。这时许多年轻的记者纷纷问王老的这些画值多少钱，我想，该给这些人上课了。我说博物馆的文物具有多重价值，历史的、艺术的、科学的，也有市场价值，但那是由拍卖行定的。这些画都是张大千送给张老的，是张老与张大千友谊的见证，是张老人生的一部分，怎么能用市场价值来衡量呢。讲后再没人问这个问题了。

（六）拓展视野、发挥余热

2008年南开大学历史系77、78级聚会，由我和张树田主持。我说“我今年六十耳顺”，在场的来新夏先生当时就打断我说：“陈克，我六十才刚开始啊。”此话给我很大启发，因为第二年我就正式退休了。我在本行业中有一定的话语权的，业内朋友们给我安排了许多项目，忙个不亦乐乎，连原想的写作计划也开始不了，根本没有什么失落与过渡。那些项目不离历史文化，尤其是新建博物馆，喜欢干，又能证明自己的价值。有句话说得好："好汉不愿干的，赖汉子还干不了。"

退休以后有一个好处，可以自费出国，趁腿脚还行多跑跑，一来圆年轻时的梦，二来增长见识。我的兴趣还是在博物馆，尽量不跟团，旅游团基本不去博物馆。我做背包客，在印度见识了三大博物馆和阿丹陀等石窟，还拜谒了神往已久的泰姬陵；在澳洲看了22个博物馆。我已经看了一百多个博物馆，各国博物馆咋样谁也别再忽悠我了，而且拍的资料做项目时都用得上。2018年9月2日，巴西国家博物馆大火，2000万件藏品烧掉90%，当年5月我正好参观了该馆，拍下了500多张文物照片。听说该馆向全世界征集照片，我决定把我的照片全部捐献给他们。想不到我的余热还意外地帮到了国外的同行。

回想起在粮店工作的情景，不禁心潮澎湃。人生苦短，这40年好像一眨眼就过去了。然而世事变迁，国运、家运、个人命运交织在一起，天翻地覆，40年的空间也足够一个人纵横捭阖的了。家教是一个人的基本人格，当年所谓"老子英雄"之辈，今天未必都是好汉。而我感谢父亲要我做一个正直的人，努力自学不辍，40年虽没有太大的成就，自认为还算有声有色。七十从心所欲不逾矩，不混吃等死，也不过分强求，�櫌而不辍，自得其乐而已。

（作者陈克，天津博物馆研究员，已退休）

春风化雨　改革开放伴随我成长

·刘凯华·

1978 年年底，改革开放的春风吹拂中国大地，那年我刚满 13 岁。迄今 40 年，我人生的黄金阶段都是在这期间度过的，特别值得珍惜与回味。

我是一个幸运者，1978 年初夏，天津市实行小升初凭统考成绩入学，我是南开区白房子小学唯一全国重点学校——南开中学的学生，是“文革”结束后南开中学首批通过考试录取的初中生。周恩来“为中华之崛起而读书”的精神深深地教育和感染着我；学校当年倡导的“自学、自觉、自治”的办学理念培养了我做人做事的能力，为个人的成长打下了坚实基础。

1984 年我高中毕业考入天津财经学院（现天津财经大学）商业经济专业，开始了经济专业知识的启迪与熏陶。1988 年大学毕业被分配到南开区计委工作，从事区属商业公司年度经营计划和外汇额度收支计划的制定和下达工作。由于当时我国经济发展模式还是计划经济与市场经济相结合，对外开放刚刚起步，对外商投资企业限制很严，民营企业还没有充分发展。作为直辖市的一个区，其经济工作范畴还只是限于区属国有企业部分，企业活力不足，经济规模小，区级财政收入困难，区长经常为发工资到处“化缘”。1992年初，邓小平发表了著名的南方谈话。正是在这个历史背景下，我所从事的工作也发生了翻天覆地的变化，开始了一段与改革开放事业不解的缘分。

为响应南方谈话，加快改革开放步伐，天津市政府于1992年下半年开始，将限额以下的外商投资企业的注册审批权下放各区政府。适应形势发展要求，1993年南开区成立了区外经贸委，专司全区的外资、外经、外贸工作，是全区对外开放的前沿部门，我所在的科室整建制转入该部门，主要负责来区投资的中外合资、中外合作和外商独资企业合同、章程的审批。工作机构的设置为吸引外商来区投资提供了便利，1993年当年就审批成立中外合资企业17家，外商独资企业37家，超过了过去五年的总和。外商投资企业新增税收两千余万元，成为全区新的经济增长点，为区域经济的发展增添了活力。我从外资科的科员干到科长，2000年任区外经贸委副主任。为整合全区招商引资资源，增强招商引资力度，区委决定将负责对外招商的外经贸委与负责对内招商的经协办合并成立新的机构——南开区招商办，我于2003年底担任区招商办主任，一直到2007年年初离任。这期间既经历过南方谈话后对外开放高速发展时期，也经历过1998年受东南亚金融危机波及的低谷时期；既经历过进入21世纪后的快速发展时期，也经历过强调又好又快发展时期。改革开放带来思想解放的同时，也为经济发展带来了活力，区域内各类所有制经济竞相发展，企业规模不断壮大，区级财政收入由每年2亿元增长到10亿元，不但解决了财政供养人口的工资问题，民生投入和城市建设也都发生了巨大变化，人民群众成为改革开放的受益者。

十几年的招商经历有很多值得回忆的事情，有两件事记忆深刻：

一、首次召开南开区招商引资大会

改革开放，促进经济发展，改善民生，是各级党委、政府的职责所在。为加快招商引资步伐，引进更多的企业来区里投资，1994年年初区委决定成立南开区招商引资服务中心，由区政协主席担任中心主任，抽调全区的精兵强将组成临时机构，中心办公室设在区外经贸委，我自然成为办公室一员。

区招商中心成立后的首要任务就是筹备于5月下旬召开的南开区招商引资大会，借大会宣传南开区的投资环境，让区外、市外、境外的客商了解南开区，认识南开区，认同南开区，来南开区投资兴业。在筹备大会期间，我所在的中心办公室的主要工作任务是联系来区投资的客商信息，主动进行联络，争取在较短时间内达成投资意向，邀请他们参加招商引资大会并签署投资意向书。这是一项十分艰巨的任务，直接关系着大会的成败。

接到任务后我们开始了紧张的工作，先是搜集信息资料撰写投资环境介绍，包括地块投资信息、厂房信息、中方合作企业情况介绍、鼓励外商投资的行业目录及税收优惠政策等。当时我国还没有加入世界贸易组织，对外商投资企业税收实行“两免三减”优惠政策，即生产型外商投资企业所得税从获利年度起实行前两年免征，后三年减半征收的税收政策。这一税收优惠政策极大地鼓励了境外客商来津投资建企业，也是我们投资环境中吸引外商投资的最有力“武器”。之后，我们发动全区各经济管理部门和街道办事处，寻找客商投资信息，选出目标进行跟踪洽谈。由于我在单位负责外资企业审批工作，对外商投资企业政策熟悉，每次和客商洽谈领导都派我做主谈，谈的多了也就逐渐积累了经验，在向客商介绍投资环境时，不仅介绍税收优惠条件、产业政策，还会介绍南开区的人文地理环境，如南开区是天津市的发祥地，老城厢具有六百余年历史，是出共和国总理的地方，地杰人灵；南开区有大学文化水平的人口占20%(天津大学、南开大学均坐落在南开区),人口素质高;南开区有国家级科技园区——南开科技园,有六十余家科研院所,具有科技政策和科技人才优势等。这些介绍也常常能打动投资者的心,有位浙江投资商就曾经告诉我,他决定来南开区投资就是因为看中了南开区的人才和科技信息优势。

功夫不负有心人,经过两个多月的努力,汇集了一批投资意向签约项目,投资范围涉及房地产、科技、生产及服务领域,国别扩大到美国、德国、马来西亚等近二十个国家和地区,南开区招商引资大会顺利召开。这次招商大会,吸引了不少国际知名大企业来区谈生意、签合同,扩大了南开区的知名度。如马来西亚的金狮集团、中国香港安信集团等分别与区签订了开发房地产项目的协议。招商会上签订的合资合作项目绝大多数已落实。其中中国香港安信集团在老城厢东门里地块实施拆迁后,建成了新安花园和新世界百货商场,是天津市首家港资品牌商业企业,在天津市百货行业和消费者中具有一定的知名度,经营至今。

二、创新招商模式走出去招商

招商引资带动了区域经济跨越式发展,成为各地促进经济和税收增长的有力抓手。招商引资工作得到各级领导的高度重视,是全区经济工作的重中之重。作为区招商办主任的我,身感工作责任之重大。我将压力变为动力,带领全体同志不断创新招商工作方法,建立了全区招商引资工作目标责任制和协税护税工作目标责任制,极大地调动了全区各部门招商引资工作积极性。在统筹好全区招商工作的同时,积极组织开展各种形式的招商活动,为项目供需双方搭建平台,扩大知情渠道,提供政策支持和管理服务。我们采取走出去招商,借助津洽会、妈祖文化旅游节等平台招商、委托代理招商、商务楼宇招商等方式,拓宽思路,创新方法,取得了可喜的成绩,南开区的招商引资工作走在了全市的前列,曾取得过区级财政收入市内六区排名第一的好成绩。

走出去招商，就是由区委、区政府领导带队，到我国经济发达地区开展招商推介活动，宣传南开区投资环境，帮助企业对接项目。从2003年至2006年，我每年都组织安排四五批区级领导带队赴上海、浙江、福建、广东等地开展招商活动。每次推介活动结束后，都会有当地的一些企业到区里来考察，寻求投资机会。走出去招商达到了宣传南开、推介南开的目的。

2004年5月，我陪时任区长佘清文到浙江杭州、绍兴、宁波等地走访企业，在宁波市组织当地企业召开了南开区投资环境推介会。佘区长向企业家介绍南开区的人文环境、政策环境以及政府的服务环境，得到企业家的信任。之后我们又驱车到绍兴上虞考察走访上市公司——浙江阳光集团，针对该企业要在天津投资建设五金城的想法进行沟通洽谈。在考察中我们看到，阳光集团是一家从事节能型照明灯生产的实体企业，业务遍及欧美，具有雄厚的科研生产能力和资金实力。此次考察洽谈增加了双方彼此的信任，回津后我们加大了对项目的跟进力度，由分管副区长牵头，专门成立由招商办、规划分局、经贸委、国投公司主要领导参加的项目服务组，在项目选址、规划审批、土地交易、商户搬迁等方面提供帮助和支持。经过两年的艰苦努力，占地四百亩，建筑面积近百万平方米的商业项目完成了建设用地上市挂牌交易，新南马路五金城一期于2006年底开工建设，2008年初建成开业，被业内人士称为“华北五金第一城”。

2007年初，我当选为南开区副区长，离开了我热爱的招商事业，走上了新的工作岗位，继续为南开区的经济发展、社会事业发挥着光和热。

（作者刘凯华，天津市政协常委兼副秘书长、民革天津市委会驻会副主委兼秘书长）

改革开放与我的歌唱生涯

·许丽丽·

直到现在，新认识的朋友还会问起我是怎样走上音乐道路的。这里面确实有很多故事，如果不是因为改革开放，我的人生一定不是现在这样。我是1964年出生的，从小喜欢唱京剧、样板戏。1978年，改革开放让我接触到流行歌曲，一扇大门在我面前打开了。

1982年高中毕业后，我被分配到河北区北宁公园畅观楼做服务员。第二年夏天，天津歌舞剧院到北宁公园办消夏晚会，舞台就在畅观楼里面。有一次，剧院的报幕员病了，他们找到饭店经理，问能不能帮忙找个人临时报幕？经理说："我们这有个小姑娘长得挺漂亮，也爱唱歌，要不让她试试？"经理就把我叫去跟他们排练，我跟牛豹合唱了一首《请跟我来》，大家都觉得不错，便邀请我演出。从那以后的演出就多了一个噱头：邀请饭店一名职工唱歌。我性格就是这样，不怵头，上台就敢唱。

在消夏晚会结束后，歌舞剧院也组建了演出队，借调我去外地演出，半年多的时间，我们去了湖北、湖南、河南许多大城市、小县城。正是因为改革开放，激活了文化演出市场，那段时间，全国的文艺团体都在“走穴”，无论到哪儿，都能看到各种流行歌曲的演出，显现出一种生机勃勃的状态，那段时间可以说是大陆流行音乐的萌芽期。

1986年，央视举办第二届全国青年歌手电视大奖赛，我报名参加业余组通俗唱法比赛。那年春晚张德兰演唱了《春光美》，我特喜欢，所以就决定唱这个歌，结果顺利进入了决赛。

记得我们是坐火车去的北京。天津电视台当时的文艺部主任王金博老师带队，那也是我第一次去北京。下了火车，中央电视台有汽车接站。到了车上，司机师傅正播放《春光美》，我一听，这不是我唱的吗？可是我也不敢说话。来接站的人问我们，谁是唱《春光美》的？王老师告诉他是我，他说：“唱得真不错。”

我们住在武警招待所，全国的歌手一起开会，散会后，央视的邹友开、孙善耕两位老师单独把我叫到办公室：“你来了要守纪律，不能随便出去，看你这孩子穿着打扮也挺规矩的，别跟那些花哨的歌手学，好好唱自己的歌。这次比赛后中央电视台要特约演员，我们看你的表现。”

几年之后，我跟郁钧剑一起演出，他说：“许丽丽，我告诉你，你们预赛的时候，全国的磁带都放在一个大库里，我们这些评委每天就负责听带子，根本不知道哪个城市的，拿过来就听，有一天突然就听到《春光美》，大家觉得好听，就要看看是哪儿的，又把照片找出来看，都说这个不错，这人必须得来。”

1986年4月17日晚上的决赛直播，出现了戏剧性场面，我与湖北选手赵刚，在得分并列第一的情况下，只好加赛一曲，等于是说，那天晚上我唱了两遍《春光美》，终以9.38分获得央视第二届全国青年歌手电视大奖赛业余组通俗唱法第一名。若没有改革开放，流行音乐不可能登上央视这样的大雅之堂，面向全国直播，我也就不会是现在的我。

现在回头看，我那阵儿唱得确实差得很远。我觉得自己特别幸运，老天真是厚待我，一个二十多岁的小女孩儿，到北京参加那么大的比赛，这些老师跟我非亲非故，都对我那么关照，我真的从心里感谢人家。

那一年我刚刚22岁,荣誉接踵而来。我是中央电视台第一位特约演员,战友文工团、海政文工团都想调我过去。后来我才知道,比赛结果一宣布,天津儿艺的冯书记立即就给时任市长李瑞环打电话,说天津的人才不能外流。所以我们从北京回来那天,市里的领导,文化局、电视台的领导,全去火车站迎接,下火车后,我被眼前这热烈的场面震撼了。

市里在干部俱乐部开庆贺会,李瑞环市长参加,他在会上提出:"把群众性的歌咏活动普及开来,同样是"四化"建设的需要;要把天津市的文艺活动搞得更加活跃,让全市人民工作得紧张愉快,生活得丰富多彩。"他当时就拍板:人才不能外流,要进天津歌舞剧院,要保护好人才。市里奖励了我一套两居室的房子、一台18寸彩电。那时候大家对房子并没有什么感觉,倒是觉得大彩电真是太好了。

就这样,虽然我获得了央视大赛的一等奖,一夜之间成为全国家喻户晓的歌星,但我还是放弃了去北京的机会,留在了天津,关系调到天津歌舞剧院,职称是国家二级演员,中国音协会员、天津青联委员。后来我又在天津音像公司出版了《牛虎豹》的第一盘、第二盘合辑磁带,卖了一百多万盒,影响力越来越大。

那两年,我得了很多全国性的奖项,中央人民广播电台评选"全国听众喜爱的歌唱演员",一种唱法选五名,其中就有我。全国新潮歌星大赛金奖、全国音都杯大赛金奖也都是我的。我也经常参加大型演出,各省的春晚都上过,遗憾的是,没上过央视春晚。

1990年,流行音乐市场开始被港台歌手占据,当时也因为原创作品有差距,大陆歌手渐渐边缘化。我从北京到海南,在那里唱歌,过了两年漂泊的生活。在海南,我认识了一个在北京做演艺公司的朋友,他劝我回北京:"凭你的名气和实力,可以做全国的巡回演唱会。"

后来我们组了一个演出班底,为希望工程义演。两三年的时间,我们去了山西、湖南的许多地方,演了七八十场。除了乐队的基本演出费,大部分收入都捐给了希望工程。其实我就是想证明自己还能唱。可也是在那段时间，因为我得了胃病，一天打7针，人瘦得不行，演出也只能终止。很少有人知道我那段经历。

1994年，我回北京做了家文化公司，到1998年，我34岁的时候，终于落叶归根，回到天津。我做过环保生意、广告生意，又在海贝音乐培训学校做艺术总监，负责儿童学员的培训、考级。

2004年，央视《艺术人生》邀请我参加五一特别节目——《歌声跨越20年》。那是我获得歌手大奖赛冠军后第一次重回中央电视台。我和苏红上的同一期，朱军让我俩现场比赛，我唱了一首《甜蜜蜜》，观众打分，我的分数又高过了苏红。说实话，现在我唱得比以前更好，但是我知道，我站在舞台上的那个时代已经过去了，我也不想张扬，踏踏实实做自己的事，别人需要帮助时就帮帮别人，保持乐观的生活态度，这就足够了。

改革开放40年，我们的生活从贫穷到富有，日子从拮据到富裕，正是因为经济水平提高了，我们对文化也有了更高的需求，但是我们究竟要追求什么样的文化？我觉得，就应该是中国传统文化，我们应该去寻找中华民族的根。

这些年，我淡出音乐圈，开始学习画画、书法、鼓曲，有了新的艺术追求。有人问我，你唱歌已经很出名了，一直唱歌不就行了，为什么非要干别的？我觉得，从1986年到现在，自己在唱歌这条路上走了三十多年，随着阅历的增长，对各种文化，尤其是中国传统文化有了新的认识，兴趣爱好、研究领域自然也开始调整和改变。

我从小学京剧、唱样板戏，从骨子里热爱京剧，后来有缘结识了北京京剧院的王鹤文、李鸣燕夫妇，开始跟随两位老师学习京剧，圆了小时候的梦。因为喜欢著名梅花大鼓艺术家籍薇老师的大气和对艺术的执着追求，我开始跟籍老师学大鼓。籍老师也是梅花大鼓的非遗传承人，手把手教我唱京韵大鼓《丑末寅初》，唱梅花大鼓《二泉映月》，现在我又开始自学骆玉笙骆老的《剑阁闻铃》。

我是民革党员，现任河北区文化艺术支部的主委，经常与叶大海、高学年、陈学周、孙放、王静等知名书画家一起参加社会活动、公益活动。每次看到别人挥毫泼墨，而唱歌派不上用场，都觉得有点遗憾。看得时间长了，我发现中国画艺术性很高，不但形象美，造型的笔法也很美，在叶大海、孟宪义等老师的指导下，我开始学画兰花、竹子。我不敢奢望成为画家，只是觉得，如果能在另一个领域体验到过去未曾体验的东西，也是一件非常荣幸的、值得骄傲的事情。

我作为一名民革党员、河北区政协委员，一直在关注传统文化，我觉得传统文化也应该创新，保持传统的同时要跟上时代，得到年轻人的认可。希望通过我们这些人的努力，把中国传统文化传承下去。别把发扬传统文化当成一句空话，而是要付出自己的辛苦，踏踏实实学东西，才会符合真正属于中国人的价值观。

改革开放40年，可以说完完全全改变了我的命运和思想。这恰恰是因为文艺是时代前进的号角，最能代表一个时代的风貌，最能引领一个时代的风气。

对我个人来说，这40年可以分为两个阶段：前20年，让我从一名普通的饭店服务员，成长为一位知名歌手；后20年，让我返璞归真，开始走上追寻中华民族传统文化的漫漫长路。感谢改革开放，让幸运的我能够一直在大时代中实现自我价值。

（作者许丽丽，民革天津河北区委文化艺术支部主委、河北区政协委员）

改革开放的鼓与呼

·许新复·

“人生到处知何似？应似飞鸿踏雪泥。”我是新中国的同龄人。1965年，我到新疆生产建设兵团支边，在农场学校当教员。于而立之年调回天津，在当时的东郊区（现东丽区）工作，同年考上天津广播电视函授大学。毕业后不久，调入区委宣传部从事新闻报道工作。在宣传文化部门工作三十多年，直至退休。回想起来，是改革开放让我有机会学习深造，自己的人生成长，得益于改革开放。我有幸与我的家乡一起经历了改革开放大潮的洗礼，分享了这个时代给予我们每个人的机遇和红利，风雨同舟、甘苦与共。寸草春晖，我以我所学、尽我所能记录并宣传我所经历的改革开放。

一、改革圆我大学梦

在我的人生中，有几个关键节点，其中之一就是改革开放后考入天津广播电视函授大学（简称电大）。那是1979年9月，恢复高考后，电大第一次面向社会招考进修高等学历的在职生。我回到天津，有幸赶上了迟到的大学列车。我非常兴奋，立即报名参加入学考试，如愿考上汉语言文学专业。因“文革”停课，广播电视函授大学闭校多年，许多人对之了解甚少，不知为何物，刚开始有的朋友还以为我考上了什么电力大学呢。当时，我和大多数人一样，上学动机很单纯，就是为圆小时候的大学梦，多学一点科学文化知识。

学校虽叫广播电视大学却因电视尚未普及，仍以广播函授为主要手段，辅以每周半天的老师面授。单位领导对我上电大很支持，听课那天可以不上班，期末考试也给些复习时间。因教科书十分缺乏，大都为学校自编的教材。但选编规范，印刷质量不错，绝无偷工减料之嫌。至今我珍藏在书柜的这些电大教材，有的虽已纸页发黄但字迹仍清晰，仿佛还残存着墨香。当年电大学生的学习用品除了课本、笔记本，最重要的就是收音机。为此，我特意到劝业场千挑百选，买了一台收听效果好的小收音机，每天带在身边。每天上下班的路上，我把收音机放在黑色人造革的手提包里，挂在自行车把上，边骑边听，一举两得。后来发现二宫公园环境清幽、游人稀少，是学习的好地方。下班路过，常走进公园，坐在湖畔假山的凉亭里、树丛间，看书自学。伴着鸟鸣和草木的清香，专注地听王达津老师讲《论语》，讲《离骚》，讲唐诗宋词，一时物我两忘，往往天都快黑了，才骑上自行车，赶回家中。

期末考试要集中复习功课，那时天津老百姓的住房都很窄仄，我家三代六口住在十几平方米的一间小屋里，连孩子写作业都没处放书桌，哪还有我复习的地方？老舅闻讯把他的住房借给我，自己去住工厂宿舍。那间屋在古文化街一个大杂院的小二楼上。楼梯间狭窄昏暗，木地板踩上去咯吱作响，薄板壁的木门窗四面透风。寒夜北风凄厉，老鼠在墙角吱吱蹿跳，窗外，山墙边还悬着一堵摇摇欲坠的短墙，上面画有两个面目狰狞的执戟武士。我独自在空荡荡的小屋里，腿上搭着棉褥，伴着昏黄灯光，学习到深夜。苦读三年后，我和坚持下来的三十多名同学，终于领到校长白桦签发的毕业证书。

二、为改革开放鼓与呼

电大毕业后不久，我这个非中共党员被破格调入区委宣传部，担负起全区对外新闻宣传的重任。1987 年春节刚过，天津电视台记者白凤亭就来区与我会合，去赤土乡北于堡村拍新闻。村子距区中心三十多千米，有一多半是土路，因刚下过一场小雪更加泥泞难行。区委那辆老掉牙的伏尔加汽车躲泥坑、绕好路，走走停停，费尽周折赶到村里，已过晌午了。大家顾不上吃饭，抓紧时间采访、拍片。这户姓魏的村民在党的政策支持下，敢闯敢干，白手起家干企业，给当时很著名的一家洗衣机厂做排水管等配件，成了远近闻名的“万元户”，正契合当时的发展形势，颇具新闻热点。

老白那年四十岁出头，个子高大，嗓门也很大。他是电视台负责郊县新闻报道的老记者，特别能干，遇见好新闻就来劲头儿。那时的摄影器材还很笨重，他肩扛摄影机拍摄，后面跟着背电池、打灯光的高师傅，紧张地拍厂房车间，拍设备、产品，拍忙碌干活的职工，请厂长谈创业经历、录同期声，直忙到天黑才完事。魏厂长过意不去，执意留我们吃晚饭。他拽着老白的胳膊着急而实诚地说：“今天是正月十五，大过节的，太麻烦你们了，无论如何也要吃完饭再走，要不就是瞧不起咱农民。”这时，我才想起，当天还是自己的生日呢。老白这个人比较了解农村，人又很豪爽，与老乡聊天、喝酒都很投缘，饭桌上气氛很融洽，当然更主要的是拍到一条好新闻，大家都很高兴。我在与魏厂长及家人的交谈中，又了解到一些农村的新鲜事。那天晚上，我送走老白，回到区委机关，再骑车回家，已经半夜了。

发轫于农村的改革富民政策，极大地促进了生产力的解放，使津郊农民走上发展经济的广阔舞台和改变生活的富裕之路。东丽区农村二、三产业迅猛发展，涌现出一批外贸专业村、运输专业村、钢材加工专业村和富士达自行车厂、华明集团等著名企业，在全市都有很大影响。我和同事们走遍全区，用文字、照相机、摄像机记录了许多先进典型和经验，这些先进事例在天津和中央各媒体及时得到宣传反映。

车水马龙的津塘公路军粮城北侧，有个上千户人家的东埕村。这个村的村民原以种稻为生，却“住地头土坯垛，十有八九揭不开锅”。在困难时期，全村半数以上的家庭出外讨饭，外面的姑娘谁也不愿嫁到村里来，是个出名的穷村。这天早上，村里的老支书站在村口，见一辆辆满载的大货车从津塘公路轰轰地开过，一打听都是给塘沽新港疏港运输的车辆，忽地想起区里大会传达的农村改革精神。他灵机一动马上召集村干部开会，研究怎样打破对单一种粮的依赖，利用地理交通优势集中力量搞仓储运输。在这电光石火的瞬间，党的英明政策开始催生一个村子的觉醒和一个产业的勃兴。

于是东埕人开始盖仓库、建车队、发展仓储运输业。短短几年时间，成为津门储运第一村，为郊县农民开辟了一条致富的新路。我去采访时，看到昔日“面朝黄土背朝天”的农民，有条不紊地管理着矿产、粮油、饲料、畜产等十几个进出口仓库，拥有百十部大货车的车队，川流不息地装运着货物。储运公司有专职的消防队、救火车，仓库装有摄像头，安上了通往全国各地的电话和国际电话，业务繁忙。村新修建的铁路货运专用线长 1.68 千米，直通京山铁路，大大提高了集港储运效率，开创了全国农村修建铁路专用线的先河。1993 年，东埕村集体投资建起二层楼别墅式住宅新村。修了水泥路，装上了荧光灯，自来水、煤气、电话俱全。那年，正逢日本四日市友好访问团来津，数十名团员特意住进东埕农民的新房，与村民一起包饺子，座谈聊天，在村广场开篝火晚会，跳集体舞联欢。目睹中国农村改革开放的变迁，日本友人无不惊讶赞叹。

改革开放彻底改变了城乡面貌和人民生活，许多普通的工人、农民也挺立潮头，成长为优秀人才和企业家。东丽区张贵庄路旁原有一块被废弃的荒地，因长期堆放生活垃圾，形成一座垃圾山，臭气熏天，严重污染周围的环境。1998 年 6 月，人们忽然发现这座垃圾山消失了，变成了种植花卉树木的温室大棚。我骑上自行车沿张贵庄路找到这家园艺场，见到了年轻的创业者杨铁顺。他毕业于天津市园林学校，原在一家国企上班。因工作不对口，厂子效益又不好，主动辞职下岗，要干一番自己喜欢的事业。承租这块地后，他每天吃住在工地，冒寒风，顶烈日，用了三年多时间，像愚公移山一样，推平垃圾山，盖起园林大棚。

有了基础设施，杨铁顺马不停蹄抓市场，驾车千里去华南多地调查学习，把巴西木、发财树、变色木等常绿植物引进津门试种经营，适应社会上方兴未艾的绿化美化需求，开辟了南方常绿植物和花卉经营的广阔市场。公司还安置了十几名下岗职工，承包了天津理工大学等绿化工程。我写了《垃圾山变成百花园》一文，引起很大反响。市委宣传部在《新闻通报》中专题分析，认为反映了国家促进下岗职工再就业、鼓励私营企业发展和开发绿色环保产业三个新颖主题，起到了良好的舆论引导作用。此后，在党和政府的支持下，杨铁顺的绿色事业越做越大。经几次迁址扩大，其兴建的天津滨海国际花卉科技园已是亚洲最大的智能化园林花卉种植基地和科研中心。

在改革开放的大潮中，东丽人创造了许多项全市第一。如第一个开辟海河旅游航线的“魏王号”游轮，第一个注册成立私营企业的大亨公司，第一个创办的农民机械化农场，第一个创建前店后厂的温州服装城，第一个建成美国管理模式的家世界仓储超市等，不胜枚举。这些不凡业绩，大都经我之手见诸媒体传播于世，着实令我感到幸运与自豪。

三、余热发光颂时代

当历史进入新世纪、新时代，改革开放成果日益惠及广大民众，极大地改变了人们的生活和环境面貌。2008年，在改革开放30周年到来之际，区委宣传部编写《东丽区改革开放三十年成果集》，全面总结了东丽区改革开放30年的历史巨变和各个方面的成功经验。我虽已退休，仍受聘担任顾问，参与了全书的策划、编辑和修改、定稿。我据此写出《东丽区改革开放三十年之关键词》一文，按照时间节点，用“储运第一村、外贸专业村、乡镇企业崛起、民营企业腾飞、农业产业化、东丽湖旅游度假区、六路一广场、空港物流加工区、华明示范镇、津滨新城区”十个有区域发展特点和代表性的关键词有机串联，反映了一个地区的改革发展经历和成就。该文在《天津日报》刊发后，中国共产党新闻网、人民网等很快转载。当津郊农村进入城市化发展新时期后，失地农民的就业社保等问题引起社会关注和政府重视。2009年，我应邀编写了《以人为本惠民生》一书，该书集典型事例、调研文章、服务指南、政策解读为一体，是一本资料性很强的小百科全书，全面反映和宣传劳动保障工作，促进和帮助群众更好地得到了就业和社保服务。

天津市小城镇建设试点——华明示范镇建成入住，世世代代的庄稼汉转眼变为城市新市民，开启了奔向全面小康的新征程。有感于华明新市镇的诞生，我在长诗《放歌新市镇》中写道：“曾打赤脚上学的孩子，坐进九年制实验学校的课堂；习惯蹲墙根儿的老农，健身在花园广场；攥锄把子的庄稼汉，穿上社区保安的制服；勤快手巧的农家女，编织美好的愿景与向往。一座城 一个金色的坐标，一栋楼 一个时代的开启；一样的土地，不一样的生活；一样的天空，不一样的青春梦想在飞翔”。

东丽区赤土村于明永乐二年（1404）建村，已有六百多年历史。在抗日战争和解放战争时期，曾是革命根据地和党的地下交通站，被市政府命名为“天津市革命老区”。这个万人大村历史文化深厚，魏氏族谱世代传承，涌现出电影表演艺术家魏鹤龄、相声演员魏文亮等文化名人。2007年11月，赤土村整体撤村，村民搬进新市镇，率先过上城市化新生活。为了编写该村村志，我多次走进小区和村民家庭，了解情况，拍摄照片。一处处崭新的面貌、一张张幸福的笑脸、一个个动人的故事，彰显着赤土人美好的新生活。2014年，历时4年，精心编纂的这部村志终于完成，并由天津社会科学院出版社出版发行，为津郊农村的历史巨变，留下了一个村庄的翔实记录和宝贵资料。

又是一年丰收季,东丽湖畔万象新。2015年金秋时节,我来到东丽湖,参加天津市东丽杯群众文学创作评奖活动。站在这热泉喷涌、朝气蓬勃的土地上,眼前大道纵横,楼宇林立,酒店温泉,嘉宾云集,一派现代化景象。遥忆四十多年前,东丽区百余村庄万余劳力,齐聚这里“出河工”、大会战。众人用镐头、铁锹、小拉车、扁担、箩筐这些近乎原始的工具,肩抬车拉,义务劳动,克服重重困难,硬生生地在荒郊野地挖出一个上万亩的大水库,化解了旱魃逞凶、粮食短缺的燃眉之急。

改革开放的浩荡东风吹开禁锢的心灵,依托丰富的水、地热和野生动植物自然资源,水库不再是只能浇地的水利设施,而是可以建度假区、搞旅游的风水宝地。于是,开发与保护并举,旅游与商务、地产齐飞。万科、恒大、华侨城纷至沓来,世界大学生滑水锦标赛、全国汽车拉力赛竞相在此举行,欢乐谷主题公园和北大附中东丽湖学校纷纷落户。一个空气清新、环境优美、风光旖旎的宜居新城矗立湖畔,给东丽区增添了“青山绿水”的生态文明新景观。万千感慨注入笔端,我用散文记下了“东丽湖的前世今生”,与大家共享来之不易的奋斗果实,感谢这个伟大时代的慷慨馈赠。

自党的十一届三中全会至今,中国的经济发展、人民生活、城乡环境乃至人们的思想观念、生活方式都发生了前所未有的深刻变革,我国的综合国力已位居世界前列,全面建成小康社会的目标即将实现。这一切都源于党的改革开放的英明决策,源于党全心全意为人民服务,为中华民族谋幸福的立党宗旨。这是中国共产党永葆青春的活力源泉,是人民幸福、祖国强盛的根本保证。

(作者许新复,东丽区文化广播电视局退休干部)

在滨海新区奋斗的10年

·李光照·

2006年,天津滨海新区开发开放纳入国家发展战略,国务院发布《关于推进天津滨海新区开发开放有关问题的意见》(国发2006〔20〕号)。天津市委非常重视滨海新区的建设,陆续从市里抽调干部充实滨海新区工作。我是2007年底从市国土房管局总经济师岗位被调到滨海新区新组建的建设投资公司(后改为集团),先后任总经理、党委书记兼董事长。时任天津市委书记张高丽找我们集体谈话,讲"滨海新区大有可为,你们不是去当官的,而是去干大事的"。那次谈话,我至今还记忆犹新。

当时的滨海新区还不是独立的行政区,市委下派工委、管委会进行管理,下辖塘沽、汉沽、大港三个完整的行政区和经济技术开发区、空港经济加工区、中新生态城、东疆港保税区、临港工业区和中心商务区6个经济功能区。2009年滨海新区作为行政区正式成立,高新技术产业园区也被划入新区,至此滨海新区2270平方千米的面积正式确定。

2008年公司刚组建之初,我们就紧迫地认识到人才是第一位的，没有过硬的人才队伍，再有背景的公司也将一事无成。我们迅速制定了人才建设方案，参照“猎头公司”的做法，招贤纳士，主要是到处“挖人”。为什么这么做呢？我们是体制内的公司，之所以没有大张旗鼓登报招人，就是考虑到，那样的话弄不好根本招架不住那一大堆推荐、介绍的“条子”，到头来占用了符合条件的人才指标。进入公司的人员必须有实践经验、年富力强、有职称、有学历，党员劳模优先考虑。很快我们组建了一支具备上述条件的骨干队伍。从清华大学、中央财经大学招收了两批大学毕业生。

五湖四海的人才为了共同的目标走到一起，形成共同的价值观、遵守共同的行为规范十分重要。于是我们迅速启动了企业文化建设，把“特别能吃苦、特别能奉献、特别能战斗”“责任、团队、高效”作为企业核心价值观；把“重质量、重安全、重廉政”作为工作标准；通过各种活动、各种标识将我们的核心价值观融入每一个人的工作行为中。短时间内独具特色的企业文化，造就出一支充满正能量的“亮剑队伍”，这支队伍为滨海新区建设打先锋、做主力。

一、基础设施　交通路网的规划建设

滨海新区南北长七十多千米，东西三十多千米，汉沽、塘沽、大港行政区泾渭分明，各功能区的道路管网规划也相对封闭，道路互不相通、

中央大道海河隧道

地下管网也不相容，这都严重制约了新区的发展。当时有人说要在一小时内穿越整个新区基本不可能。虽然各种困难摆在面前，我们还是主动出击，协调3个行政区、6个功能区，做出整体规划，并严格按照规划落实。在滨海新区的工地上到处都能看到“滨海建投、建设滨海”的旗帜。

我们首先打通了两条新区的主干道路：滨海大道和中央大道。滨海大道沿海而建，80%是高架桥，平均桥桩深度70米，历时3年建成，成为天津港主要枢纽，是行走在海边的“海洋经济新干线”，是连接河北、山东、环渤海的战略通道。我们因此受到交通部的褒奖。

在抗震里附近曾经有一条泥泞的羊肠小路，那就是中央大道的前身。新建成的中央大道北起汉沽区南外环，南至大港区海景大道，全长约53千米，贯穿新区南北。将滨海休闲旅游度假区、生态城、北塘经济区、经济技术开发区、于家堡中心商务商业区、临港产业区等经济区、功能区、旅游区串联起来，是新区综合交通体系中南北向最重要的交通干道。中央大道海河隧道位于于家堡中心商务区东南侧，是中央大道连接海河南北两岸的重要节点。隧道的开通将南北岸车程由原来的20分钟缩短为3分钟。这是中国北方地区第一条沉降式隧道，3节沉管，每节重量都超过3万吨，在海河水下22米精准拼接，在我国沉管隧道里程碑上具有“七个第一”“四个之最”之称。工程中“干坞”十分关键，做“干坞”怕下雨，所以我们在做面积为5.4万平方米的斗型“干坞”时，时时刻刻关注天气预报，心里总在默默祈祷，可别下雨。中央大道海河隧道获得中国工程詹天佑奖，同时获得天津市科技进步一等奖。

海河开启桥横跨海河下游，连接于家堡金融区和响螺湾商务区，是目前世界上最大的立转式开启桥梁之一，也是亚洲同类桥梁中规模最大的桥梁。开启桥建成大大缓解了过海河的通行压力，这座桥也获得了国家建筑质量最高奖项的鲁班奖。

10年间，我们基本完成了滨海新区交通路网的建设，随着环城高速的建设，西中环快速路的通车，形成了多条贯穿新区南北的交通大动脉，成为实现客货分流，促进疏港集运，拉动区域经济的黄金通道。

于家堡枢纽站的通车运行，轨道交通B1线的开工，构建起新区现代立体交通体系，无缝对接京津冀，打造轨道上的滨海新区与京津同城1小时生活圈。

当一条条大道建成通车，从愿景走向现实，我们为付出的激情与汗水感到无比自豪和光荣。美好的回忆属于奋斗的年代。

二、投入"十大战役" 攻坚"民生工程"

2009年为了进一步加快滨海新区开发开放，新区部署实施"十大战役"，我们主动参与了中心渔港经济区、中心商务区、南港区域、北塘经济区的建设。独立完成了中心渔港8平方千米填海造地和18平方千米"五通一平"；先后完成北塘片区10平方千米、南港轻纺经济区起步区7平方千米、黄港片区起步区3平方千米基础设施建设；完成了中心商务区21平方千米的拆迁和部分道路基础设施建设。通过完善区域配套环境，筑巢引凤，把启动器变成吸附器，为新区招商引资创造了良好的条件。

为了完善新区的城市功能，我们主动承担了新区"十大民生工程"，相继建成100万平方米的东、西沽还迁房；黄港欣嘉园100万平方米的经济保障房；建成两座垃圾发电厂，滨海新区垃圾的减量化、资源化、无害化处理全覆盖，在全国位于前列。6座污水处理厂；引进天津市的优质资源，已经完工或正在开工建设的滨海总医院、滨海肿瘤医院、滨海中医院、滨海实验中学、滨海一中相继投入使用；第一、二、三养老院2000张床位，弥补了新区养老的短板。随着民生工程的相继竣工投入使用，有力提升了新区社会事业发展水平，真正让老百姓感受到了新区改革发展的丰硕成果。

作为一个企业家，工程竣工了，交给使用方就完事了，但作为一个市政协委员还要关注社会效益问题。于家堡高铁站通车后，我发现效果不理想。每日往返乘客量只占到该站设计承载最大量的8%。大量运输资源空置(闲置),无法实现枢纽站的预期功能。经过调研分析后,我在2017年召开的市政协常委会上提出《关于提升京津城际滨海新区与京津通行能力的建议》。存在问题主要有两个:一是车次安排少且车辆发车间隔时间长,无法满足京津两地人员的通勤需求;二是列车票价较高,约为同一方向津滨轻轨票价的两倍。我的建议得到了北京铁路局和滨海新区政府的高度重视,不到一个月就解决了问题,车次每天由12对提高为27.5对,大大提升了运行密度,方便了乘客;票价经过政府给予一定的补贴,由原来的20.5元降至12元。《人民政协报》以"5.85折!——委员建议推动京津城际延长线公交价"为题作了报道。

三、百年大计 质量第一

建投集团视质量为生命,把打造百年优质工程作为第一追求。质量与进度能不能兼得,经过实践,我们说"能!"工期服从质量,但要全力作为,该快则快,不耽误工期。人民英雄纪念碑历时9年建成,人民大会堂只用了304天就完工了,只要聚精会神,投入全部力量就能创造奇迹。滨海一号酒店7万平方米的仿古建筑,我们只用了一年的时间建成,并获得鲁班奖。中心渔港填海造地,第一年填海,第二年成陆地,第三年完成"五通一平"。

建筑不是普通的产品,它的质量好坏不仅影响到日常使用,更直接关乎人们的生命安全,做好质量控制,我们主要从三个方面把握。

首先,设计方案必须经过反复推敲,专家论证,一旦确定不能随意改动。"土木之工不可擅动"防止边设计边施工边修改的"三边工程",避免中途出现重大变更。其次,建设资金要有保障,甲方资金筹措到位才能开工。"开弓没有回头箭",现在有些"烂尾工程""半拉子工程"都是因为资金不到位而造成的,这既造成浪费又不能保证质量,建筑工程要一气呵成,不能干干停停。最后,建筑工地要文明施工,过去手艺人讲究

“手下完、脚下清”，看一个工程好坏，不用细讲，从两方面就能窥见一斑，一是工地的文明施工程度，工地各种材料码放整齐，施工人员佩戴安全帽，身着工作服，忙而不乱；二是看施工人员的宿舍，这是一个不被人注意的地方，施工方对待农民工的态度决定的工程质量的高低，农民工一般都吃住在工地，临时宿舍干净整洁，有干净卫生的厕所、淋浴室，保证卫生和食品安全。施工方把农民工当“上帝”，“上帝”就会创造一个质量一流的工程。

把好质量关，还要防止人为的干扰。有一次一个绿化工程比较急，一位领导说：“找一个队伍明天就进场！”我也理解领导雷厉风行的作风，但是招投标程序还是不能省啊，所以马上行动进入招投标程序，提高效率，最后按照要求高质量完成这项工程。再比如，招投标的标底是按照最低价确定还是按照一个合理的标中标，这也是对质量产生重大影响的因素。我们始终坚持定在合理的“栏标低”价格中标，杜绝施工单位没有利润而层层转包，或者采用低价劣质材料的现象发生。这一做法得到了同行的认可，一个国企领导见到我说：“还是你们做得对，低价中价后患无穷，你们把保证质量研究到家了，还获得了信赖。”

这10年，集团每年工程量都在百亿左右，我们始终坚持按照法规办事。一个老领导对我说：“你小子有一套啊，你认为领导说得合理可行就大干快上；你认为领导说的不妥就拖着办。”这也是我多年来自我保护，防止犯错误的一种办法吧。其实，不仅是防止自己犯错误，更重要的是防止了由决策失误带来重大损失。

一分耕耘一分收获。10年里我们集团获得了1项全国土木工程詹天佑大奖、5项中国建筑工程鲁班奖、4项国家优质工程银奖、3项市政金杯示范奖、2项天津市科技进步一等奖、40余项天津市建筑工程“金奖海河杯”等奖项，为新区留下了一批经得起时间和历史考验的精品工程，无愧于时代赋予我们的使命。

2012年5月10日陪同臧献甫同志在集团调研

四、服务滨海 走向世界

作为滨海新区最大的投融资平台公司，我所经历的十年感受到国家宏观金融政策的调整，有时就像过山车似的，大起大落。

“兵马未动粮草先行”，资金是企业的命脉，集团在2008年成立时，注册资金只有1个亿，远远满足不了融资需求，我们从自身做起，挖潜力、动脑筋，把新区注给我们的一块3平方千米的荒地，通过盘活，在市有关部门的支持下，变成建设用地。经评估一下子变成200亿，再加上新区资金投入，经过两年，注册资金变成300亿，跨入大企业前列。有人曾经开玩笑说“给你个芦苇坑、你能变出金元宝”。其实，我哪有那么大本事。当时各部门真是心往一处想、劲儿往一处使，所以都会积极配合、主动出主意想办法解决问题，发挥新区有限资源的最大经济社会效益。

基础设施建设，资金投入大、时间长，必须建立起“借得来、用得好、管得住、还得起”的“借用管还”良性循环机制。我们和新区财政、土地等部门共同组成“借用管还”机制方案起草小组，呕心沥血，群策群力，数易其稿，经过八十多个日日夜夜的奋战，拿出了《天津滨海新区建设投资集团有限公司基础设施建设资金“借用管还”方案》及《管理办法》，经过新区政府常务会讨论通过，正式下发施行。

根据这一方案，凡是建设集团所承建的新项目，都要预先做好资金平衡方案，合理确定融资规模，明确还款来源，实现项目自身平衡和动态平衡，政府委托建设集团实施的道路桥梁，公用设施、公共绿地等非经营性项目，经区政府批准后，采取资本金注入、配置资源、政府采购或购买服务等方式实现主营业务收入，扩大建设集团资产规模，增加经营性现金流，提升集团直接融资能力。拓宽了后续建设资金筹措渠道，并以契约的形式固化了投资，以市场机制取代了政府直接委托建设投资。

据有关专家讲，这个方案与办法的出台把政府和企业紧密结合起来，防范风险在前，借之前先考虑好怎么还，把国家最为担心的问题提前化解；既干了大事，也算了资金平衡账，还兼顾了动态平衡，积极平衡。

一个地区基础建设先期投入巨大，建设和资金回收期长，但是路桥建设带来的衍生效益是无法估量的，随着城市整体功能的提升，物流快了，经济成本低了，环境好了，投资商来了，区域繁荣了。这也是从更另一个层面证明了“借用管还”模式的成功。

“打铁还要自身硬”融资首先要财务报表过硬，这十年我们经历了国家宏观经济调整的大起大落，经得起考验，资金紧缺时采取 BT 模式缓解资金的难题，在国家出台 4 万亿量化宽松政策的时候，我们也没无限制地拿闲钱。一个企业要有两种本领，要会挣钱，还要会省钱。当时我们已经与 7 家银行签订了贷款协议，基本满足了建设资金需求，而且是基准利率下浮资金随贷随投，不是一次性提贷，这一下节省了不少资金成本。随后又有几家银行主动找我们提供贷款，有的还请领导出面推荐，硬要往我们手里塞贷款，有的银行行长对我说，给你钱还不要，当资本金也可以。我们不为所动，遵循够用、适度超前的原则，很好地控制了资金成本。后来，实践证明，我们做对了。有的企业拿了多余的钱，进行高息存款还受到了查处。

集团非常注重信用等级评定，我们始终保持在国内3A最高等级，2015年经过国际评级机构惠誉、标普、穆迪三家得出A级国际信用等级，成为本市唯一、国内仅有两家国际评级全部达到A类级别的城投公司之一。我们成功发行了8亿美元高评级无抵押债券，在国际资本市场迈出了一大步。不仅提高了滨海新区和集团的国际知名度，对天津市企业走出去实施境外融资更起到了示范作用。

诚信是企业之本，直接融资也好，贷款也好，必须讲诚信，就算“打掉牙往肚里咽”也要做到。2009年我们从保险公司融资100亿，我对保险公司老总说：“你放心，好借好还，再借不难。”我们不仅按期偿还了本息，后来还成为很好的战略合作伙伴。到目前为止我们没有一笔不良贷款，在金融界的口碑是上乘的。

对待施工方，我们也是以诚相待，按照工程进度拨付的工程款，从不拖欠。有一年，快过年了，一个企业实在过不去了，我们就先预支了他们的工程款。事后他们在工程进度、工程质量上都回馈了我们。这就叫作将心比心。后来我们在每年年末，临近年底的时候，就加大付款比例，很多施工方都愿意接我们的工程，说我们从不拖欠工程款，有困难还可以给予理解和帮助。一分厚道一分福，人心比人心，我们的诚信受到金融界和施工方的一致好评，在后来的工程中既有了资金保证，也有了高质量的工程。

五、干成事 不出事

在滨海新区这10年，正赶上国家改革开放的黄金发展期。从计划经济到社会主义市场经济转变是我们国家的幸事。计划经济时期，无论是企业还是个人，选择的机会少。市场经济给予了我们更广阔的空间和更多的选择。机遇也是双刃剑，当机遇多的时候陷阱也多了。我们国有企业领导人、公务员，首先是姓公，必须要做到公私分明，“公生明、廉生威”，这一点把握不好就容易犯错误。

作为党委书记、董事长，除了完成经济指标外还要坚持带好队伍。我把质量、安全、廉政这三件事，放在最重要的位置，开会讲、见面说，苦口婆心地唠叨：质量是留给后人的，出了问题终身追究责任；安全是保护大家的，人命关天马虎不得！廉政是为了自己和家人的，关系到家庭的兴衰！我身先士卒、以身作则。这几年我母亲、岳父、岳母相继去世，女儿结婚，这些事情我都没有告诉单位同事，班子成员也都是这么做的。在中央八项规定出台之前，我们在对待婚丧嫁娶这个问题上一直坚持自律。

有一年一个中层干部家属去世，我代表组织到家慰问，发现外单位的人也来了不少，我提高了警惕。事后跟纪委书记讲，应该找这个干部谈话，处理私事，组织的关心是必不可少，但也不应该随便扩大范围，要遵守纪律。后来再也没发生过类似现象。所以发现苗头不对一定要及时制止，防微杜渐、筑牢堤坝。在制度设计层面我们规定重要岗位要做到三年轮岗交流。

这10年我比较庆幸的是集团近百名中层以上处级干部，没有因为经济问题而犯错误的，守住了廉政的底线。一位领导对我说："这么多工程项目高质量完成了，人没出事，不简单！"我们就是这样经受住了市场经济的"大考"。

六、业精于勤 成于创新

10年里，集团主要经济指标实现了几何级数增长，注册资本金从1个亿增加到300亿元，总资产从不到100亿元增加到近1800亿元，资产负债率始终在60%以下，直接融资比例超过60%，每年节省融资成本10个亿左右。

我人生最难忘、最美好的十年时光是在滨海新区度过的。一万年太久，只争朝夕，滨海新区大开发、大开放、大建设为我们这代人提供了最佳的历史舞台，我们身在其中，既是幸运，又是压力，更是动力，人生能有几回搏，此时不搏更待何时。那时候经历白天下工地看现场，晚上挑灯夜战论方案，五加二白加黑，外加早餐碰头会，这是工作常态，一手抓投资，一手抓融资，两手抓两手都要硬。

世界上的事都是干出来的，不干，半点马列主义都没有。一个任务完成后，接着下一个任务，十大战役完成后紧接着又是十大民生工程，干事创业永不停歇，古人云一鼓作气，再而衰，三而竭。特别是作为企业领导人，我必须时刻保持高昂的斗志和顽强的作风，以身示范，以上率下。当初建设滨海一号酒店时，白天日头赤炎炎，晚上蚊子黑压压，我与施工人员一起，即使汗水湿透衣背，即使被蚊子咬的满身是包，我们都没有一声怨言，也没有一丝松懈。

作为企业，要持续发展、要在风云变幻的市场中制胜，关键在于创新。多年的工作经历告诉我，做工作特别是做企业仅靠埋头苦干是远远不够的，还要精心谋划、创新思路、把握策略。“谋”就是用心用脑用巧，就是我们常说的创新精神，就拿我们建设的西外环高速路来说，当初在规划中属于城市快速路。面临着资金困难，但是我们通过变通思路，统筹谋划，变快速为高速路，不但解决了资金难题，还提高了建设标准，收到了事半功倍的效果。

百舸争流千帆竞，这10年在历史长河中可能只是一瞬间，但是在我的人生中必定是不平凡的10年。

我自豪，赶上了好的时代、好的机遇、好的环境、好的领导和战友。我高兴，短短的十年，集团实现了从小到大、由弱到强、从小帆船到航空母舰的跨越式发展。我骄傲，滨海新区的一条条大道在我们手中完成，滨海新区的高楼在我们手中崛起，滨海新区的环境在我们手中更美好。

我相信，滨海新区的明天会更好，虽然我们还存在这样那样的问题，但办法总比困难多。滨海人、建设人是奋进的一代、吃苦耐劳的一代也是创造出奇迹，再创辉煌的一代。

（作者李光照，天津市政协常委、经济委员会主任）

欣逢盛世　与石结缘

·李兆江·

人生最大的满足是能够把自己的爱好融入自己的职业生涯之中。我因为自小喜爱石头，有幸在上大学时的专业学习中学到了很多与石头相关的知识，后来参加工作又幸运地被安排从事与石头相关的地质学教学工作，与石头打了多半辈子的交道，到现在依然活跃在天津市老年人大学的课堂上。因教授的珠宝鉴赏课程与石头相关，所以吸引了很多中老年人群中的“石粉”。每天还要通过电话、微信、电子邮箱等方式与曾经教过的学生以及慕名而来的石友们联络交流，相互讨论他们在工作和生活中遇到的石头或珠宝玉石鉴赏问题。虽然很忙、很累，但是因教学相长，所以我每天都很充实、快乐。细细想来，这份充实与快乐要归功于改革开放带来的思想文化领域的解放和快速发展的经济环境。

一、少年时的懵懂石缘

记得20世纪50年代上小学时，特别喜欢上自然课。因为课上老师会拿出很多矿物标本，讲石英可以做玻璃，磁铁矿有磁性还可以炼铁，石墨可以做铅笔芯和电池，黄铁矿可以做矿石收音机的元件，所以我最喜欢的是各种小石头。那时经常会在放学的路上，从砂石堆中捡些亮晶晶的小石粒，有时也会邀上几个小伙伴到劝业场销售工艺品的专柜去欣赏晶莹剔透的水晶制品和温润细腻的玛瑙及岫玉摆件。但从“文革”开始后，商场和工艺品商店再也见不到这些商品了，只在一些外汇商店还有少量玉雕工艺品卖给外宾，目的是为国家换取外汇。还记得在“文革”扫“四旧”的岁月里，一些藏有珠宝首饰的人家对家中的这些贵重物件视为不祥之物，唯恐被人发现后大难临头，于是三更半夜偷偷将其抛入公厕中的茅坑或扔到海河之中，以至于当时的淘粪工人在清理公厕时经常会有意外发现。天津的报纸也曾有过关于21世纪初海河清淤工程曾在金钢桥、狮子林桥、解放桥下河底淤泥中发现许多珠宝首饰的报道。

二、在学习中成长，在兴趣中工作

我在20世纪70年代上大学时通过专业课的学习接触到了五光十色的矿物岩石标本，当时人们的思想还禁锢在“文革”的思维模式之中，除了关注它们有什么工业价值，从中可以提炼哪些金属和非金属矿产以外，对其美学和工艺价值毫无涉及。偶尔从参考书中了解到有些颜色鲜艳、质地通透的刚玉晶体称为红宝石、蓝宝石，有些质地细腻坚韧的含阳起石和透闪石成分的石头就是和田玉时，心头为之一震，但是从不敢和别人交流。要知道在那个弘扬艰苦朴素的时代，研究珠宝玉石是件大逆不道的事情。轻则属于玩物丧志，重则是宣传“封、资、修”的东西，会被扣上妄想复辟资本主义的大帽子。

1976年大学毕业后，我留在天津师范大学地理系当老师。系领导知道我对于石头感兴趣，就安排我担任地理专业“地质学基础”课程的助教，主要任务是协助主讲教师进行教学辅导。对于我来讲，更开心的是可以带学生开展野外实习并负责地质实验室的管理工作。因为这样的安排能够让有我更多机会接触大自然，用自己的眼睛去看、亲手去触摸各种类型的矿物、岩石和古生物化石标本，根据自己的兴趣深入学习和研究。兴趣是快乐工作最主要的驱动力，在别人眼中看似冰冷的石头，却让我产生了极高的热情。经过不断深入研究，我发现貌似冰冷坚硬的石头中，不仅蕴藏着大自然的无穷奥秘，还能给我们的心灵带来启迪和升华。许多石头的形成经历了水与火的考验，有的深处地下几十公里，经过上千度高温的烘烤和几百万个大气压的历练，随着地壳运动的挤压、揉搓而抬升，又经风化侵蚀而暴露于地表。它们的形成可谓历经坎坷、千锤百炼，这是一个多么惊心动魄的地质过程呀！潜移默化中这种感悟对自己的宇宙观、世界观、人生观、价值观自然是一种升华。后来，因为对地理、地质领域的兴趣越来越浓厚，我在工作之余担负了天津市地理学会和天津市地质学会的科学普及工作。经常到中小学帮助学生开展课外活动，组织有关单位参与由地质部和中国地质学会主办的一年一度的全国青少年地学夏令营活动，带领青少年参观地质博物馆和到祖国各地的山区实地考察。虽然工作很辛苦，也没有任何经济报酬，但内心是充实和快乐的。

三、因石结缘的良师益友

通过地球科学的科普工作，我有幸认识了全国各省、直辖市、自治区负责地质科普的同行和中国地质学界一些知名的专家。改革开放使他们压抑了多年的工作激情终于有了释放的机会，将自己多年的知识积累以科普活动的多种形式贡献于社会，这种严谨治学、科普育人的奉献精神深深地感染了我。我国著名的宝石学专家李劲松先生原是河南省南阳地质队的技术负责人，对于当地独山玉的矿物岩石特征和地质成因有过深入的研究。独山玉是我国开采应用历史悠久的玉石品种之一，境内的镇平县历史上曾是我国著名的玉雕之乡，因为“文革”的影响生产处于完全停顿状态。在改革开放初期，由于他多方奔走、策划，终于在 1988 年在南阳成立了我国历史上第一个市级的宝玉石协会，从而为独山玉的研究和资源开发以及玉雕行业的健康发展奠定了重要的社会基础。20世纪90年代初期,南阳市宝玉石行业发展的星星之火在河南省及全国各省、直辖市、自治区已形成了燎原之势,为1991年中国宝玉石协会的成立起到了推动作用。

乘此东风,1992年河南省宝玉石协会在全国各省、直辖市、自治区中率先成立。随后由于山东潍坊地区昌乐县蓝宝石的发现广东省珠宝玉石市场的出现和辽宁省岫岩县岫玉的资源开发,内蒙古自治区玛瑙资源、青海省内丹麻彩石资源的发现,全国各省、市、区的宝玉石协会相继成立。

各省、直辖市、自治区宝玉石协会的秘书长大部分是原来负责地质科学普及的同人。记得1992年在北京召开的全国地质科普工作会议上,大家相互交流各地的宝玉石资源开发和利用情况。受他们的影响我对宝玉石产生了浓厚的兴趣,并有幸结识了河南宝玉石协会秘书长高国治、山东宝玉石协会秘书长李通一、广东宝玉石协会秘书长成大均、青海省地质科普委员会主任余兴雯等老一辈地质工作者。后来又利用在北京大学参加中美合作的宝玉石鉴定人员培训班学习的机会,结识了时任中国宝玉石协会常务副会长兼秘书长的李劲松先生、副会长栾秉敖先生和北京大学的崔文元、王时琪、臧启家、杨富绪、谭绪荣教授,还有幸得益于中国地质博物馆的赵松龄、李兆聪以及著名的宝石专家李鸿超、石桂华、吴国忠、吴瑞华、于本生、王曼君等老师的亲传口授,终于登上了研究宝玉石的学术殿堂。1993年在高等教育出版社黎永奇高级编审的支持鼓励下,我们几个从教于高校地质教学的青年教师剑走偏锋,编著出版了《实用宝玉石学》教材,当初怕市场销路不理想,只印了3000册,没想到很快就脱销了。

四、从被否定到被认可的宝玉石专业

20世纪90年代以来,随着我国经济的快速发展和人民生活水平的提高,人们的消费热点开始转向追求精神生活的消费。宝玉石在中国人眼中,富有神秘感,不仅是装饰仪容、美化生活绝好的饰品,而且更是精神文明表现的重要形式。天津市虽然宝玉石资源并不丰富,但地处经济比较发达地区,且人口数量大,珠宝市场发展前景广阔。天津市宝玉石协会于 1995 年成立,时任主管商业工作的李长兴副市长担任会长,协会挂靠在天津市地质矿产局。

作为天津市宝玉石协会的理事和高校教师,我认为天津市长期以来大多数人对有关宝玉石的知识了解几乎是空白,尤其在宝玉石教学、研究领域几乎无人涉及,全国和天津市的高校当时还没有珠宝专业的设置,未来的形势发展却亟须培养相关的人才。为此,当时我心血来潮,向校、系领导慷慨陈词,提出申办宝玉石专业的想法。令人遗憾的是,当时天津师范大学的办学宗旨是“高举师范教育大旗,唱好为基础教育服务的主旋律”,以宝玉石专业不符合学校的办学方向为由被驳回了。甚至有人质问:“申办珠宝专业究竟想培养什么样的人?”令人感慨的是天津商学院(现天津商业大学)在当时虽然师资条件和技术设施都不如师大,但因主要校领导的力主,一举申办成功。

无奈之下我只好退而求其次,从 1996 年开始在师大地理系开设“实用宝玉石学”的选修课,随后又在全校范围内开设了公共选修课,在师大资产评估专业也开设了珠宝专业课,均受到学生们的热烈欢迎。回想当时上课的景象实在是寒碜,由于我国宝玉石的研究刚刚起步,有些国外产出宝玉石标本和相关资料甚少,不要说实物,就是照片也很难见到。当时教学设备也很简陋,更谈不上演示课件了。我平时订阅了一些杂志、画报,发现相关图片就剪下来让学生们传看。至于教学标本的来源更是困难,在单位的标本室仅能找到很少的一部分,大多数是靠平时逛市场、遛地摊自费购买。

随着天津市珠宝市场的火爆,天津市的一些中等专业学校和成人教育机构也瞄准市场需求,白手起家也办起了珠宝鉴定与营销专业,接受这些学校的邀请，我曾经先后在育红职专、文体技校、冶金中专、台盟电大等学校讲授宝玉石鉴定课程，并且协助华北石油专科学校成功申报了珠宝鉴定与营销专业。为全国和天津市宝玉石市场的发展培养了一大批销售人员，其中有些学员后来还成为天津市和外省市宝石检测机构的业务骨干。

2004年南开大学滨海学院经济管理系在全国率先开设了“拍卖与典当”专业方向，办学宗旨是为全国各地与文物有关系的典当行、拍卖公司、文博单位培养既懂专业知识又掌握专业技能的专业型人才。珠宝玉石是文物中的大项，珠宝鉴定是专业人员必备的专业技能，于是我受聘又在该校从事了10年之久的宝石学和玉器鉴赏的专业课教学。在此期间为学院建立起设备齐全的专业实验室，培养出能够独当一面的青年教师，上千名学生毕业前考取了人力资源和劳动部颁发的珠宝检验人员高级职业资格证书，部分学生还考取了国家文物局的文物鉴定证书。如今这些学生已在全国各地的相关行业成为专业骨干，包括西泠印社、嘉德、瀚海、保利等知名拍卖公司和各地的博物馆及文物管理单位，部分学生到美国、英国继续进行专业深造后，在国外已事业有成。

五、沈阳道淘宝、“鬼市”捡漏

20世纪80年代中期以来，在改革开放政策的鼓舞下，天津市充分利用自己的区域优势，不仅成为良好的消费城市，而且也是对内、对外贸易的集散地，从而使天津珠宝玉石业进入一个崭新的发展阶段。从20世纪80年代后期开始到20世纪末，天津市珠宝厂商已发展到二百多家，由以综合商场内的黄金饰品柜台为主的珠宝市场发展到既有珠宝街，又有宝玉石批发市场和大型商场的珠宝专柜，还有像古文化街、沈阳道古物市场及个体专营店，集高、中、低档珠宝首饰，古董精品和现代艺术品并存的繁荣景象。天津市很多地矿单位正好处于体制转轨阶段，纷纷以第三产业形式涉足于新兴的珠宝商业活动，尤其以中钢集团天津地质研究院科技人员组建的“石头城”成了当时我国北方地区珠宝玉石的商贸中心，领导着天津市珠宝行业的新潮流。

为了寻找教学标本，我平时常去的是沈阳道古物文化市场，该市场位于天津市商业繁华区滨江道附近的沈阳道和山东路一带，改革开放后在这里建立古旧物市场。这里除了有一些固定的店铺每天照常经营古玩以外，每逢周四，还吸引了来自全国各地的以经营旧木家具、瓷器、古旧字画、玉器、铜器、杂项等的自由商贩在马路上摆地摊经营。来自本地和各省的大批淘宝者云集这里，比肩接踵，拥挤不堪。由于市场范围不断扩展，久而久之形成了以沈阳道为中心，辐射周围几条道路的民间古、旧物市场。这里的商品可以说是丰富多样，仅以珠宝玉石为例，诸如翡翠、和田玉、独山玉、玛瑙、岫玉等雕件还有宝石、水晶等，甚至还有象牙、玳瑁、琥珀、珊瑚等有机宝石。在玉器中多以仿古玉为主，经营的方式也是买卖双方自由论价，往往是卖方漫天要价，买方落地还钱，往往经过一番激烈的争论才得以成交。这个市场比较接地气，货物鱼龙混杂，关键是要凭购买者的眼力和魄力，所以懂行的人经常以较小的成本可以买到价值较高的真货，这就是人们常说的“捡漏”。

紧邻沈阳道古物市场的还有哈密道旧物市场，这里也是天津较为成熟的民间珠宝玉石批发市场之一。主要是以固定摊位形式进行交易，以河南省的南阳商贩居多，其次还有江苏、安徽、福建的商人。他们经营的品种除了有从广东批发过来的常见的珠宝商品外，也经营本地有特色的商品，例如河南的独山玉、密玉，江苏东海的水晶，浙江的淡水珍珠，福建的寿山石等。该市场的顾客人流是每周四非常拥挤，而平时少有顾客。

20世纪八九十年代期间，我还利用周日逛逛位于南开区天宝路一带民间自发形成的旧物市场。其前身因为是旧天津历史上各种来路的物品销货之地，主要交易时间是在凌晨三四点钟，天一亮市场也就散了，所以被称为“鬼市”。这个市场在天津已有二百多年的历史了，“文革”时这里一度被更名为“天明市场”,交易活动也改为从早晨六七点钟开始,到中午结束。这个市场没有固定场所,尤其是从20世纪90年代至21世纪初叶期间,经常游弋于旧城区改造时的拆迁废墟和建设空地上。因为独具“慧眼”,所以我经常能够从历史的垃圾堆中“捡”到好东西。随着附近城区改造完毕,这个市场也就分解到北运河千里堤和其他旧物市场了。至今在我的心目中还对这些市场念念不忘,是它们为我从事珠宝教学提供了非常便宜的各种标本,这样具有地域特色的民间市场在其他省市实在是不多见的。

六、发挥余热

2012年我虽退休了,却开始了另一段丰富、多彩的人生历程。天津市老年人大学请我去开设珠宝鉴赏课程,没想到的是报名的火爆程度,连续几年都有很多人抱怨报不上名,还有托朋友直接找我,要听课的。

其实这门课程的知识较为系统,需要一定的物理、化学、地质、地理等自然科学知识为基础,还兼容了历史、考古、工艺美术、文学、社会学、宗教学等人文科学的知识,并且还要求学员有一定的社会阅历和实践经验。可是老年人大学的学员们知识结构和实践经验参差不齐,说实在话,教学难度比较大。

根据这样的生源条件,我就从直观教学入手。一方面利用图文并茂的课件展示大量信息,另外还经常携带很多实物标本进行课堂展示,并让学员分组实习研讨。另外,我始终注意市场动向和学科发展的前沿,力求把最新的知识和信息反映在课堂教学上。作为课堂教学的补充,平时我还注重发挥网络的教育功能,将有关教学内容的文章和视频尽可能及时在微信群和朋友圈内发布。许多老年人把所学的知识和技能用于生活实际并尝到了甜头,在自己的亲朋好友圈内已经成为珠宝鉴赏专家。经过学习和社会实践,许多老年人学员提高审美情趣和艺术水平,感受到中华优秀传统文化的魅力,通过石头窥探到大自然的奥秘,在人与石头交流过程中传递着天不老、地不荒,宇宙万物生生不息的科学道理。

我是一名地球科学工作者,与石头打了四十多年的交道,自己也没有料到退休后竟然将石头与诗歌结下了不解之缘。我写的三百多首诗歌大多以石文化为主题,还注意融进更多科学文化元素,诸如地质、地理、天文、气象、生物、宗教、历史、哲学、音乐舞蹈、民俗等。在风格上力求通俗易懂,传播时还注意结合摄影、书法、绘画于一体,将科学普及与文学艺术完美地结合在一起,增强了教学内容的趣味性和文化价值,使许多老年学员喜闻乐见,容易产生思想上的共鸣。许多学员之所以对天津市老年人大学学习《珠宝鉴赏》课程乐此不疲,主要是通过学习和交流感知到更多的珠宝文化知识,明白了大自然的真谛,体味出更多的科学道理和人生哲理,变得更加睿智,增添几分童真和豁达。为了满足更多老年人学习珠宝鉴赏的要求,还与学校远程教育部门合作,录制了老年大学远程教育珠宝鉴赏课程。

七、“石缘沙龙”与“石源之旅”

近五年来,作为科技顾问我还筹划和组织了以老年人为主体的石友们开展了“石缘沙龙”活动,以此为阵地开展石文化方面的学术讲座和专题研讨。应大家的要求,还开展了“石源之旅”的专题文化旅游活动,活动以“科技之旅”“文化之旅”“淘宝之旅”“文明之旅”为宗旨,以石文化活动为纽带,将天津市广大中老年石头爱好者团结在一起,到祖国各地中去探索大千世界的无穷奥秘,进行地球科学、历史文化和宝玉石文化的科普宣传和交流。这项活动至今已经开展了三十多次,行程总计三万六千多千米(单程),参加人次近二千人次,足迹涉及北京、江苏、云南、河南、内蒙古、广西、山东、河北、湖北、福建、广东等地。每次石源之旅活动均能够将自然科学、历史文化和区域风俗文化以及石文化兼容于旅游活动之中,既符合老年人经历广、阅历深、文化需求多元化的特点，又满足了购买、收藏石头，探究石文化的专项要求。例如赴山东潍坊市昌乐县的考察活动，是因这里有古火山及其山脚下的古河道里均发现蓝宝石矿，成了中国著名的蓝宝石产地和彩色宝石集散地，因此出行的主题确定为“蓝色星光”。考察内容有方山(距今 1800 万年的火山地貌)、蓝宝石砂矿、蓝宝石博物馆以及在中华宝石城淘宝选购商品。此行不仅让大家购得物美价廉的心仪之物，更为重要的是通过考察蓝宝石矿，采集矿物岩石标本，听专家现场讲解地理和火山、岩石、矿物等内容，不仅学到了许多自然科学知识，还亲身体验置身于大自然中的快乐。

我们每次活动都设定一个主题和主要考察内容，例如以“八闽瑰宝”为主题的石源之旅活动主要是考察福州寿山石市场、寿山石古矿洞及国石馆，还游觉三坊七巷、永定土楼客家民俗文化、厦门鼓浪屿和集美学村。以“关东文化”为主题的活动是赴阜新玛瑙城、十家子镇玉石交易市场、关东民俗文化风情园、海州露天矿国家矿山公园、万人坑遗址博物馆参观。以“三阳开泰”为主题的活动主要考察安阳殷墟博物馆、洛阳龙门石窟、南阳石佛寺玉石综合市场、汉代石刻画博物馆、卧龙岗武侯祠。以“梦幻腾越”为主题的活动是重点考察腾冲和顺古镇、火山热海国家地质公园、滇西抗战纪念馆和远征军国殇墓园、怒江峡谷、保山南红玛瑙市场、莫里热带雨林及当地的翡翠、黄龙玉、南红玛瑙市场等。总之，每项活动都使参与者收获颇丰，在社会上也取得了较好的声誉。

“石源之旅”专题文化旅游活动的开展主要得益于改革开放以来经济社会发展，不仅提高了人们的收入和消费水平，人们的思想也空前解放，从传统的物质消费开始转向情感消费，老来“俏”、老来“疯”成了老年人生活的一种时尚。据 2015 年年底人口统计，天津市 60 岁及以上户籍人口达到 230.37 万人，占户籍总人口的 22.43%，65 岁以上户籍人口达到 146.93 万人，占户籍总人口的 14.31%。据统计其中有 20%的老年人在心理方面有不同程度的疾病，很多老年人退休后迫切需要一个社会活动的舞台。“石源之旅”活动为此提供了一个老有所学、老有所乐、老有所为的重要平台。

“石源之旅”的淘宝活动需要有一定的社会条件和目的地。自我国加入世贸组织以来，珠宝产业作为我国首批全面对外开放的产业之一与世界完全接轨，促使国外许多优质的珠宝资源和制品越来越多地进入中国市场。缅甸的翡翠、红宝石，斯里兰卡的蓝宝石和“猫眼”，巴西的玛瑙和水晶、碧玺，俄罗斯的查罗玉、碧玉和白玉，非洲的坦桑石、沙佛莱、芙蓉石、苏纪石、孔雀石、木变石、玛瑙等，极大地丰富了我国珠宝市场的品种，开阔了人们的视野，同时也给我国珠宝业中的拳头产品打入世界市场创造了条件。2013 年我国珠宝贸易额达到 3400 亿元，已经成为全球最具竞争力的珠宝首饰制造和贸易中心之一。尽管近几年我国的珠宝行业发展速度趋缓，但 2016 年我国珠宝业终端市场销售仍保持在 5000 亿人民币以上，依然是全球最大、最重要的珠宝市场。

几十年与石头的不解之缘使我的工作和思想不断升华，我非常庆幸能够遇到了千载难逢的社会机遇。仅仅 40 年的时间改革开放就使我国几乎是零的珠宝产业和珠宝文化教育事业深入平民阶层，成为丰富人们物质生活和提高精神文明的重要标志。同时我也更加深刻地理解到代表“东方艺术”的中国玉文化经过几千年的持续发展演化，熠熠生辉，是中华传统文化中的重要分支。各历史时期的玉器是上层建筑领域的文化产品和中华文明传承载体，使人能够从中感知中华文明博大精深、源远流长。玉石在人们的心目中之所以弥足珍贵，还在于它经艺术家们缜密设计、精雕细刻，被赋予它特定的造型和灵性，成为艺术品，给我们的生活点缀出缤纷的色彩。

玉石的另一个自然属性就是硬度大、韧性强、化学性质稳定，它被思想家理念化后，被赋予了顽强的生命力。玉石这种坚忍不拔的特性成为历代优秀中华儿女高尚气节的象征，“宁为玉碎不为瓦全”的民族气节正是中国优秀传统文化的真实表现。优良的玉石在颜色、质地、光泽、和透明度等方面都发散出一种超凡脱俗的气质，正因如此，“化干戈为玉帛”的团结友爱风尚、“润泽以温”的为人处世态度、“白玉微瑕，瑕不掩瑜”的包容之心至今仍在影响着我们的生活和工作，这是玉石文化价值的关键所在。所以玉石看似一块冰冷的石头，如果读懂，不但能普及自然科学知识、美化生活和弘扬中华优秀传统文化，还可以对我们世界观、人生观、价值观方面有所感悟和启迪。以石寓意、以石明理、以石达人已经成为我今后更高层次的追求目标。

(作者李兆江，天津师范大学地理与环境科学学院教授，已退休)

改革开放记忆
——生活中的变化

·章用秀·

自1974年以来，我一直工作在中共河北区委，先后从事新闻报道秘书、宣传部副部长、新闻中心主任、台湾工作办公室主任等，并且又是区政协常委、文史委副主任。作为改革开放40年的见证者，我深深感到党的改革开放方针的英明和伟大。这里，仅举我个人亲身经历和在实际工作中接触到的几件事，足可见改革开放给人民生活和社会各个领域带来的巨大变化。

一、照相和"爱美之心"

常言道"爱美之心，人皆有之"，但在改革开放以前，人们想"美"却无论如何也"美"不到哪去，以致连拍张照片也无"美"可言。当你来照相馆想留个影，必得正身正脸，背景一律素地素帘，任何带点美意的诉求都被视为非分之想，弄不好还要受到谴责。当时不少照相馆普遍实行所谓"七不照""八不应"。这"七不照""八不应"是：婴儿百日相不照，全身带景相不照，偏身偏脸相不照，女同志两条辫子都在前一侧不照，倾斜仰角不照，黑地白地不照，带小型道具不照；快相不应，外寄不应，脏版、薄版、厚版不应，摘洗摘放不应，纹纸加印不应，天热冲卷不应，虚光加印放大上色不应，旧片反照不应……

“照相有如受管制”——这种可笑的现象是什么时候改变的呢？是在党的十一届三中全会以后。我曾采写一篇报道，客观反映了那个年代照相行业改变照相单一化、简单化的形式，恢复了传统服务项目，满足人们“爱美之心”的可喜变化。

这篇稿子特别提到了天津老字号普乐照相馆的一些做法：“过去，凡顾客穿戴打扮一番来照相的，一律被斥之为‘资产阶级意识’予以拒绝。现在，职工们热情欢迎，而且大胆运用传统技术和艺术手法，努力使顾客照得更加新颖活泼一些，艺术性更强一些。”为了真正达到美的要求，照相馆的职工纷纷使出自己的看家本领。他们挖掘本工种的传统技术，从布景、道具的运用到用光和色调，从摄影神态到构图，从服装发型到姿势的摆布，从花边图案到工艺压格都进行了研究，使相片内容丰富多彩，并展出样片，供顾客选择。

稿子还提到，砸碎“左”的枷锁，职工们解放思想，大胆突破，为了进一步适应顾客对美的需求，以往不敢干的业务他们敢干了。“过去，照相行业对从合影照片中取一个单人照片，以及修补面部缺陷等项目，一律斥之为‘造假’和‘改头换面’，予以拒绝。现在，职工们不怕麻烦，积极承担这类业务。有一位五十多岁的顾客，因患面神经麻痹症，照相时，一只眼睁不开。老职工金文起发挥难度较大的‘刀子活儿’技术专长，精心为这位顾客的照片进行了工艺处理，弥补其面部的缺陷，顾客十分满意。”他们不但开始承担摘洗、摘放、反拍、修补残片等项业务，还率先租赁礼服、西服，尽量为顾客照好艺术相创造条件。

当年照相行业的这些转变现在看来已不是什么新鲜事。如今人们照相，婚纱照、戏装照，应有尽有，艺术化，个性化，百花齐放。特别是最近这些年，先是数码相机流行，人们照相省事多了，再后是智能手机大普及，人们想留影，随便摁一下，你认为什么姿势美，随意拍照。面对40

年前我在照相馆的纪念照，一手托着语录，一手背在后背"玩"的那个僵硬呆板的造型，再翻看儿子、儿媳几年前在影楼拍下的几大本着装不同、姿势各异的结婚照，真是令人感慨：改革开放不仅为人们带来生活美，也带来了艺术美，不仅满足了人们的物质需求，也满足了人们的精神需求。

二、"小儿王"出山

有位老中医，看小儿科一绝，孩子病了，只要吃了他开的一两服药，立马见效。就是这位"小儿王"，改革开放以前一直受压制，不能造福社会，反倒被关在屋里没完没了地写"检查"。党的十一届三中全会确立了实事求是的思想路线，解放思想，更新观念，"小儿王"这样的老专家和一批社会贤能终于"出山"了！

改革开放初期，我报道了多位医学专家落实政策后为人民做贡献的事迹，今天，我们可以从他们的经历中看到拨乱反正所产生的社会效果。

一位绰号"神针刘"的中医老专家，父亲是北京著名针灸医师刘亭士。"神针刘"继承父辈的针灸手法，又在数十年临床实践中积累了丰富的经验。20世纪50年代中期，时任天津市中医针灸研究所所长的"神针刘"，为了帮助学员们准确地掌握针灸穴位，将人体的三百六十多个穴位按经络制成了对教学、科研均有重要参考价值的"人体十四经针灸模型"。"神针刘"在极"左"思潮中受到冲击，被压抑多年。三中全会后，他才真正得到解放，重新出来为群众治病。

随着改革的深入，专家权威上门诊已在各医院普遍实行。老百姓看病可以选择大夫，也可指定由某位专家为自己诊治。专家出山，百姓受益，这也是改革开放的一大成果。

三、“平反”老地名

地名是人类社会发展到一定阶段的产物，是人们从事生产和社会活动的工具。但在极“左”思潮的影响下，一些街道里巷的命名却犯了“大忌”而横遭批判。觉悟社所在地三戒里，改革开放以前居然被扣上“阶级调和论”和“鼓吹孔孟之道”两顶帽子，这是觉悟社创始者周恩来、马骏、邓颖超等老一辈革命家万万没有想到的。

三戒里的得名取之《论语·季氏》：“君子有三戒：少之时，血气未定，戒之在色；及其壮也，血气方刚，戒之在斗；及其老也，血气既衰，戒之在得。”戒色、戒斗、戒得，反映了孔子鄙视声色、贪欲和反对强力争斗的观点，对今人仍有教育意义。当时这一巷名竟使人如临大敌，实在不可思议。

不仅仅是三戒里，三戒里附近的二贤里、二美里、二南里、三益里、四勿里、泰来里、竹贤里等，也都遭到贬斥。二贤里取意“古之伯夷、叔齐”；二美里取之《礼记·檀弓上》“美哉轮焉，美哉奂焉”，意为“房屋华丽高大”；二南里取《诗经》“周南”“召南”二风；三益里取《论语·季氏》“友直，友谅，友多闻，益矣”；四勿里取《论语》“非礼勿视，非礼勿听，非礼勿言，非礼勿动”；泰来里含《周易》“否极泰来”之意；竹贤里取竹林七贤之典。当时，凡这类里巷取名统统被视为封建余毒，被称为“蒙在残酷剥削、血腥统治上的一层面纱，麻醉劳动人民斗志的精神鸦片，束缚劳动人民造反精神的反动枷锁”。除了大批特批，还要更名换牌，使之“重获新生”，陌生人按旧地名找人往往一头雾水，丈二和尚摸不着头。此时我正从事新闻报道工作，也算是见证了这一事实。

改革开放带来体制的变革，思想解放带来观念的更新。20世纪80年代中期，各级政府对地名展开普查，为“致用存史”纷纷编撰地名志。人们开始用唯物史观剖析地名，“为街巷立传，为历史正名”，被“更名改姓”的街巷得到“平反昭雪”，恢复了“真名实姓”。如所谓“红声胡同”本名“谦益里”，乃取《书经·大禹谟》“满招损，谦受益”；“要武胡同”本名

"篓子胡同",建于清道光年间,因居民多以织席编篓为生得名;"红卫兵胡同"本名"大公馆胡同",同治年间时任直隶总督的李鸿章在此建宅一所,时称中堂大人公馆,简称"大公馆",光绪末年李鸿章死后为袁世凯之军乐队驻地,其后形成胡同;"红霞胡同"本名"官报局胡同",光绪年间刘氏三兄弟建房成巷,因邻近北洋官报局故名;"翻身胡同"本名"赵锡九胡同",清末赵姓在此建房,1912 年传至赵锡九而形成胡同;"灭资胡同"本名"宝兴北里"……这些在"阶级斗争为纲"背景下强加给老街旧巷的名称统统被改正过来。

从某种意义上讲,地名也是历史积淀的文化符号。其实一些旧街巷的名称极富文化品位,有的还证实了一段非凡的历史。记得当时我曾在一篇有关地名志的报道中提出,为街巷正名,资政存史,惠及后人,正是拨乱反正的体现。如今看来,那些带有浓烈火药味儿和标语口号式的地名着实可笑,然而却也深深记下 40 年前意识形态的烙印。

四、"起止处"大变革

吃、喝、拉、撒、睡,可谓人的"五大必需",而其中这"拉"字最为不雅,然而却又谁都离不开。我曾多年从事新闻和宣传工作,在对环卫工人的报道中,也目睹了改革开放以来人们的"起止处"——厕所的变化。

"起止处"乃佛家对厕所的隐称。《禅林象器笺·第二类》:"起止处者,正厕粪之处也。"此处暂用此称,以示其雅。1976 年 1 月 15 日我在一篇题为《平凡的工作 火红的青春》的通讯中提到一位姓刘的清洁工人,当时他的工作是"磕灰"。从这篇文章可以看出,那时居民的"起止处"大都在大杂院内,用的是木制的"灰桶子",俗称"屉屉桶子"。每"方便"一次,都要在粪便上撒上些炉灰。"灰桶子"需要由"磕灰工"入户去"磕",或实行"摇铃磕灰"。常常是居民将"灰桶子"放在大门口,等"磕灰工"再"磕"进三轮车运走。而"磕灰工"则每人都有自己负责的里巷范围,称为"活道"。"屉屉桶子立在门口"等待",遇到调皮的孩子搞恶作剧,朝那桶子一脚踢去,木桶破碎,灰粪满地,气得老太太大呼“缺德挨千刀的”!六七十岁以上的天津卫人大都经历过这种事。

20世纪80年代以后,政府大力修建水冲厕所,并扩大公厕数量,家家户户院子内的“起止处”悉数被撤除,“灰桶子”销声匿迹,老百姓需要“方便”可就近去公共厕所。“起止处”的变化也改变了清洁工的工作方式,“磕灰工”在人们的视线中消失了。“淘粪工”因实行水冲后大都“无粪可掏”而从事公厕冲水和清扫工作。

这些年,伴随着大面积危陋房屋改造的进程,居民家中几乎都有了水冲厕所,城市公共厕所已完全进入“现代化”,排队如厕已成为历史。特别是最近几年,党和政府大力开展“厕所革命”,将公厕的改善作为一项硬任务,层层抓落实,“起止处”的变化令老百姓发出感慨:改革开放把市场搞活了,人们的钱袋子鼓了,政府有了更大的财力物力改善民生,入厕难的问题也得到解决。

(作者章用秀,天津市河北区政协文史委副主任,已退休)

天津师大地理教育与地理科学发展中的时代烙印

·徐利淼·

1980年初，我调入天津师范大学（以下简称天津师大）地理系（2001年更名为城市与环境科学学院，2017年更名为地理与环境科学学院，为叙述方便以下均称地理系），直到2004年退休，一直从事地理教学科研及行政管理工作，送走了一批又一批来自全国各地的莘莘学子。经历和目睹了改革开放40年来地理科学（以下简称地理学）与高等地理教育的发展和变革。

一、从田野到教室、从地质到地理

地理学是一门既古老又现代的科学，是一门研究地球表层自然要素和人文要素交互关系和作用的科学。我原本是61届地理科班出身，毕业后分配到地质队从事综合地质找矿工作，并一直战斗在野外第一线。12年跨学科的野外实践，形成以独特视角和认识理念，深刻认识到自然环境与人类生存发展关系的密切联系。任教后，是自己理论联系实际再学习的过程，进一步认识和理解地理学是融自然科学、经济学、社会科学与一体的综合性学科，并已形成具有众多分支学科的科学体系。地理学是以人地关系、地域系统为研究的核心和基础,从全方位、立体的视角,以区域性、空间性、综合性、系统性的理念,研究自然与社会经济的可持续发展,既探索自然规律及与经济社会发展的相关性,又昭示与传承人文精神的一门科学。因此,地理学在中国高等学校学科分类的理学中为一级学科,并占有重要的学科地位。

二、近代地理学与早期的天津师大地理系

可以说中国近代地理学发源于天津。早在 1909 年,被公认为近代地理教育开山大师的张相文先生,在天津发起并建立《中国地学会》(中国地理学会的前身),1910 年创办《地学杂志》(*The Geographica Journa*),为中国近代地理学的启蒙和现代地理学的发展奠定了基础。为纪念这一创举,在天津市政府、中国地理学会的支持下,2011 年在天津举行“中国地学会在津成立百年华诞”纪念活动,并为在海河畔的耳闸公园中所筑纪念碑举行揭幕仪式,缅怀先人、激励后人,不忘初心、继承与发扬地理人的爱国、爱家情怀。

天津师大是天津市高校中唯一设置了地理学专业的大学。地理学与地理教育的发展与时代发展紧密相连、与国家的命运息息相关。师大地理系在历史与现实的思辨和扬弃中、在传统与创新的磨合中砥砺向前。

1980 年我到地理系任教,陈树生、田代沂等老教师课余时间经常与我聊天,我们一起到地理系资料室、校图书馆翻阅资料。我很惊奇发现,地理系资料室所藏专业资料比校图书馆还要久远、丰富。问起原委,得知天津师大地理系的发展历程可以追溯到 1943 年。天津工商大学(1921 年建校,后更名为“津沽大学”)正式设立史地系,历史地理学家侯仁之先生担任首届系主任。1952 年全国进行高等学校院系调整中,根据地区需要,1953 年建立了地理专业,并以专科教育为起点,培养地理学人才,其后过渡为地理系本科的师范教育。其间经历了几次建

制和归属的变更,1958 年并入天津师范学院，即后来的天津师大地理系,同期天津市地理学会成立。地理系与地理学会的建立填补了天津地区空白,作为一个共同体为天津地理学科的发展,地理教育和地理人才培养奠定了坚实的基础。

“文化大革命”期间,高等教育是重灾区,天津师大地理系也受到严重的冲击和破坏,几乎停滞不前。尽管 1972 年后曾培养了几届地理教育专业的学生,但地理学科、教学、科研和人才培养受到了重创,当时的地理学科发展停止不前。

三、改革开放后的天津师大地理学科

党的十一届三中全会后,拨乱反正春风吹遍祖国大地。和其他院系一样,师大地理系修复“文革”造成的“内伤与外患”,稳定教学秩序、调整和规范教学计划,艰难地走出 10 年的阴霾。1977 年,招收“文革”后第一批师范本科地理教育专业的学生，后又与东北师范大学、浙江大学,共同培养“区域地理”“河口海岸”硕士研究生。20 世纪 80 年代后期开始招收地理专科师范教育学生,组织教师积极参加以“全国海岸带与滩涂资源调查”“农业区划”为代表的国家与地区的科研课题研究。

1990 年到 2000 年这 10 年,全国地理学科与地理教育处于低潮的阶段,全国高校以北大为代表,其地理学院系纷纷改名,对于以地理师范教育为主体的地方院校，天津师大地理系面临生存和发展的巨大压力。但是,改革开放的春风开始深入人心,思想解放,开始自觉或不自觉落实在人们实际工作中。这期间地理系与地理教育的核心任务是生存,要生存必须突出鲜明的特点，所以地理系首先开始尝试与环境科学跨界学科交叉的研究。以“请进来、走出去”的方式加强教师队伍建设,聘请原中科院地理所原所长、世界地理联合会副主席吴传钧教授、北京大学全国重点学科,人文地理学科带头人杨吾扬教授为客座教授,请规划局、土地局、环保局的专业人士作地理系的兼职教授,同时分批次安排中青年教师到国内外重点大学访学交流，攻读硕士、博士学位。也是在这个时期，我们开始引进相关专业具有博、硕士学位的青年教师，尝试地理专业与其他专业的交叉融合，以加强学科建设和学科的应用性研究。先后建立非师范“土地与环境”“社区规划与管理”“资源环境与城乡规划管理”等专、本科专业和成人相关专业，初步形成多层次办学格局。经过不懈地努力，我们取得了“环境地理”和“人文地理”学科硕士授予权。以“土地规划”“土地定级估价”“可持续发展”等为核心开展研究，并取得较丰硕的成果。

在前20年的基础上，地理系与地理学科进入全面快速发展期。2001年，地理系曾更名为“城市与环境科学学院(简称城环学院)”。更名只是形式，其实质是进一步加强与环境学学科的交叉与综合，契合了发展中的社会需求，即对人与自然的关系、社会发展与资源环境矛盾以及快速城镇化的进程和多元化的社会需求。现代地理学在传统理论研究的基础上，其内涵快速地被拓展并丰富。这个阶段，城环学院在学科与专业、教师队伍、教学与科研、多层次办学、人才培养、实验室建设、社会服务等方面取得全方位突破性进展，并取得令人瞩目的丰硕成果。2007年顺利通过教育部本科教学评估，2009年成立天津市水环境与水资源重点实验室；2012年成立天津市地理空间工程技术中心，与这两个市重点实验室与技术中心的共建，使学院实力大增、底气更足，学院发展进入真正快车道。

时代在发展，改革开放的步子在加快，特别是我国正处在经济社会转型和深化改革的关键时期，经济全球化需要地理学、“一带一路”建设需要地理学、生态与生态文明需要地理学、城市化进程以及城市、乡村的可持续发展都需要地理学，地理学与我们的生产、生活，城市、乡村发展密不可分，既属于基础科学又是应用性很强的科学。2017年天津师大“城市与环境科学学院”正式更名为“地理与环境科学学院”(简称地理学院)。“地理”名称的回归，应该说是历史的必然，是天津高等学校中地理学科的唯一性和独特性的一种体现，符合学科发展的规律，同时令地理学人欢欣鼓舞！

通过近几年的发展，现在天津师大的地理学院在立德树人、内涵式发展上奋勇前进。地理学科现为天津市重点学科、一级硕士学位授权点，其下设有自然地理学、人文地理学、地图学与地理信息系统三个二级硕士学位授权点；拥有地理科学（含地理师范教育）、人文地理与城乡规划、地理信息科学三个本科专业；环境科学与工程学科中环境科学二级硕士学位授权点和环境科学一个本科专业。

目前，学院以天津市水资源与水环境重点实验室、天津市空间信息工程中心、天津市环境与生态修复协同创新重点实验室三个省级科研平台为教学科研团队支撑点，为教学科研提供坚实的保障。现专业科研实验室 11 个，科研与智库机构 11 个，野外实习基地 6 个，20 余家企事业单位是地理学院的科研教学实验基地。教师队伍建设取得很大的进步，现任专职教师 61 人中，具有副教授职称以上比例达 57%；具有博士学位占 85.2%；45 岁以下教师 73.8%；现有国家千人计划、教育部新世纪人才、天津特聘教授、天津市中青年科技领军人才等 30 余人。教师中跨界，即跨学科、跨实验室、跨国界人才日益增多，教师中具有三个月以上外访学者达 25 人。教师队伍基础建设为学院的腾飞储备了人才。科学研究近五年成绩突出，承担各级科研项目 250 余项，经费总额 6000 余万元，其中国家级纵向课题 2500 万元；发表论文 550 余篇，其中 SCI 收录 160 余篇，出版专著 12 部。为国家和天津市经济社会发展和生态环境保护做出积极的贡献！

四、认识论和方法论的变革是地理学发展的基础

回顾地理系的发展历程，回忆自己在地理教育中所经历的桩桩件件，不得不感慨改革开放 40 年来所取得变革和进展是前所未有的。地理科学观，即地理学思想的重大转变，也就是常说的认识论和方法论的

变革是地理学发展的基础。

改革开放后，我们突破了过去传统的封闭、单向的思维模式，确立全方位，即整体、宏观、全面，多层次、多视角，世界、全球的战略眼光，四维即历史的、发展的、长远的、动态的思维模式，摒弃小科学时代简单决定论线性思维方式，采用统计决定论，承认偶然性、突变性的非线性的复杂系统的大科学时代思维，开始形成一套研究复杂事物的认识论和方法论，并将信息技术（遥感、地理信息系统）应用教学或科研中，触及并讨论解决经济社会发展和人类生存和发展的大问题。首先是大环境境观、大系统观、可持续发展观的建立，体现了偶然汇总的必然。我们在20世纪90年代初申请“环境地理”专业，开始从哲学的角度开始地理学与环境科学相关性的思考。

1995年，地理系聘请吴传钧教授为客座教授，我作为地理系代表到中科院地理所接吴先生到天津师大，在中科院等候吴先生的时候，我无意中从《中国国家地理》（原《地理知识》）编辑部购买一本《持续发展导论》，是牛文元先生主编，牛先生是“中国可持续发展战略报告”首席科学家。回津后，我认真研读，与乔立新教授探讨，并共同学习和研究了1992年联合国环境与发展大会发表的宣言、《21世纪议程》等五个文件，以及1994年中国政府颁布的《中国21世纪议程》。在此基础上，乔立新教授与我运用系统工程的原理和方法共同撰写《发展环境学原理》。在其中提出大环境观、大系统观，并进一步提出和完善可持续发展观，即以人类—环境（自然、经济、社会）复合系统为对象，以人的全面发展、社会的全面进步和未来人类可持续生存为目标，把可持续发展作为不同空间尺度、不同时间尺度的标准，去诊断、监测、调控和优化人类—环境复合系统，向着持续、稳定、协调和有序的方向发展。尽管这本专著尚存在这样或那样的问题，但却也可以算作从地理学独特视角迈出重要一步。该书除与兄弟院校交流外，1997年第一学期开始，由我给研究生开设“可持续发展论”课程，其教案是自编讲义，其讲授过程也是我不断学习和完善的过程。遗憾的是，乔立新教授英年早逝，我们未能共同去完成《发展环境学》的夙愿。

“理论思维是历史的产物。”因此，研究地理学的思想史，是关于地理学的世界观和方法论的历史，是地理学研究的核心部分。在20世纪90年代后期，我先后为研究生和本科学生开始讲授“地理学基本理论与问题”“地理学导论”和“地理学思想史”等课程，前两门课程都含地理学思想史部分。讲授中侧重不同阶段地理学思想的地理环境、经济社会背景以及产生的哲学和科学基础，去认识地理学发展的模式，地理学发展的动力和思想发展分期。讲授中，特别注重现代地理学中理论革命、计量革命、行为革命、生态思潮、统一大地理学思潮和信息革命。同时注重现代科学方法论新思维和研究方法的介绍，对学生在学习过程中逐步建立大科学时代全方位、立体非线性系统思维起到良好的效果。

一个国家和民族有梦想，一个大学也有梦想，天津师大地理与环境科学学院也有自己的梦想。作为“地环人”的精神所在，不仅是对历史负责，更是为把握今天和开创未来负责。在全球化、生态化、信息化的时代背景下，人类面临人口、资源、环境（自然、经济 、社会）等问题，从来没有像今天这样严峻。 这是涉及人类生存和发展的综合性大课题，也正是地理学研究的核心所在。因此地理学也从来没有像今天这样得到全面的观察和诠释，不仅身价倍增，而且令人刮目相看。为参与和完成这一综合性大课题，天津师大地理人要继续筑梦前行，恪守“创新、协调、绿色、开放、共享”的发展理念，必须倡导大科学思维和理念，走学科综合交叉，广泛应用空间信息技术的未来发展之路。继承地理学的传统优势，不断改革创新、面向世界、向一流学科、一流学院的征程中不断开创辉煌的未来。

（作者徐利森，天津师范大学地理与环境科学学院教授，已退休）

改革开放40年之大学、返城、老屋、母亲

·井振武·

近日，在微信上疯传着王佑贵作词作曲，并演唱的歌曲《我们这一辈》。静下来听，那苍凉悲壮曲调，荡气回肠、诉说着人生无悔的往事，撞击着我的心灵。这歌曲的确让我联想起许多往事，而个人的命运又与国家的命运息息相关，紧密相连。我们这些与改革开放一起走过40年的人，一些际遇令人难忘。

一

1982年暑假，我收到来自哈尔滨师范大学历史系的录取通知书。这是1978年恢复高考以来，为提高广大在职教师水平，省教委采用全省统一招考录取的首届本科函授生。照理说“文革”期间的“小六九”，其实也就小学水平，上大学排队也是排不上的。但是改革开放的大潮，却将我推进大学的门槛，这激动的心情，真是难以言表的。手捧着录取通知书，许多往事涌向心头……

回忆“复课闹革命”那阵子，虽说是上初中，古文不过只学了几篇《触龙说赵太后》《愚公移山》等；大部分时间都是去农村、工厂，或学农或学工，

学业久已荒废。1970年，当我到黑龙江生产建设兵团三师二十团屯垦戍边时，伙伴们一起聊天，说起商鞅变法来，我则一头雾水，呆呆地站在一旁，很是刺痛我的心。

一次回津探亲，母亲谈到她在工农速成中学的学习生活，老人家不无感慨地说："我喜欢历史课，像听故事一样有趣，可惜后来考大学历史系没能成功，而后生活飘落，再无机会。"母亲说这话时，流露出无限的遗憾和伤感。言者无意，听者有心，这句话在我心中发酵，竟成为一种追求知识的动力。学而知不足，再探亲时，我就购买范文澜的《中国通史简编》、严复的《天演论》、郭沫若的《甲申三百年祭》、司马迁的《史记》，以及《纲鉴易知录》《鲁迅杂文选》等；又从朋友家借了《古文观止》带回北大荒，闲暇时阅读。那时，我去看望北京的三姥爷马次青，老人家拿出家乡《满城出土文物》画册一一指给我看，增加我对祖籍的自豪感；还叮嘱我要加强学习，并送杨荣国著的《中国思想史》一书，以鞭策我通过学习改变人生。恰好天赐良机，那时我被安置在水利连留守，冬天一个人住在荒草甸子的地穴里，读书时间充裕。白天手不释卷，晚上点着马灯继续看，口而诵、心而唯，朝于斯、夕于斯，半年下来大有长进。于是又买吕振羽、翦伯赞等人的著作，还把《中国历史大系年表》挂在室内的墙上供随时查找，以助学习。

1976年粉碎"四人帮"，中华民族为之一振。1978年恢复高考，接着好消息一个接着一个传来。当时，在"为振兴中华而读书"的浪潮中，我走上历史教员岗位，人生命运发生重大转机。我根据教科书，又把平时学来的历史知识旁征博引地结合起来传授给学生，颇受欢迎。

1980年夏，学校推荐我参加了哈尔滨师范大学举办的全省首届教师培训班，坐在大学的讲堂里，聆听着教授们的讲座，真是获益匪浅。这是我第一次与大学亲密接触，有学不完的知识、听不完的课，心想如果自己能上大学该多好！上大学的冲动第一次撞击着我的心灵。我接触的第一位大学生，是一位北京大学哲学系的青年转业军官。那时同在一个工作组，他富有哲理的思辨以及透彻入里的分析，令我崇拜不已，至今难忘。后来接触到南京农学院、浙江大学的学生，以及许多转业军官们，其中不乏杰出人才，有的搞农业理论应用，精益求精；有的通读《资本论》，讲课头头是道；有的在部队就是文化教员，例如朱逸，此人在部队曾创造“朱逸教学法”而闻名全军。分场小学校长王益亭也曾是转业军官，并在部队从事文化教育工作，他知我爱读书就借书籍给我。这样的文化环境氛围，对我的成长起着潜移默化的熏陶作用。随后，我参加全省教师会考，以优秀成绩获得高中历史教员证书。1981 年，农场与哈师大合作举办了高中历史教员专修班培训，历时半年。学校推荐我参加培训，并与大学教授们朝夕接触，耳濡目染，更坚定了我上大学的信念。我把这个想法和专修班的同学们说，大家一起向授课的教授们诉说心声，并拜托向校方反映情况。不久，教授们传来消息说，哈尔滨师范大学决定招收首届历史本科函授生，这消息太让人振奋了。同学们个个摩拳擦掌，我为此暗暗地做足了功课。

校方和历史系非常重视，设置基础课 12 门，并辅以丰富、有一定学术水平的专业选修课，以及毕业论文写作，修期 5 年。历史系各科教师都配备了最强阵容，系主任戚佑烈老先生亲自讲授《世界上古史》，通古贯今，大气磅礴；系副主任宋怀仁先生讲授《中国历史要籍选读课》，深入浅出，妙趣横生。游寿、海振忠、赵连泰、徐枫、奚介凡、刘兴华、邓中绵、徐玮、陈唯普、彭铁生、孙风云、赵克等先生都相继登台，传授知识，教诲学生。其中，游寿先生是国内著名文物专家，她开文物鉴赏课，打开收藏室，为大家一件一件地讲授历史文物的由来与特征，以及辨别方法。考古课聘请的是一位省考古队专家，先生曾参与国内许多重大考古活动，谈起长沙马王堆一号墓发掘，绘声绘色，如临现场。中国古代史课由蔡靖夫先生讲授，他大量引证原始史料谈古论今，极具启发性。

大学生活，紧张而令人向往。那时孩子只有两岁多，妻子既要工作又要照顾孩子，还要为我作后勤保障，真是忙得不亦乐乎。可以说，5 年间没有过过一个安生年。到了寒暑假就更别提，我们一般会在假期里到哈师大集中上课，每次去之前我都要做充分准备，既要增加阅读量又要复习学过的课程，为上课和考试做准备。每次都是约好几个同学一起出发，由于哈师大距农场600多千米，那时火车慢得像老牛车一样，逢站必停，往返需要好几天，车上人多，没座就坐在过道上。5年来，寒暑易节，夏天挤一身臭汗，冬天冻得透心凉，不管天气怎样恶劣，从来没有错过一次听课的机会。一次，大雪封山，道路堵塞。客车误在半路，找推土机推雪开道，客车在一人多高的雪墙中爬行。抵达火车站已是天黑。为求新知识仍不知疲倦地前行，在哈尔滨过小年，吃食堂大锅煮饺子；还有一次大年初四去学校，恰值全市旅店过年都不开门，挨家挨户地找，直至深更半夜才找到部队招待所，好说歹说被收留，由于多天没人居住，室内冰冷无比，在寒冷中挨到天明。这些困难都挡不住求学的热情，5年来十余门课程，一一过关。

人们常说教学相长，一点不假。我把学到的新思想、新知识、新理念运用到教学工作中，执着于薪火相传，并与几位教师一起合计办起了高考文科班。大家推荐我当班主任，学生有13位，学校为我们提供了一间简陋的宿舍当教室。除正课之外，我每天提着小黑板为学生讲课、辅导，一干就是三年。功夫不负有心人！学生参加高考时，有11位同学总分超过400分，相继被大专院校录取。其中考入东北师大1人、考入哈师大2人、考入黑龙江大学1人，其余的考入农垦大学等各类大专学校，这是边疆农场——沃野小镇自建镇以来走出的第一代大学生，振奋人心，成为人们交口称誉的佳话。要开学了，我与我的学生一起到母校去读书，一想起这件事，就觉得蛮有趣的。在教学之余，我还热心教育改革，组织学生自己动手制作历史手抄报的活动，并及时总结教改经验，撰文在《黑龙江教育》上发表；还曾为《少年文史报》撰写一些历史人物故事。近读《沃野志》，当地将我列入“在北大荒生活工作过的知名人士”。

大学生活使我进入一个前所未知的新领域。我与海先生再次重逢于哈尔滨师范大学。海先生叫海振忠，回族，是哈师大中国现代史教研室主任。先生瘦高，爱穿白衬衫，鼻梁上架着一副眼镜，头发斑白。他和蔼慈祥，讲课风趣、条理性极强，常常给人以极大的想象空间。我与海先生相识，是1980年夏天的事，有幸成为他的学生，受益终生。记得上历史教员专修班时，曾受先生教诲，由于同住进修学校里，就常与先生聊天。当谈到如何立题研究时海先生说："近现代史研究有许多洪荒领域，需要人们去开垦，就像研究原子弹一样，中国现代史领域也有科研尖端，希望有志同学将来早立题，早下手。只要踏实做学问，潜心十年就一定会有成绩！"这些话对我影响极大。从此，我盘算着自己也要三十而立，立题做学问。

后来，我去看望海老先生，并斗胆表达了希望与先生合作研究课题的想法。没想到不久，就收到海先生的来信，信中先生不仅爽快地答应还谈了合作的具体办法。我们共同讨论研究提纲，由我写初稿，海先生作指导修改。先生对文章要求极严，不仅史实要准确无误，对文字的使用也有要求，既不能浪费一个字又要把观点表达清楚。我每次收到的修改稿，改动量都很大，先生对修改内容、方法都一一叮嘱并做具体要求，是海老先生的悉心、耐心地指导带领我走进了学术研究的殿堂。为了搜集到更多的资料，我利用假期探亲的机会，从早到晚泡在天津图书馆，那时的图书馆在大同道，为了节省时间，中午不回家吃饭，饿了就在海河边啃些干面包，在图书馆一待就是一整天。我慢慢地进入了学术状态，文章越写越顺手，修改的地方越来越少，偶尔还会得到先生赞许。我们撰写的有关文章相继在《北方论丛》《大庆师范专科学报》《黑龙江文史》《黑河学刊》等刊物上发表。

为了让我进一步提高学术水平，在海先生的影响下，1985年2月我成了中国现代史学会的会员，还和先生一起向中国现代史学会1987年第五次青岛学术讨论会提交了《抗日战争中的冯玉祥》的论文。在海老先生的激励、鞭策下，我还参加了中国现代史学会在青岛市委党校举办现代史讲习班，亲耳聆听李新、彭明等著名史学专家、教授的教诲。大学生活使我进入学术领域殿堂，要不是改革开放，这一切都是无法想象的。大学毕业后，我与海老先生一直保持着学术合作关系，受益匪浅。一想起这些我心中就充满着无比敬意和感激。我曾封笔十年。2006年我再次撰文并在《天津政协》杂志上发表，文稿寄给海老先生。老先生写来长信予以鼓励说："机会难得，要继续干下去。"并叮嘱期待我，要不断进步"写出有分量的文章来！"我谨遵先生嘱托，严格要求自己，笔耕不辍。当遇到难题时就请教老先生。记得一次在撰写《孙洪伊：国共两党的牵线人》一文时，因题材重大有些吃不准，就将文稿寄给先生。老先生已八十多岁，仍为我逐字修改，还寄来他主编的《中国现代史》，供我参考。果然，文章发表后被国家党建网转载，中国知网·中国期刊全文数据库曾排名第一，取得非常好的学术效果。有海老先生作后盾，我的底气日益充足，相继主编出版《沽水春澜——1955—1966天津青年学生下乡支边史稿》《天津知青支边下乡大事记》，编著了《冯玉祥与天津》《留美幼童与天津》等书，还与周醉天、张诚合著了《历史推着北洋走》。2018年初海振忠老师去世，在生命的最后岁月，他给我打电话，再三叮嘱师母"让振武来，从我的藏书中挑选一些，这对他研究历史课题有用！"

二

签了《房屋拆迁协议》后，我就继承了这份沉甸甸的家产。工作人员拿着"拆迁通知书"来到老屋前，民工轮起大锤把门窗砸下、把窗台推倒……我不忍看着老屋被摧残，径直而去，身后传来阵阵锤声，敲打着我的心，让我不忍再回头看他一眼。

老屋其实并不老，它却承载了一个家庭的兴衰往事和共和国同龄人的苦乐年华。它是我从北大荒返津后的家。老屋位于河北区八马路维和里某条的一处院子里，居住面积不足十平方米，室内有阁楼，购买于20个世纪80年代初期。院子里住着三户人家，大家相互关照，犹如一家。老屋附近的历史文化底蕴深厚，附近有法政桥遗址，著名的马克思主义革命先驱李大钊和杰出抗日将领张自忠早年都曾在法政学校读书；有近代总统曹锟的私家花园；有袁世凯修建的北站；还有曾经行驶过小货轮的新开河。据当地老人们讲，1939年天津经历了一次大水灾，难民们来到河堤高坡，围着河堤盖起了许多临建窝棚，赖以生存。久而久之，窝棚逐渐变成固定房子，"围河的房子"也有了雅号，叫"维和里"。

搬到维和里，是妹妹的决定。那时，我在北大荒的某个农场中学当历史教员。在津的妹妹要出嫁了，妹妹是个很孝顺、很泼辣的女孩子，为了婚后也能照顾母亲，她与母亲商量，决定举家搬迁。将母亲在南开区怀安里的旧寓卖掉，选择离夫家百米内的这座老屋。我一直称赞妹妹的做法忒好，真是明智之举。

搬到维和里后，母亲能经常与妹妹见面，在她老人家心里最惦念和最割舍不下的就是我了。1974年，收到母亲平反的消息时，我喜极而泣，彻夜难眠。老人家对我扎根北大荒是有想法的，但更看中我的生活幸福。1991年老人家在女婿及外孙的陪同下，跨千山、涉万水，直奔北大荒来看我。不巧，正赶上农场经历百年不遇的洪涝灾害，天像被捅了大窟窿，暴雨倾盆，麦田中积水达一米多深，汪洋一片。那时，我调任农场办公室党委、行政两办秘书，是抗洪抢险指挥部成员，整天奔波在抗洪第一线，曾有三过家门不能入的情况。两个月后，抗洪抢险告一段落，才得以与母亲在家中团圆。母亲起得早，遛弯时到山边采些鲜花回来，插在家中的花瓶里，满屋花香。第三个月时，母亲坚持把孙子带回天津抚养，那时，按知青政策孩子的户口已办回天津。我儿子也希望到天津去学游泳，我恋恋不舍地把祖孙送回天津。后来听妹妹讲，父亲知道母亲要去北大荒找我，喃喃地说"你妈去东北看你哥哥，就不回来了"，十分担心与伤感！

一年后的初夏，父亲在河边休息时睡着了，着了凉，住进卫生院。那时，我妻子正在天津出差，忙里忙外地伺候。一天夜里我被噩梦惊醒，

“有条大鱼，从肛门钻入，直撞心脏”，醒后心扑扑地跳，看窗外月光分明，时间还早，自解其意很纳闷，再也睡不着觉。中午就接到父亲病危的电报，火速返津。处于昏迷状态中的父亲，躺在市总医院的病房里。两天后，他清醒过来，见我的第一句话就是“大老远的赶回来，你是不易呀！”不想这竟是老人家的遗言。一场感冒竟夺走了父亲的生命，这对母亲刺激很大。天塌了，祖孙两人生活有些力不从心。

在晨练的姐们中母亲听说“监护人发生变化的知青可以返城”，她马上让妹妹到处打听政策。妹妹不辞辛苦地奔波于母亲的单位、户口所在街道，以及各个有关部门。母亲还不放心，找来妹妹打气，要她“一定坚持办下去，不可灰心！”后来，听妹妹讲，那一段时间，母亲的情绪的很糟糕，动不动就发脾气，像是着了魔。1993 年 4 月，妹妹把办理调转手续寄到北大荒，我与妻子奇迹般地重返津门故里。后来听说这是落实知青政策的收网行动，要不是母亲的坚持、妹妹的努力，恐怕这辈子我也回不来的。维和里的老屋完全见证了那充满欢乐的团圆时刻。五一那天，祖孙三代一家 7 口人到北宁公园游玩，团圆的喜悦挂在每一个人的脸上。我们租游船荡漾在湖面上，春风习习、杨柳依依。全家人看着美景、说着家常，母亲十分高兴。

老屋不仅见证了欢乐，也给我留下许多苦涩的回忆。7 月，我回津两个月了，可是我的工作还没有着落，母亲生病了，这对于当时的我来说，没有别的办法只能扛过去。我在北大荒多年积蓄仅有买房后的 1.5 万元，转眼花去 1/3。没有工作、老人患病，严重地困扰着整个家庭。不能坐吃山空，为了生存、为了照顾老人、为了抚养孩子，妻子到处打工，去百货大楼、去银座商厦、去小门脸、去附近的工厂，辛苦挣钱补贴家用。母亲患的是脑血栓，导致半身不遂。这期间，我利用四十多天时间，陪伴老人恢复治疗。搀扶着老人家一步一步地练习、恢复行走，终于使母亲能够做到半自理，初尝到至孝努力的成功，内心百感交集。后来母亲也曾因病走失，在漆黑的夜晚，我呼喊着四处寻找，也体会到那种痛苦无助的凄凉与悲怆。在北大荒主要练的是筋骨;初回津门累的是身心。随着国家的改革、经济的发展,经过两年多艰辛努力和奔波,我与妻子终于都有了正式工作。那天,在四马路市场的鱼摊上,我狠狠心买下一斤鲜虾,煮了庆贺。围坐在老屋的桌子旁,一家人有说有笑,那吃虾的情景,总是环绕在脑海,终身难以忘怀,因为那次吃的虾是平生吃过的最香最有滋味的海鲜!

儿子比我们回天津早两年,那时刚满十岁。他的小学、初中、高中、高考都是在老屋度过的。为了增长见识,我大学毕业典礼带他去了;去青岛现代史讲习班也带他去了。后来,还让他参加一些辅导班。高考那年,孩子顶住窗外嘈杂声音和《白蛇传》“千年走一回”流行音乐的干扰, 在不宽敞的老屋里的圆桌上埋头于厚厚的高考资料堆中潜心学习。需要换换脑子了,就打开收录机,里边传出《国际歌》:“这是最后的斗争!……英特纳雄耐尔就一定要实现!”当邮递员把某大学政法系的录取通知书送到家中时,整个胡同的邻居们都沸腾了,人们羡慕不已。房后的二嫂子打趣地说:“大哥,咱鸡窝里飞出金凤凰,这是全胡同的骄傲!你可一定要请请咱们这些老邻居啊!”那天,我请客。全胡同的邻居一起上阵,生大炉子、支大锅、做菜码、打卤子,大家高高兴兴地吃了顿过水捞面,整个胡同欢歌笑语、热闹非凡,人们共同分享一跃“龙门”的喜悦。

刚回天津那阵子,城市变化不大。除了三环路、食品街、旅馆街、王顶堤立交桥外,河川大厦就是在建中的高楼了。我在南门里医疗器械公司任宣传干事,每天穿老城上班,老城依旧,估衣街、宫北大街依旧,棚户连片,南门外大街仍是狭窄。随着改革开放的深入,城市改造被提上日程, 每个人都期盼着危房改造, 期盼着自己的生活条件有较大的改善。我父亲曾分了一个“伙单”小屋,邻居因孩子上学有意出售,我又买下伙单内的一间房子。于是选择在“9·18”搬家,离别老屋。母亲与孙子住一间,我们住一间,生活环境有了极大的改善。下班了给老人家买些零食带回吃；那时我在一个企业担任党支部书记，主持企业退出工作，常常回来很晚，母亲总是牵挂我；休息了我就陪着母亲看电视，一边给她洗洗涮涮；妹妹来了与母亲一起说说悄悄话；闷了就与邻家的“黑大姑”（一位回民大姐）唠唠家常；冬天外边下雪，我搀扶着她老人家出门看漫天飞雪；过生日、过节日，就做上一桌子菜，请来亲朋一同欢庆。当病情反复时，就租辆黄大发（当时的出租车）去中山医院找老熟人张医生看病、住院，恢复了再回家。母亲说：“老了，老了，还住上了楼房，真是享福啊！”申办奥运会的那个晚上（7 月 13 日），我去她的房间告诉她“中国争办成功了！”她应声说：“好！好！好！”晚上两点，陪她同住的孙子看完电视回屋休息，母亲告诉他：“我就要坐在床上飞走了！”孙子打趣地说：“奶奶快睡觉吧！别净瞎说笑话啦！”第二天清晨，当我叫老人家起床时，她面目安详如旧，体温余热尤在，却驾鹤西去。年近八旬的老母亲就这样安详地走了，我悲痛万分，举家哀悼。这一天就是申办奥运会成功的日子，举国欢庆，外面鞭炮不绝于耳。人们说：“这是老喜丧，老太太选在这个日子，真是她修来的福啊！”

转眼多年过去了。我想当人们庆祝申奥成功的时候，母亲在天之灵亦会欣慰，她虽然不能亲自看到在中国举办奥运，但她知道中国人的中国百年奥运梦终于实现了。随着国泰民安、城市的发展，老人家的晚年也离开蜗居，住进楼房，一享天伦之乐。虽然老屋已被夷为平地，在旧址上盖起了大片的新居民楼区，但发生在那块土地上悲欢离合的故事，折射成改革开放的一个缩影，将永远留存在我的心中，成为永恒的记忆。

（作者井振武，天津医药集团有限公司职工托管公司副主任，已退休）

时代给予我新的人生轨迹

·陈德弟·

1978 年 12 月，党的十一届三中全会的胜利召开，吹响了改革开放的号角，从此，中华大地焕发出勃勃生机，春意盎然；中华民族开启新的征程，远航扬帆；中华儿女一路高歌猛进，捷报频传。

1978 年，我刚好 20 岁，是一名朝气蓬勃的青年学生；今年，我整好 60 岁，步入花甲之年，自己作为这 40 年的亲历者、见证者、参与者和受益者，随着时代的步伐和国家的繁荣富强，走进了优质生活伟大的新时代。

一、高考改变命运

1976 年 10 月，党一举粉碎了祸国殃民的“四人帮”，结束了长达十年的“文革”，天佑中华，举国欢庆，人人企盼安定发展。当时，国家财政匮乏，到了非常困难的程度，百废待兴；人民牵萝补屋，过着缺衣少食的生活，百业待振。党中央高瞻远瞩，在稳定社会、增富国家的同时，深知发展经济需要人才、走向世界需要人才、实现“四化”更需要人才。于是，首抓教育，培养国之栋梁，“文革”结束第二年，在各行各业都需要整顿的情况下，将中止

11 年的高考制度恢复了,大批社会才俊考入高等院校,接受正规的教育,为日后发展国民经济培养了大批人才。

1978 年 7 月,我参加了高考,以优秀成绩考入南开大学历史系,这是我人生的一个关键节点。

我是天津市人,出生于 20 世纪 50 年代末一个普通工人家庭,父母都不识字,在新中国成立初期,接受了“扫盲”教育,认识了不少文字,可以读书看报,但不会书写,他们迫于工作、生活压力,无暇顾及我们的学习。我们兄弟姊妹众多,家境贫寒,居房湫隘,仅有十余平方米,此房又坐落在一个由 6 户人家组成的狭陋院中,环境嘈杂,学习条件极差。那时,别说上大学,就是上高中都读不起。我大姐天资聪颖,学习成绩在同年级中一直名列前茅,只是因为家里贫穷,所以 20 世纪 60 年代初,初中毕业后,为了减少家庭的生活压力,决定报考“半工半读”的中专,以获得每月十几元的助学金。班主任老师听说后,多次跑到家里来,做父母的思想工作,要父母支持大姐报考高中,进而再考大学,父母实在负担不起学杂费以及更多的生活费用,无可奈何,大姐最后还是上了中专。

上大学,对于我们这样贫穷的工人子弟,只是一个梦想。如今,在我身上美梦成真了,真是高兴得无法形容,激动和着泪水、欢愉伴着憧憬,我走进了高等学府。那时的我,对大学一无所知,大学的校园、教学楼、图书馆、食堂、集体宿舍、容纳几百人的阶梯教室、在体育场观看露天电影……这一切,对我来说,都是陌生的、新鲜的。

大学期间,集体户口,吃饭定量,每人每月平均不到三十斤,吃饭有饭票,打水要水票,当时实行低薪制度,食堂里大锅炒菜,最便宜的五分钱一份(咸盐熬白菜),最贵的也只有两三毛钱,所以那时即使有钱,也没有现在的海鲜、牛羊肉等美味菜肴可买。8 人同住一间大约二十平方米宿舍,木制上下床就寝,中间放一张长方形桌子,供大家看书、用餐、放置水杯等杂物使用;数十人共用一个盥洗间、一个厕所,集中洗漱时,拥挤不堪。每到周六晚上,在学校操场上架起一张很大的白色屏幕,播放一场露天电影,五分钱一张入场券,如购买电影卡,可用一学期,每场更便宜。40年后的今天,讲起这些事情,恐怕孩子们都不会相信,当作天方夜谭,他们无法想象当年高校生活的穷困景象。

77、78两级大学生,因为是特殊背景下考试录取的,前后仅相差半年入校学习,国家对这两级大学生政策相同,统一规定,工作5年以上可带工资上学,其他人则根据家庭平均生活水平,每月每人给予几元至二十几元不等的助学金,以维持日常生活。我没有参加过工作,自然每月可以领到十几元的助学金。现在人们穿西服革履,打扮得浓妆艳抹再正常不过了,可在当时,这样的穿着打扮,仅见于电影中的有钱人,它是一种富人身份的象征,同学们穿的基本上是青蓝粗布衣服和布鞋、球鞋。当时,我们同学大部分都没有手表,金属机械手表(那时还没有电子表)属于贵重物品,而上课、一日三餐等方方面面都需要知道时间,我们寝室8人中,只有两个带工资的同学有,因为实在太需要知道时间了,所以常常向他们询问(公共场所也绝少设置时钟)。一年之后,我才有了自己的一块天津产的"东风牌"手表。

学习环境是简朴的,生活条件是艰苦的,大家对这些是不在乎的,而十分在乎和珍惜的是这来之不易的学习机会,把注意力全都集中到了学习知识上,当时"为实现四化而读书"是我们的口号和动力,它不是空洞的,我们每天用十四五个小时读书学习,以实际行动来诠释着它的内涵。布衣粗食,白菜冷汤,拥挤住宿,挑灯苦读依然;夏天挥汗,冬日呵寒,偶染小恙,发奋学习劲头不减,用只争朝夕、拼命读书学习来形容,绝不是夸张。我们世界史专业的同学,为了学好英语,有人课余时间背诵整部英文词典;还有的同学同时学习三四种外语。中国史专业的同学,整日抱着《资治通鉴》和古汉语字典攻读,真是惜时如金,分秒必争,都要把"文革"损失的时间追回来。大学四年,我和同学们一样,心无旁骛、刻苦努力地学习,抓紧一切时间读书,尽管我是天津人,学校距家也不很远,但为了多读书、多学知识,绝少回家,和外地同学一样,一学期仅有一两次。当时,同学中有在报纸杂志上发表学术论文的,每每见到,我就心慕不已,暗下决心,争取在学期间也发一篇,为达此目的,只有苦读才有可能,功夫不负拼搏者,毕业前夕,终于实现了这一愿望。

我成长于工人家庭,但从开始就非常喜爱教师这个行业,“文革”时期教师被说成了“臭老九”,但是在我心目中,教师形象依然高大、受尊敬,他们有丰富知识,有高深学问,是传授文化知识的使者。我一直十分敬仰传授我知识和教导我做人的老师,所以考上大学之后,我的美好理想就是做一名高校教师,毕生致力于教书育人、学术研究,为此,我一直朝这个目标努力。

1982 年 7 月,我大学毕业了,并有了理想的工作和稳定的收入。记得一位长者曾经说过,人的一生只有关键几步,走好了、走对了,前途会一片光明。就我而言,考上大学,是我人生关键的一步,工作经历证明,高考确实改变了我的命运。

二、住房和写作工具的巨变

我们毕业的时候,改革开放已经进入第四个年头了,国家一切都在朝着好的方向发展,社会日趋安定,经济逐渐发展,国计民生也有了长足的进步,人们生活慢慢好起来,开始有所改善。当时,国家的各行业还都实行的是计划配给制度,大学生就业也是如此,国家下达用人单位指标,征求个人意见、组织上参考后,进行分配。我本打算继续读研,但父母均已年迈退休,并且健康状况不佳,迫于现实情况,我需要一份稳定的工作和收入,于是决定先参加工作,等以后有机会再读在职研究生,于是填报的志愿是从事教育工作,愿意做一名高校教师,为祖国早日实现“四化”贡献自己绵薄之力,组织研究后同意了,我如愿以偿。

当时我年富力强,精力充沛,浑身有使不完的力气。从 1982 年秋参加工作开始,直到今天,年复一年,日复一日,山一重,水一重,走过了 36 个春秋,我边教书育人,边求学探研,舌耕笔耘,著书立说,先后开设过二十几门课程，教过不同层次、不同级别的学生，有本科生、研究生、进修生、夜大学生。可以自豪地说，学子遍全国，桃李满天下。在教学过程中，我认真备课，热情讲课，精解授课，以姿势助说话，力图语言丰富准确，讲解深入浅出，系统与专题结合，解惑与启发相伴，努力朝着艺术化水平迈进。我曾经撰写并发表了专谈教育教学的论文，探讨学习中"博"与"专"的关系，介绍自己如何指导研究生学习，与广大同人进行学术交流。一分耕耘，一分收获，教学相长，间得选题灵感，收获了喜悦，成长了自己，培养了人才，提高了教研水平，取得了荣誉嘉奖。由于自己的敬业、质朴、坦诚、温和，很多学生成为与我交往数十年的师友关系。

1984 年 5 月，我成家结婚了。因为我们不愿意给年迈的父母增加负担，所以决定不办婚礼，而是去首都北京旅行结婚，那是真正意义上的旅行结婚。我和妻子乘火车早早赶到了北京，把有限的积蓄用来参观、游览气势恢宏的天安门广场、古老的紫禁城、美丽的颐和园等地，用借来的相机，拍下了许多十分珍贵的镜头，留下了很有纪念意义的照片，保存至今，丰富了精神生活，陶冶了情操。

由于我参加工作时间较短，尚没有资格申请福利分房，所以我的婚房是临时借用的。我借的婚房是一间仅有 10 平方米的平房，草把子的房顶，蟑螂时常出没，院里、路面高于屋里，大雨时雨水往屋里流，等雨停了还要往外淘水。屋里除了一张床外，只能放几件生活必用家具。"一间屋子半间床，煤球炉子立中央，进水出水皆自运，公厕有距排队忙"，这就是我婚后生活状况的真实写照。从上大学开始，我就陆续购买了一些专业书和相关参考书，到我结婚时，藏书已有了一定数量，因为没有放置书橱的空间，所以也就未再添置，好在没有多少衣服，于是就把大衣柜当书橱使用，将大量书籍放置其中，如此一来，很不方便选用，不得已，将一些最常用的放在床头和墙角儿椅子上。那时冬日取暖，普通百姓都是依靠在屋里烧煤火，煤球是根据家庭人口凭本定量供应，自己购运。关于取水用水，不是今日的方便情况，而是在居民区里，数十户人家共用一处自来水，需要时自己去打，距离远一点儿的住户，常常备一个水缸储水，为了避开做饭时集中用水排队，更为不便的是，屋里没有下水管道，打进来多少水，就要倒出去多少。一般平房院中是没有厕所的，需要如厕，就得到公厕去……即便如此，我也是很幸运的，因为还有许多年龄比我大的人，恋爱多年因无房而不能成婚。

第二年，我们的女儿出生了，两口之家变成了三口。随着国家经济日益繁荣和对待知识分子政策的倾斜，随着我职称的晋升和孩子的逐渐长大，几年之后，单位便给我调配了住房，迁入了校内，住上了30平方米的筒子楼，从此，用上了暖气和液化气，上下水较方便，上班也近了许多，如此一来，解决了我许多后顾之忧，使我能够安下心来，全力以赴投入教学和科研工作。到20世纪末，国家政策允许最后一次福利分房，包括我在内的所有教职员工，单位都给予了重新调配，我的住房面积又有所扩大，住上了两室一厅、宽敞明亮的单元楼房，并且购买了产权，成了“有产阶级”。日益增多的藏书有了安置之处，并方便使用了。

改革开放之后的前30年，我国国内生产总值平均每年都以两位数字增长，国家经济有了很大的发展，人民生活也逐渐富庶起来，我和妻子的薪金也在不断增长。孩子考上大学之后，在我们将近半百之龄时，决定再购买一套大一些的商品房，一来解决妻子上班路途较远问题；二来解决现住房爬六楼顶层、没有电梯问题；三来解决我切盼已久、拥有自己一间书房问题。很快，我们的愿望就实现了，在生活较为方便的市区里，贷款购得了一套三室两厅的民居商品房，这在20年前，根本都不敢想。我终于有了自己的书房，于是又买了几个较大的书橱，把书房墙壁占满了，整日里坐在书房，博览群书，神游天下，静心思考，敲击键盘，著述立言。我还给书房起了一个符合我性格的雅号“质朴斋”，我成了真正的质朴斋主人，真是天翻地覆的变化啊！

20世纪80年代末至90年代初，全社会几乎对计算机还很陌生，除了极少数使用电脑工作的人员和计算机专业的学生外，大部分人还是“机盲”，我们从事社会科学研究工作的教师，懂电脑的也不是很多。“忽如一夜春风来”，从中央到地方，号召各个行业迅速学会使用电脑，高校教师更要带头学习使用，要无纸化作业，紧随其后的是配套设施迅速建立，到图书馆查书借书，有电脑帮助检索；向报刊、出版社投稿，要提交电子文本，这就迫使每个人必须迅速学会使用电脑。千百年来，以纸著书立说发生了革命。我也随着电脑化写作大潮，迅速适应，快速换笔。起初，花了几百元购买了一个“小霸王学习机”，用以练习打字，基本功熟练后，买了一台宏碁牌台式电脑，正式全面换笔，在电脑屏幕上直接写作。随着政府对教育投资力度越来越大，教育部对包括我们学校在内的数百所高校，进行重点投资，从“211 工程”到“985 工程”，再到时下如火如荼的“双一流”政策，十几年来，国家持续大规模投资高校教育和设备，我们每位教师每年都能获得一部分科研经费，用以购置科研工具电脑、打印机、复印机、扫描仪和参考书籍等。到目前为止，我已经升级换代了三台台式电脑和两个笔记本电脑，以之撰写了数百万字的学术著作和论文，这是沧海桑田的变迁，这是我们高校教师写作工具的巨变，从中折射出改革开放给包括高教系统在内的全国各行业人员，都带来了红利的伟大变化，自己和全国各族人民都是受益者。

三、修为学习，永远在路上

改革开放 40 年，我们伟大祖国沧桑巨变，繁荣富强了；我们古老智慧民族创新超越，科技领先了；我们勤劳勇敢人民安居乐业，丰足小康了。许多受过高等教育的文彦才俊，刻苦努力，发奋作为，在各行各业用自己的聪明才智，为国家建设做着贡献，同时，也改变、优化着自己的生活、生存状况，他们中还有很多人担任了国家和社会的各级领导，发挥了很好的领航作用。

毋庸讳言，40 年来，国家经济社会高速发展、日新月异，我赶上了这个好时代，上了大学，成为高校教师。可以说当年考上大学，确实改变了我的命运，使自己走上了锦绣前程。经过艰苦奋斗，辛勤耕耘，我们的物质生活水平不断提高，精神生活日益丰盈，这一切都来之不易。所以我要持续优化个人的品行，升华境界，追求思想之进步，道德之完善，人格之提升，胸怀万物，悲悯苍生，永远行进在修行的道路上。

（作者陈德弟，南开大学历史学院古籍所教授，已退休）

典藏背后的历史

——吴颂平、杨石先捐赠文物相关史料

·卢永琇·

南开大学历史系在1980年创立了博物馆专业，这是改革开放后，全国高校中首个博物馆专业，开始招收本科生。我是1980年考入南开大学历史系，进入博物馆专业学习的。大学毕业分配到天津市艺术博物馆工作。入了博物馆这一行，至今也有38年。这也是中国社会发展和博物馆事业腾飞的日子。自己亲历了博物馆从冷清到热闹，再到成为社会文化生活重要组成部分的全过程。门可罗雀和门庭若市的场景是那样鲜明地印在脑海。藏品是博物馆工作的基础，藏品管理也是我在博物馆的第一个工作岗位。这项工作除了要对文物进行鉴定、定名外，还要建档案，对其相关人物、历史资料进行研究与整理。许多经历记忆犹新。

一、接受“宣炉王”吴颂平的遗赠

吴颂平(1882—1966)，名熙忠，祖籍徽州，其父吴调卿为天津四大买办之一。吴颂平出生于天津，北洋巡警学堂毕业，后主要从事经商和社会活动，1919年起担任北戴河海滨公益会干事。在20世纪20年代，是天津京剧票房雅韵国风剧社的活

跃人物。现在的昆明路117号花园餐厅曾是他的故居。观其一生,尤对古物的收藏情有独钟,数十年间,足迹遍布南北,真真假假过目的古物数以万计,沙里淘金,去伪存真,不但使他的收藏精品荟萃,更使他对古代艺术品的认识,从单纯的藏宝、玩物,升华为感古物之文化底蕴,品器型之意蕴绝美的心灵追求。

那是1990年,我在天津市艺术博物馆保管部,任保管员。负责近万件古代青铜器、玺印、铜造像的保养与研究。9月的一天,馆长云希正先生找到我,交给我一封信,说是写信的人要捐赠一批文物,让我去接收入库,并建立好档案。仔细研读这封信,对事情的来龙去脉略明了了几分:写信的人是文物所有者吴颂平的儿女(吴正德和吴雅安)。他们是美籍华人,要将吴颂平的旧藏委托吴颂平先生的侄女吴佩球女士捐赠天津市政府。

时隔近三十年,我依然记得那一天。吴佩球女士的家住在睦南道上的一栋小楼里。那天我心怀忐忑走进那座安静的小楼,木楼梯散发出陈旧的、腐朽的味道,踩上去有咯吱咯吱的声音。我们上到二楼,楼道里还弥漫着书香、饭香,还有各种生活与岁月混合的气味,感觉是熟悉还有点

清仿宣德洒金铜炉(吴颂平遗赠)

温馨。到了二楼敲门，温文尔雅的吴女士应声将我们请进房间，简单的寒暄说明来意我环顾四周，阳光透过窗外的绿荫洒落到房间里，映在摆放于桌案的古镜、铜炉、彩瓷上，折射得满屋流光溢彩，美不胜收。随后我作为接收人员，进行了清点工作。接收时除了那封信，关于这批文物的详细情况以及曾经的主人，都没有任何记录和信息。据说，吴颂平先生的收藏曾在“文革”中被红卫兵抄走，后送入天津市艺术博物馆收藏。“文革”后，落实政策退还吴家。1990年吴颂平先生的儿女回国，见到了国家退还的吴家的旧藏。他们将人名私章等作为纪念自留，其他不能带出境的这批藏品就交给吴佩球女士，委托她捐赠给国家。这批文物入藏博物馆后，我们开始对这些新伙伴进行研究，从纹饰、器型等反映时代信息的入手，为它们定名，断代。我用了大约两年的时间对捐赠者进行了走访家属、查询档案、书籍等调查研究等工作，了解其递藏过程。

细细数来，在吴颂平的遗赠中，本次有25件铜炉，包括明仿宣德狮耳炉、明夔纹椭圆形铜炉、清仿明狮耳铜炉等。吴颂平在藏炉的过程中品味出无穷的乐趣。他曾感叹：“吾虽不才，但每当茶余饭后，一炉檀香为伴，哼上一段京剧，就觉得是最大的艺术享受了，宣德时就有把炉铸上‘琴书侣’款识，这与吴某是有同感的吧。”他寄情于炉香雅乐的性情溢于言表。

宣德炉是吴颂平收藏的重要内容，其部分精品铜炉在“文革”前，被故宫博物院收藏，可见吴颂平先生的收藏实力。吴先生曾自喻为“宣炉王”。在几十年对宣德炉的收藏研究中，颇有一番心得。他认为，宣德炉是艺术品，其精品要旨有三：一是所有铜料须经六至十二炼，成炉时已为精铜，因而体质超重，致密异常。二是造型优美，式样多源于宋《宣和博古图》中铜、瓷古样。三是成品经打磨后，表面会形成橘红或茶绿的晶面。随时代的久远而色愈重、光愈亮，形成皮光莹润、珠光宝气皆有内而发的效果；还有的宣德炉把金片铸入铜中，或镀于表面，成为撒金炉，是为特种工艺。20世纪50年代他曾对人谈起这些，并强调美学在宣德炉鉴定中的重要作用。

在这次捐赠品中,古代铜镜有 31 件,数量虽不很多,却是最精美的,体现着吴先生对美的追求和对艺术品的鉴赏水平。三国鎏金神兽镜,颈背纹饰层次分明,造型生动,颜色一半鎏金,金色灿烂,一半漆黑,黑色黝亮,特别是它钮上的铭文,细线浅刻,优美流畅,栩栩如生。这种颜色和钮制的三国铜镜极为罕见。还有一件汉画像镜,黑中闪亮,纹饰刻画精美:镜背的东王公西王母分坐两边,还有神兽在旁侍立,具有典型的东汉风格。另一件唐瑞兽羽人葡萄镜,是国内唯一的刻有羽人形象的葡萄镜。唐代铜镜铸造非常发达,多元文化的融合,形成了独特的艺术风格,各地都有葡萄镜的留存,但在纹饰中塑造羽人却鲜为人见。吴颂平对所藏的铜镜倍加呵护,每件铜镜都定制了上好硬木方盒,并贴有圆标签,上书“新安吴颂平氏,海天屋藏”。这些精美的铜镜,作为馆藏六百多面铜镜中的代表,曾在 1996 年天津市艺术博物馆的中国古代青铜器展览中展出。

吴颂平的收藏重点还有清官窑瓷器。本次接收藏品中有 15 件古瓷器,有多件是其珍藏中的精品。其有一对清雍正款斗彩蟠螭纹长颈尊。该瓶造型秀美端庄,颜色淡雅悦目。青花描绘的蟠螭盘绕蜿蜒,嘴中衔咬的灵芝鲜红欲滴,另有紫绿等色相配,色彩丰富,极具雍正斗彩的特

清雍正款斗彩蟠螭纹长颈尊(吴颂平遗赠)

色。瓶下精心配制的木座,更衬托出瓷器颜色的艳丽,欣赏起来真是赏心悦目。这两件艺术品曾在天津博物馆《国瓷华彩——中国古代瓷器艺术展中》展出。对瓷器,吴颂平也有较深入的研究,据说他曾看到一款霁红釉梅瓶时说:“古香楼者,清汪文柏先生之斋名也,先生字季青,号柯庭,一号柯言,浙江桐乡人,官兵马司指挥使,善书画,尤工诗,精鉴定,筑古香楼,藏书甚富。著柯亭馀唱朱彝尊序之,又著古香楼吟稿等集,此瓶形制古雅,年份亦远在乾隆以上,底有古香楼三横书楷款,极工整,为先生所定无疑。”

那一次接收吴颂平的遗赠,除了25件铜炉,31件铜镜,15件古瓷,还包括了91件铜带钩,12件古墨旧玉等。1990年11月博物馆开辟专门展室公开展出了其中的60余件精品。今天,人们走进天津博物馆,在展室里仍能看到吴颂平的旧藏,这些精美的古代艺术品被更多的人欣赏,社会也不会忘记文物捐献者的功绩。

二、杨石先捐赠古墨

杨石先(1897—1985),人们都知道他曾任南开大学校长,著名的化学家。若说起他与收藏的一些事,恐怕就鲜为人知了。

2008年夏天,我来到南开大学的一栋宿舍楼,拜访了杨石先先生的次子杨耆勋夫妇。一段封陈多年的往事,随着主人手里的发黄的纸张,被揭开。那天,年近七十岁杨耆勋先生恭敬小心地捧出了一包严裹密封发黄了的纸和信封,这些是天津市文化局给捐献者杨石先老先生的收据及捐献文物清单。

关于杨石先先生捐献文物的清单和相关接收资料,共有四张。其中文物收据为刻字油印版,文物清单和文化局公函为手书:

其一　　文物收据(左向右书)

(左起竖行)收到　杨石先先生捐献(附清单乙纸)文物共　拾

伍件 此致 杨石先先生 文化局 天津市人民政府文化局（长方章）（编号）0016　公元一九五二年九月十一日

其二　收到杨石先先生捐献文物清单

一　明版　无量寿经　一函上下两卷

二　明　唐六如绘扇　柳阴渔唱　乾隆旧物　湘妃竹骨

三　明　陆包山绘扇　山水　乾隆旧物　竹骨反面嘉庆恭楷

四　明清上品陈墨十二匣

龙香御墨(宣德)　汪中山经之墨(嘉靖)　君房百子图(万历)

方于鲁妙歌宝轮(五彩)　方于鲁（月精）　黄长吉（天启）

潘嘉客(飞马)　朱震（乌玉珏）　汪天毓(月精)

乾隆丁已御墨(春华秋实) 康熙蟠龙硃墨　吴天章

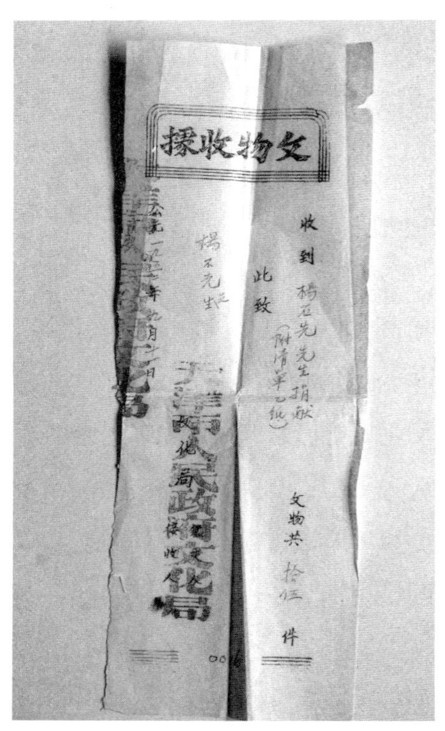
文物收据
收到 楊石先先生捐献（附清单一纸）
文物共 拾伍 件
此致
楊石先先生
天津市人民政府文化局
公元一九五二年九月十一日
0016

杨石先捐献文物收据

其三　文物收据（左向右书）

(左起竖行)收到 杨石先先生捐献 曹素功极品佳墨(青麟髓)文物共 一匣七块 件 此致 杨石先先生 文化局 天津市人民政府文化事业管理局(长方章)　(编号)0021 公元一九五二年九月十七日

(以上为黑体字为手书)

其四　在“天津市人民政府文化局公用笺”的条格纸

上，毛笔手书：

杨石先先生：您九月十四日托冯文潜先生带来的古墨已如数点收，特向您致谢，并附在收据一纸，希查收为荷。至此 敬礼 天津市文化事业管理局(长方章) 九月二十二日

明方于鲁妙歌宝轮墨(杨石先捐献)

古墨是消耗品，亦损坏，名人制作完整的古墨更为少见，就更显珍贵。明代制墨名家于方鲁所制墨，质地坚细，晶莹如玉，他首创彩绘饰于墨身的形式，其彩绘图案的画稿为著名画家丁云鹏所绘。清代初期，他的墨制品已十分珍贵。目前，方式彩墨传世不足十锭。杨石先先生捐献的明于方鲁妙歌宝轮墨，正面彩绘佛教宝轮图案，背部描金模印各种乐器，寓意美妙的歌舞，工艺精良，艺术水平极高，侧面有阳文楷书“方于鲁制”款，该墨在清《四家藏墨录》著录，是传世明代彩墨珍品。杨石先先生捐献的其他墨品，亦是无价珍宝，除了方于鲁、程君房、汪中山、吴天章、曹素功等制墨名家的作品外，一些皇室御用墨品，更是世所罕见。如清乾隆丁巳御墨，朱砂制成，质地缜密，摸制精细，形体作亚字形，正面金字书“御墨乾隆丁巳年制”，并有金印“世掌丝纶”；另一面描绘庭院农舍，古树长廊，舍内一妇抚婴，一童奉茶，一派祥和景象。朱墨是用天然朱砂、石英、雄精、蛤粉等矿物原料配以“广胶”精制而成，具有用不褪色，千载存真的特点。乾隆丁巳年为清乾隆二年(1737)，此墨是专供皇帝批奏折之用，其做工精致，形硬难得，是为墨中之精品。另一件明隆庆龙香御墨，圆形，绿色彩墨，一面有描金双龙戏珠图案，中间楷书

“龙香御墨”，背面有阴文“大明嘉靖年制”行书款。据考证，同样的明代御墨，只故宫藏有，弥足珍贵。

从收据中我们了解到，收到杨石先先生的第一批捐赠是在1952年，那时新中国刚刚成立不久，百业待兴。各阶层的人士欢欣鼓舞，盼望国泰民安。许多收藏家将家藏古籍善本图书捐献出来，化私有为公器，希望能为更多读书人所用、发挥更大价值。杨石先先生也是这些人中的一位。杨石先先生出生于书香世家，其曾祖父曾为清代翰林，祖父、父亲也都曾在清朝为官，家中藏有很多古籍善本。杨石先先生5岁读私塾，成年后虽两次留学美国，成为化学博士，但对中华文化也是独有钟爱，工作闲暇时，常以古籍为伴，于书田耕耘。新中国的成立，人到中年的杨石先先生深受鼓舞。1952年55岁的他做了一个的决定，他要将家藏的古墨等文物和古籍善本捐献给国家。杨石先先生捐献的古籍善本皆入藏南开大学图书馆，捐献的古墨等文物归入当时的天津市文化局，后拨交入藏于当时的天津市艺术博物馆。那时，杨石先先生的次子杨耆勋正在抗美援朝战场，不知晓当时具体捐献细节，他复原回津后，老先生对捐献之事也是只字未提，但从杨耆勋保存甚好的捐献文物收据和捐献文物清单中，看出他对父亲捐献文物的理解与尊重。

杨石先子女与作者

杨老先生的第二次捐献也是在1952年，是通过其好友，时任天津市历史博物馆馆长的冯文潜先生，将曹素功极品佳墨（青麟髓）文物共一匣七块转交天津市文化局的。天津市文化局在9月17日开出了收据，并在9月22日发出了公函。冯文潜（1896—1963）早年留学美国、德国，后任南开大学哲学系教授兼系主任、文学院院长（1946—1952）；1952年任南开大学外文系教授兼图书馆长，与杨石先生是好朋友。

杨石先先生不仅给天津捐献文物，他对家乡（祖籍安徽怀宁）也是满怀热爱。1961年，他向安徽省博物馆捐献了文物。那天，杨耆勋先生拿出保存完好的捐献收据和安徽省博物馆就此事至杨石先先生的公函给我看，公函上钢笔手书："杨石先先生：你捐献给我馆的姚惜抱行书、邓完白篆书屏幅各四条，收到。姚、邓都是我省人，又同是清代第一流书家，这两件东西，珠联璧合，极不易得。现我馆正进行鉴定，对于作品真伪，意见还没有一致，但公认为有参考价值。您这种化私为公的精神，至甚钦佩。附奉收据一纸，并至（致）谢忱。1961年5月27日安徽省博物馆（公章）"。

后来我用了一段时间，访查杨石先的传记、档案等各类书籍，都没有大篇幅的记录他对收藏的喜好，对于他为什么能有这么多上好古墨，有些不得其解。2011年6月的一天，在南开大学不远的一座公寓里，我又一次拜访了杨石先先生的子女，这次见到的是杨石先的长女杨耆霞、次子杨耆勋夫妇。杨耆霞是美国石棉界的专家，此次回国是参加清华大学百年校庆，正好回天津家中小住。我的拜访打乱了一家人团聚的日程，也勾起了他们对逝去父亲的怀念。杨耆霞女士回忆了她小时候，杨石先在西南联大生活的片段往事，由于她年龄尚小，对父亲的工作、人际交往没有多少记忆，收藏古墨的事也是不太清楚。细想起来，化学家杨石先对古墨的收藏，应该是作为书香世家，对古籍善本、古墨独有偏爱的缘故吧。

（作者卢永琇，天津市美术馆副馆长、天津博物馆研究馆员、全国政协委员）

风雨兼程与改革同行

·李树德·

1976年10月，随着深秋时节的一声春雷炸响，“四人帮”反革命集团被粉碎，持续了整整10年的“文化大革命”运动宣告结束。十年“文革”不但使我国的经济走到崩溃的边缘，而且正常的政治体制与制度也遭到严重的破坏，处于一种混乱的状态。就是在这样一种严峻的形势下，全国人民开始冷静地思考国家的前途和命运，党和国家领导人开始设计新的发展战略与策略，制定新的发展规划与措施，对我国的发展道路进行开创性探索。1978年12月18日至22日，中国共产党第十一届中央委员会第三次全体会议在北京召开，全会实现了思想路线、政治路线、组织路线等方面的拨乱反正，做出了实行改革开放的新决策，实现了历史的转折，开启了改革开放历史新时代。

改革开放到今天已经整整40年了，回顾这段历史，感慨良多。由于改革开放，我国实现了由计划经济向市场经济的历史性转变，从而促进了生产力的大解放、大发展，实现了由温饱不足向总体小康的历史性转变。“文化大革命”结束的1976年，我国的国内生产总值(GDP)总量只有1539.4

亿美元(现价美元),占当年世界 GDP 总量的 2.2%;人均 GDP 仅 165.4 美元(现价美元),排在世界第 120 多位。经过 40 年的努力,到 2016 年,我国的 GDP 总量已经达到 11.2 万亿美元(现价美元),紧随美国之后,位居世界第二,占世界 GDP 总量的比重上升到 14.8%;人均 GDP 也已经达到 8123.18 美元,从 40 年前排在世界第 120 多位提升到了第 60 多位。(以上数据参见胡必亮《中国为什么成功》一文,2018 年第 1 期《中国报道》)除了经济上的巨大成就,在其他方面,诸如教育、文化、卫生等方面的成就也令世界瞩目。

作为教育战线上的一名知识分子,深感自己的命运与祖国的命运相连,更与改革开放休戚相关,没有改革开放,我的人生轨迹可能是另一个样子。改革开放之始,我是三十出头的年龄,正是为祖国奉献力量的好年华。40 年来,我始终追随着祖国前进的步伐,风雨兼程,与改革开放同行。

一、从"右派"学生到共产党员

我是 1969 年从天津外国语学院毕业的,但毕业后我没有像其他绝大部分同学一样,顺利走上工作岗位,因为一些"问题"没有搞清楚而被"缓配",也就是"暂缓分配工作",继续留在学校反省。

从 1965 年秋大学入学,到 1966 年 5 月"文革"开始,全国大学停课闹革命,我们实际只上了一年的课程。由于我的基础较好,学习成绩在整个年级一直领先,第一学期末,还在全年级做了学习经验介绍。主讲老师王莱对我印象很好,师生关系密切。"文革"开始,王莱老师被"揭出"是"右派分子"(平反后王莱曾任天津外国语学院院长、党委书记)。全校贴满揭发他的大字报,说他在课堂上散布"封资修黑货"和"放毒",培养"资产阶级孝子贤孙""修正主义苗子",一些大字报还点了我的名。有人找我谈话,要我反戈一击,但我没有昧着良心揭发老师的任何"罪行",便有人鼓动"烧一烧"李树德,收集我的一些所谓"反动言论";加之我祖父曾是冯玉祥部下，当过察哈尔都统署秘书长，我父亲也被关入“牛棚”，就这样我被打成“右派”学生。

留校三个多月，我的问题“搞清楚”了，学校把我分配到张家口地区尚义县接受“再教育”。我先在县陶瓷厂工作，这个所谓的厂，实际上只是个有五六十人的手工作坊，生产当时农村使用的黑釉粗瓷水瓮、罐子、坛子、溺器等，整个生产过程从采料、运输、和泥、成形、上釉、烧制都是手工操作。两年后，我被调到亚麻厂，再后来到中学教书。

无论在哪个单位，我始终坚持两点：一是勤勤恳恳、认认真真地劳动干活，把自己的本职工作做好；二是抓紧时间读书，进一步提高自己的英语水平，总有一天会用上。单位的领导和同志都认为我表现比较好，是一个能与工人阶级相结合的知识分子。当时有分配来的大学生在农村“斗批改运动”中入了党，也有党员向我提到入党的问题。我有自知之明，根据自己的背景和条件，现在不是考虑这个问题的时候，还是要努力工作，用心读书。

1976 年 10 月粉碎“四人帮”时，我正在一个公社中学教书。像全国知识分子一样，感到获得了“第二次解放”，工作更积极、更认真了，读书更勤奋了，工作也取得了一点成绩。1977 年全国恢复高考，我从公社中学，调到县城第一中学，并担任外语教研组组长。

几个月后，校党支书记找我谈话，启发我入党。不久，我就写了第一份入党申请书。当时对加入党组织并不抱大的希望，觉得自己各方面条件都不具备，不会被批准。之所以写申请书，在很大程度上是不想辜负书记的一片好意。

果然如此，我的入党申请虽然校党支部通过了，但县委组织部没有批准。校支部得到的反馈意见是：没有批准的原因有两个，一是我档案中的材料，一是我父亲的问题没有解决。

实际上，“文革”结束后，中央已经有文件，大学生档案中所有不符合事实的鉴定一律撤销，装进档案的黑材料当本人面销毁。我的“文革"档案之所以没有处理,是因为我们毕业后,母校一度与其他院校合并,没有人处理此事,县里没有收到我母校的公函。于是我找到县文教局说明情况。文教局研究后决定,不再等原毕业学校的公函,按照中央精神,参照处理其他大学生档案的程序,当着我的面销毁了"黑材料"和我写的言不由衷的检讨;毕业生登记表中那些充满"文革"语言的自我鉴定,以及工宣队做的组织鉴定等,也予以撤销,只剩下姓名、年龄等自然状况。

不久,我父亲的问题也得以解决,他所在单位本着实事求是的精神,推翻了加在他身上的一切不实之词,予以平反,并重新安排工作。父亲单位很快给我们兄弟俩的工作单位发来公函,以消除影响。

1978 年 12 月,党的十一届三中全会胜利召开,彻底放弃"以阶级斗争为纲",知识分子不再是"臭老九",更不是"知识越多越反动"。全国一片欢腾,我深受鼓舞,由衷高兴,我第二次向党组织提交了入党申请。经过校党支部的帮助、培养和考察,于 1979 年 5 月份再次通过了我的入党申请,又上报到县委组织部。

其后一个多月,1979 年 6 月 15 日,邓小平在政协第五届全国委员会第二次会议的开幕词中指出:"我国广大的知识分子,包括从旧社会过来的老知识分子的绝大多数,已经成为工人阶级的一部分,正在努力自觉地为社会主义事业服务。"邓小平代表党中央讲的话,使全国的知识分子彻底放下了多年的政治包袱。

我现在还清楚地记得,当邓小平的闭幕词在收音机里广播后,学校的老师们热烈地讨论,说这是中央给知识分子的新定位,知识分子的地位得到空前的提高。有几位老师,对入党有强烈的愿望,因为这样那样的原因,一直在犹豫,就找我讨论入党的事情,我说,我还不是党员,我怎能对此发表意见,但他们信任我,说我入党是铁板钉钉了,一定能批准的。

不久,学校党支部书记找我谈话,说我的入党申请已经得到上级党委批准,从批准之日1979年6月30日起为预备党员。预备期一年,党龄从转正之日算起。

同事们为我高兴,我更是激动不已。就这样,在改革开放的第二年,我参加工作整整10年后,我从一个所谓的“右派”学生,进步成一名光荣的共产党员。

二、从山窝窝到大学讲台

我的入党,在我校,在尚义县教师队伍中,乃至在全县引起了很好的反响。有人议论说,就是要吸收这样年轻的、业务优秀的人入党。

实际我已经不年轻了,入党时33岁。至于业务优秀,也不过就是所谓“矮子里面拔将军”。我离校后所学的英语一直没有放下,在英语教学中得心应手,成绩较好而已。

在陶瓷厂工作时,我被分配到原料组,每天在组长的带领下上山,开采制造黑陶瓷的原料“矸子土”。方法是在山坡上向下打斜洞,达到一定的深度就有了“矸子土”,用镢头把它刨下,再担出洞,运回厂里做原料。这是个繁重的体力活,一副装满矸子土的担子重一百多斤,最长的“掌子面”离洞口有一百多米,一个上午要担几十趟。开始时,每天拖着两条像灌了铅的双腿从山上下来,累得连饭都不想吃。就这样,我咬着牙干了两三个月,渐渐地适应了。

当时“文革”还在进行中,“知识越多越反动”“宁要社会主义的草,不要资本主义的苗”的口号甚嚣尘上。但我坚信我们国家还是要搞社会主义建设的,我所学的英语总有派上用场的一天。

有了这个认识,我决定抓紧时间提高自己的专业水平。每天上山采料,我口袋里总装着一本《袖珍英汉小词典》。工间休息时,其他的工人抽烟、喝水、侃大山,或者聚在一起“搁三”(一种类似象棋的游戏),我就独自在山窝窝里找个背风向阳的地方,开始按照那本《袖珍英汉小词典》,一页页地背诵上面的英语单词,我还带其他的书籍到山上阅读。工人师傅们真好！他们对我这种“另类”的做法很理解，他们不但不指责、批评我不认真接受“再教育”，反而为我的读书提供方便。

我在尚义县工作了十几年，调动过几个单位，但是无论做什么工作，我心里一直怀着自己的梦想，走到哪里身上总带着书本。

改革开放以后，各行各业都在蓬勃发展，由于“文革”十年的破坏，人才断档，特别是外语人才奇缺。1983年春天，我从报纸上看到河北省廊坊师专(廊坊师范学院前身)招聘英语教师的广告。我便寄去简历，并给校领导写了一封信，在信中我简单地讲述了自己在山窝窝里读书的经历。

我很快收到应聘考试的通知。第一轮是笔试，涉及英语读、写、译的方方面面，有很多东西我在学校里没有学过，但我在自学中掌握了这些知识。考试结束后，自我感觉良好。过了一个多月，我又接到了面试的通知。在面试中，我先用流利的英语如实地讲了自己在校正规的外语训练还不到一年，但离校后一直坚持自学，还讲了在山窝窝里背词典的经历。面试的老师怀着浓厚的兴趣听着我的讲述，接着，他们又向我提出各种问题，我都据实做了回答。

经过笔试和口试，我在众多的应聘者中脱颖而出，被学校录用，分配到外语系任教。1983年10月，我从农村中学调到大学工作，成为一名大学教师。第一次登上大学讲台的那天晚上，我久久不能入眠，回忆起自己所走过的道路：我从山窝窝走上大学讲台，表面是我的业务合格，实际上，是托了改革开放的福。没有改革开放，就没有经济的大发展，也就不会出现外语人才奇缺的情况，反而学过外语的人会被人投以怀疑的目光。即使有单位需要我，在人才单位所有制的框架下，工作调动又谈何容易。

进入高校工作，感到自己的担子更重了。我国改革开放的路很长，我自己的路也很长，我当时就下定决心：追随着改革开放的步伐，继续前行。

三、从助教到教授

我调入廊坊师范学院不久，外语系就接受的一项政治任务——翻译联合国文件。

1971年10月，第二十六届联合国大会以压倒多数通过决议，恢复我国在联合国的合法席位。为了更好地参与联合国的工作，需要对联合国的成员国、组织结构、活动程序等有全面、系统的了解，中央决定翻译联合国相关的文件。为此，1973年3月专门成立了联合国资料小组(后改名为中国对外翻译出版公司)。联合国的文件浩如烟海，一个资料小组，难以胜任，特别是进入改革开放新时期，我国作为联合国安理会常任理事国，参加的联合国活动越来越多，与联合国成员国的交流量飞速增长，许许多多的问题，都要在联合国文件的框架内解决。所以对联合国文件的翻译要加快。政府有关部门动员高等院校一些优秀的外语教师参加翻译工作。廊坊师院也接受了翻译联合国文件的任务。采取的办法是先自愿报名，然后进行试译，实际上是对翻译能力的考核，最后挑选能胜任者分配任务。

我当时刚刚调到高校工作，对一切都满怀热情，充满了好奇，认为这是锻炼自己翻译能力的好机会，并没有太多地考虑是否能胜任这项工作，就报了名。试译的结果很快出来，我很荣幸到被选为翻译联合国文件工作人员。当时我所在外语系共有二十多位教师，大约三分之一的人参与了这项工作，我们这些人成立了一个联合国文件翻译小组。我们翻译的文件来自联合国粮食及农业组织，翻译的不是单篇的联合国文件，而是联合国粮农组织成员国的概况。每个成员国的概况都有一本书，薄一点的百页左右，厚一点的两三百页。包括该国的自然状况、地理位置、气候条件等，重点是农业发展和粮食生产的状况。从英文翻译成中文后，统一出版“内部使用”的白皮书，一个国家一本，供有关方面参考使用。

分配给我的是“坦桑尼亚”。全文二百多页。我开始翻译得比较慢，后来越翻译越快。两个多月就完成了，然后是校对、抄写。当时没有电脑，要一个字一个字地抄写在稿纸上，里面还有一些图表，也原样绘制。我是这个小组里交稿最早的一位。接着又分配给我“孟加拉”，也很顺利地完成了。

当时，高校评定职称的工作尚未制度化、常规化。1987年，这一年河北省评定职称，我正好任助教4年，以翻译的联合国文件和几篇论文作为成果，被评为讲师。

随着改革开放的深入，教育这块惨遭“四人帮”严重破坏的领域，也逐步恢复，并开创了教育新面貌，那些曾被批判为“资产阶级法权”的教师进修、奖励、晋职制度也健全起来。1990年学校选派我到外地进修，极大地提高了我的业务水平。我开始在教学之余，进行学术研究，参加学术会议，撰写学术论文。每年都有一定数量的学术论文在国家级刊物或大学学报上发表。1992年，我获河北省“七五”期间优秀社会科学成果二等奖；1994年获河北省社会科学研究成果优秀论文三等奖；1995年，我被评为河北省“优秀教师”，同一年我从讲师晋升为副教授。

在教学上，我认真备课、不断探索适合中国人学习英语的方法，并运用到教学实践中，我的课堂从来不照本宣科，重在培养学生的外语能力，所以课堂显得有生气、有活力，得到学生们的好评。在每年的学评教中，成绩都不错，连续多年被评为“优秀”。1997年，由学校推荐，我获得高等师范院校教师“曾宪梓奖”。2000年，在副教授任职5年后，我顺利地评为正教授。

我1983年调入高校，到2000年，共17年的时间，我从助教起步，经过讲师、副教授，最终评为教授。现在回想起来，这一段时间我的工作、生活，特别是教师看重的职称晋升，都进行得很顺利。这表面上看好像是我个人的运气加努力，往更深层次思考则是改革开放后我国教育制度、高校职称评定制度不断恢复、健全和完善的具体表现。

四、从北方到南方

教育领域曾是“文革”的重灾区，却又是改革开放取得成就最显著的领域之一。我在大学里亲身经历了天翻地覆、沧海桑田般的变化。

1977 年恢复高考，那是“文革”结束后，中国人民政治生活中最大的事件。党的十一届三中全会后，在邓小平的大力推动下，建立起国家学位制度，形成了从学士、硕士到博士的完整的现代高等教育体系，并开始向国外派遣留学生，使我国的教育从封闭走向开放。

随着人民生活水平的提高，接受高等教育的愿望越来越迫切，而每年高校招生的名额远远满足不了需要，从 1999 年开始高校扩大招生，当年招生 160 万，比上一年增加了 52 万，增幅高达 48%，经过连续 12 年的扩招，到 2012 年，高校录取 685 万人，录取比例为 75%。2016 年我国高等教育普及率已经达到 42.7%（教育部 2017 年 7 月 10 日发布的《2016 年全国教育事业发展统计公报》），已经步入世界先进行列。

几乎与高校扩招同时，1999 年 6 月第一批“独立学院”应运而生。独立学院是在我国经济改革不断深化，教育体制深入改革的过程中诞生的。它是利用非国家财政性经费举办的，实施本科学历教育的高等学校；是在新的管理体制下的一种创新办学模式。

我所在的廊坊市，就建有一座“东方大学城”，在最繁荣时，里面入驻过五十余所独立学院和民办高校。从 2000 年起，我一直在大学城内不同的高校任教，一直到退休。

在职的时候，虽然在外面学校兼课，但为了不影响学校的本职工作，所以都是在廊坊，最远是大学城里教学。2006 年退休后，我完全自由了，想到外面去任教，发挥自己的余热。我辞掉了大学城内北京高校的聘请，也婉言谢绝了学校正教授可以延迟退休的建议，决定到南方的独立学院任教。

我受聘的第一所独立学院是北京航空航天大学北海学院。北海学院于2005年设立，坐落在南方滨海名城北海市。校园占地面积1200亩，紧邻闻名遐迩的“天下第一滩”银滩。校园风景美丽，海风拂面，空气怡人，建筑新颖，教学设备先进。学校提供住房，我与内子在这个新的环境中生活了一年，与教师和学生建立了深厚的友谊。

我受聘的第二所独立学院是海南大学三亚学院，它坐落在海南岛最南端的三亚市。三亚学院是李书福任董事长的吉利控股集团出资创办的。校园宽广，总面积三千多亩，有高科技的图书馆两座，藏书二百多万册。校园环境幽雅，清香四溢，像一座大花园。学校任命我为英语专业主任，除了教学，还做些行政管理工作。值得一提的是，我到三亚学院第一学期，还组织召开了有21个省、直辖市、自治区六十多所独立学院参加的全国首届独立学院大学英语教学研讨会。

在这两所独立学院不算长的几年工作经历，我亲眼看到改革开放以来我国教育事业蓬勃发展的大好局面，也看到这一新的办学模式的勃勃生机。

可惜，内子不适应三亚终年炎热的天气，在工作一年之后，我不得不离开三亚学院。回到廊坊不久，在一次学术会议上相识的温州大学城市学院外语学院院长，又邀请我加盟。我考虑再三，接受了邀请，又受聘温州大学的城市学院。温州正如它的名字，冬无严寒，夏无酷暑，气候温润。在这个宜居的城市，我工作了4年。

甫至温州就感到一股和谐的新风扑面而来。一进校门就感到温馨的人情味和热情的服务。接机的师傅，不仅把我送到专家公寓的楼下，而且把行李一件件搬到楼上的房间里；管理员早就在那里等待，房间打扫得干干净净，把各种钥匙交给我，告诉我各种电器使用的方法，详细到墙上每个插孔、每个开关的功能，甚至给我演示电视机的调试，等等；进每一个办公室，无论是人事处、后勤处、教务处、图书馆，有人马上站起来迎接。这使我想到，这就是人们愿意和温州人做生意的原因。

城市学院的教学设备是一流的，有十几个从国外进口的最先进的语言实验室，同时向教师和学生提供最科学的教与学的平台；同声传译语音室，既能进行专业化同声传译的教学和技能训练，它同时还是一套标准的国际会议系统，可进行实际的会议同声传译。这样的设备在一些老牌大学也未必能见到。学校实行的是无纸化办公，绝大多数的教学活动都在网络上进行。

我的同事们热情、平和、直率，且思想新、观念新。与他们在一起工作，合作愉快。我们以新的教学理论和教学方法，向莘莘学子传授知识，以及为社会服务的技能，并构建他们内在的人性、品质、气质和意志。

在独立学院六七年的经历，使我深深体会到，改革开放给我国的教育事业不但带来突飞猛进的发展，也使广大教师和青年学生的精神面貌焕然一新。

在纪念改革开放40周年的时候，我回顾总结40年走过的路，心潮澎湃，我的每一个脚印都与改革开放紧密相连。没有改革开放，真不知道现在我国会是怎样的状况，更不知道我个人是怎样的状况。

40年物换星移，岁月如歌。改革开放是一次永不停歇的远征。今天，我们站在中国特色社会主义新时代的起点上，要按照习近平总书记在2018年新年贺词中所说的去做："改革开放是当代中国发展进步的必由之路，是实现中国梦的必由之路。我们要以庆祝改革开放40周年为契机，逢山开路，遇水架桥，将改革进行到底。"

(作者李树德，廊坊师范学院教授，已退休)

纪念“五一口号”发布 70 周年

人民日報

中共中央發佈

紀念「五一」勞動節口號

支部委员、专门负责做国统区假身份证的孙虎文(林彪),帮助楚、王做了两个身份证,交通站帮助楚、王化装成商人,然后在孙大中带领下赴冀中解放区。大约一周多后,孙大中返回说,楚、王已安全到达。其后不久,交通站还送闻一多夫人、儿子和李何林夫妇去解放区。后来我得知,楚图南和王冶秋二人,曾参加1949年9月,在北京召开的中国人民政治协商会议。新中国成立后,楚图南曾任全国人大常委会副委员长。王冶秋曾任国家文物局局长。“文化大革命”中,我被下放天津西郊(现西青区)农村张家窝,大约是1975年秋,北京两位外调人员突然来找我,专门询问楚图南去解放区的历史,我如实作了回答,并写了证明材料。大约一个月后,我见报载楚图南率领中国人民友好代表团访问日本。

(二)1949年9月上旬,在天津市首届各界人民代表会议上,我被选为该会常设机构——天津市各界协商委员会(也可说是天津市人民政协前身)委员

在此前的1949年1月15日天津解放后的那年春天,我被南开大学全校同学投票选为学生代表,先后参加了天津市学生代表大会和华北学联执委会,先后被选为天津市学生联合会主席和华北学联副主席。此次我率学生代表团参加会议。会上,选出19人为天津市各界协商委员会委员。我也被选为委员之一。

不久,中国人民政治协商会议在北京胜利召开,成立了中华人民共和国中央人民政府。10月1日,在北京天安门举行了新中国开国大典,我作为天津市各界代表赴京观礼团成员之一,赴京观礼,见证了新中国诞生的盛况。

1955年3月,中国人民政治协商会议天津市第一届委员会召开,这是在天津市各界人民代表会议的基础上建立的。当时我是中共天津市青委委员、共青团天津市委常委,被天津市各界代表会议推举为天津市第一届政协委员参加了会议。

二、进行了反迫害、反逮捕、争人权的持续抗争

1948年中共中央发布“五一口号”后，各民主党派、团体和各界民主人士热烈响应。这时，人民解放军也在全国各战场逐步转入战略反攻。蒋家王朝在军事上、政治上都节节败退，为加强法西斯统治，垂死挣扎，于是变本加厉地实行白色恐怖，镇压进步学运。

1948年7月上旬，南开大学地下党从多条渠道获悉，敌人近期可能采取重大镇压行动。胡国定从学校有关部门获知，暑假前夕，南京政府教育部已电令南开：“鉴于局势严重，将校内共产党及共产党嫌疑或接近共产党、营私自便有企图的分子，不论员生，均视作危害学校分子，在此暑假分别处理，务求肃清。”在此前后，南开学生自治会也收到从北平华北学联传来敌人近期可能进行大逮捕的消息。为此，我即时与上级党组织联系，并约定每次日到天津市睦南道(原名镇南道)党的一个秘密居点与领导面谈。这次会上，我见到南开地下党的三位领导人：南方局平津工委书记黎智、工委委员兼天津工委书记李之楠、天津工委委员魏克。他们三位都是抗日初期入党的老党员，有丰富的地下斗争经验。黎、魏二人曾在延安学习工作过，后随周恩来到重庆南方局青运组工作。李之楠抗战后期曾任中共云南省青委，当时在天津的公开职业是中国银行专员、华北植物油公司副经理。他们三位一起听完我汇报后进行了讨论，也谈到从平津地区有关方面反映，敌人近期有可能进行逮捕的迹象。最后，黎智同志作了长篇发言，他分析了全国政治、军事、敌我斗争的发展态势，特别提到南开大学反映的已收到南京政府下达的电令，已完全证明了此事。接着他提出了地下党应采取的一系列具体措施。南开大学地下党，按照上级党的指示，采取紧急措施，在全党进行以下工作：

首先，立即在全体地下党员、地下“民青”中普遍进行一次革命气节和党的纪律教育，做好一旦被捕，为了共产主义的崇高信仰，要把敌人的法庭刑场当作战场的思想准备，与敌人进行坚决斗争，甚至为了崇高

革命理想英勇牺牲的准备。

其次，为保存革命力量，并为解放区输送干部，有组织、有计划分期、分批地将一些容易暴露的党员、“民青”和进步群众，输送去解放区。

再次，减少党和民青的组织活动，各进步群众社团也相应地减少活动，并尽量不搞大规模的活动，而以小型分散活动为主，以转移敌人注意目标。

最后，规定地下党支部书记指定一位接班人，万一本人被捕，支部仍能坚持工作。

8月上旬，传来敌人近期要进行全国性大逮捕的消息，情势更加紧急。8月17日，国民党反动政府向全国发出所谓“清除间谍，安定后方”的密令。19日下午，与南开大学地下党有联系的天津《大公报》记者傅冬菊（傅作义将军女儿、地下党员）电话通知南开大学地下党：“敌人今夜要进行大逮捕。”党立即通过组织和进步社团，通知可能暴露的地下党员、“民青”和进步群众疏散隐蔽。8月20日凌晨3点多，大批武装军警宪特包围南开，按所持黑名单到各宿舍捕去南开学生7人。名单上的大部分人没有捕到，8月21日，天津反动当局又登报通缉尚未捕到的学生117人，其中有南开的23人。

7位同学被捕后，8月21日下午，南开大学学生会立即召开全校学生大会，一致通过成立南开大学被捕同学营救委员会，开展反迫害争人权的斗争。此后，南开大学地下党把已被反动当局列入通缉名单，或有可能被捕的进步同学，及时、安全地撤离到解放区。其后天津反动当局成立特别刑事法庭，迫害被捕学生，南开同学提出强烈抗议，天津各界人士也纷纷要求释放被捕学生。12月中旬，人民解放军完成对天津的包围，地下党对天津当局发出警告信，要求立即释放政治犯和被捕学生。敌特刑庭只得以“起诉证据不足”为由，陆续释放全体被捕学生，包括被捕的南开学生9人。南京反动政府企图用大逮捕镇压进步学运的目的终未得逞。

三、贯彻“五一口号”精神，加强利用亲友，争取国统区上层人士工作

（一）周福成介绍傅冬菊入党，并协助傅冬菊参与争取傅作义和平起义

南开大学地下党员周福成（周毅之）与天津《大公报》记者傅冬菊原是西南联大同学，两人关系较好，后周福成介绍傅冬菊入党。1948 年 11 月，党中央决定要解放平津，上级决定要傅冬菊回北平家中，专门做其父的工作，了解其父思想动向，但傅家戒备森严，如何将其了解的情况上报给党，这是一个难题。当时周福成与傅冬菊恋爱情况已经公开（1949 年后结婚），周可以随时出入傅家，党就派当时还公开兼任傅作义军队系统所办报纸——《平民日报》特派记者的周福成到北平承担这一任务。他设法不断将傅冬菊所了解的其父动向，及时上报北平地下党领导崔月犁，崔通过地下电台及时报告党中央。为争取傅作义起义，和平解放北平，做出了贡献。

（二）曾常宁参与争取天津市前警察局长转向人民

南开大学地下党员曾常宁，其父曾延毅原为国民党高级将领，与傅作义是保定军校同学、拜把兄弟。傅当军长时他是副军长，傅任天津警备司令时他是天津市警察局局长。解放战争时期闲居天津。1948 年年初，中央华北局城工部部长刘仁就布置曾常宁做其父的工作，在初见成效，曾延毅表示“愿见解放区来的人”后，1948 年冬，上级党就先后派王甦、沙小泉继续做他的工作，终于提高了他对共产党的认识，表示愿与党合作。在天津解放前后，他作了一些有益于人民的工作。如 12 月底，国民党天津警备司令部以南开大学学生散发共产党传单嫌疑，要派武装军警进校搜查抓人。南开大学地下党，紧急动员全校师生员工，一面开展反对军警进校的斗争，一面把印刷机拆开，化整为零，连同数千份尚未发出的传单，分散转移到曾延毅家中，在他帮助下隐蔽起来。同学

们开玩笑说:“敌警察局局长的家,成为我们的保险库了!”

1949 年 1 月初,天津即将解放时,民间忽传天津黑社会青洪帮要趁两军混战时,发动对商店市民的抢劫,弄得人心惶惶。中共天津工委书记通过南开地下党,找曾延毅面谈,要求他设法警告黑社会头目,不许抢劫,否则天津解放后将严惩。并要他在青黄不接之时,设法帮助维持社会秩序。经过中共天津工委书记做工作,终于促使他答应“尽力按共产党的要求办”。后来的事实证明,他的确这样做了,天津解放后治安没大问题。

曾延毅还参与争取傅作义和平取义的一些工作。由于他为人民做了一些好事,后天津党组织推荐他为天津市第一届人民政协委员。

(三)蓝铁白参与争取天津市政府秘书处长保管好机关文件档案

南开大学地下党员蓝铁白(李钧),1948 年 7 月去解放区学习。大逮捕时,被列入黑名单,因他不在学校而未被逮捕。年底,解放军进逼天津,因革命需要,华北局城工部派他冒险返回天津,通过他父亲李世雄做国民党天津市政府秘书处处长王余杞的工作,要他保管好机关文件档案,天津解放后交给人民。李世雄与王余杞是关系较好的早年同学,这时解放军已包围天津,大势所趋,王立即答应照办,解放后将市政府的档案完整交给人民政府。

以上是我 70 年前亲历的南开大学地下党贯彻执行中央“五一口号”的有关情况。

1948 年年底,解放军逼近并包围了天津,南大大学地下党为迎接解放,保护学校,在上级党领导下,与敌人进行了空前尖锐剧烈的斗争。动员全校师生员工,胜利进行了反对武装军警进驻学校和进校搜查的斗争。

1949 年 1 月 14 日上午 10 时,解放军向天津发起总攻,当夜突入天津,仅经过 29 个小时激战,15 日下午 15 时许,即解放天津全境,歼敌 13 万余人,活捉国民党天津警备司令陈长捷、市长杜建时等人。在总攻天津的炮火纷飞中，南开大学师生经历了严峻的考验:15 日黎明前，驻守南开大学东院附近海光寺兵营的国民党军队竟向全校师生集中住宿的东院大楼开炮，三楼被轰开一个大沿，幸亏解放军进展神速，很快攻占海光寺兵营，敌人杀害南开师生的阴谋才未得逞。不久天刚破晓，解放军已冲到东院附近，在炮火纷飞中，南开东院大楼挂出出“热烈欢迎解放军”的大标语，几位师生自发地为解放军带路。“五一口号”的发布和南开大学地下党的斗争，距今已 70 年，但它仍留在我的记忆中，终生难忘。

(作者刘焱，南开大学历史学院教授、周恩来研究室主任，已退休；曾任南开大学地下党总支书记)

“北上”精神 光耀千秋

·翦 安·

在中共中央发布“五一口号”70周年纪念日之际，重温祖父翦伯赞北上解放区以及参加筹备新政协工作的统战历程，备受教育。这不仅有对祖父深切的怀念，同时也让历史见证：统一战线工作是中国共产党取得成功的法宝。各民主党派人士及广大文化界、知识界民主人士与中国共产党的亲密友谊和合作关系，是历史形成的，是经过艰难困苦考验的。

祖父1937年秘密加入中国共产党。长期以来，在周恩来领导下，以“民主教授”和无党派人士身份，为党做了大量的统战工作。1946年国民党发动内战，暗杀民主人士，强迫解散民盟。周恩来指示地下党组织，尽全力协助民主党派和文化界的知名人士秘密转移到中国香港。次年10月祖父奉命抵港，先住民革中央主席李济深将军的招待所，后迁至九龙尖沙咀海防道40号。祖父除了在民主人士创办的达德学院讲授中国通史，还与茅盾、侯外庐、千家驹等主编香港《文汇报》副刊《史地周刊》。他与云集中国香港的民主进步人士和共产党人一道，继续从事统战工作。

1948年4月30日，中共中央发布纪念“五一”国际劳动节口号，提出“各民主党派，各人民团体及社会贤达，迅速召开政治协商会议，讨论并实现召集人民代表大会，成立民主联合政府”。5月1日，中共中央发出了《关于邀请各民主党派代表来解放区协商召开新政协问题的指示》，点名邀请李济深、冯玉祥、何香凝等29位民主人士来解放区。在港的各民主党派人士的代表不仅联名致电中共中央表示拥护，而且在中国香港与中共香港工委配合下，开展有关宣传活动。5月8日香港《华商报》举办的目前新形势与新政协座谈会上，祖父以“拥护新政协的召开”为题发言，表示拥护的态度和决心。当时的中国香港处于英殖民管辖之下，国民党和港英的特工人员对在港的民主人士进行严密监视，由于内战在进行中，陆地、空中都没有通路。周恩来果断决定由海上通道北上，并做了周密的安排。从1948年8月开始到1949年3月，共分4批把在中国香港的民主人士安全地接送到了解放区。它充分体现了中国共产党的感召力和民主人士北上建立新中国的决心。

1948年11月23日深夜，祖父作为中国香港北上解放区的第2批民主人士，与马叙伦、郭沫若、丘哲、许广平母子(周海婴)、陈其尤、冯裕芳、曹孟君、侯外庐、许宝驹、韩练成等知名人士，由中共香港工委书记连贯等陪同护送，乘一艘悬挂挪威国旗的“华中号”货轮，秘密离开中国香港开赴大连。12月初，“华中号”抵达解放区安东(今丹东)。东北局负责人按照周恩来指示，做了热情、细致的接待工作。随后中共中央指示：组织中国香港来的民主人士乘专列经沈阳转赴哈尔滨休息和参观；祖父与连贯、胡绳、宦乡、韩练成5人则由安东渡海，经山东到石家庄参加新政协的筹备工作。离别之际，郭沫若含泪赋诗一首《送别伯赞兄》：“又是别中别，转觉更依依。中原树桃李，木铎振旌旗。瞬见干戈定，还看槌铚挥。天涯原咫尺，北砚共良时。”祖父双手接过诗页，亦是热泪盈眶，在场者无不为之感动。当时19岁的周海婴用随身携带的相机拍摄下的“华中号”轮全体人员合影，记录了“北上”重要的历史瞬间。

祖父一行5人历经艰辛，终于在1949年1月到达石家庄中共中央所在地。为响应“五一口号”，迎接新中国的到来，从1948年至1949年，李家庄陆续接待了大批民主人士，他们被称为来到石家庄的“特殊客人”，受到中央领导的重视。毛泽东、周恩来、刘少奇等也曾与诸位民主人士多次恳谈，直至他们离开平山县赶赴北平(今北京)筹建新政协。

人们形容“五一口号”是“新政协”的邀请函，是十分恰当的。中国人民政治协商会议的召开，是中华人民共和国的奠基之举，是中国共产党领导的多党合作与政治协商制度的成功之作。它开创了中国共产党领导的多党合作的新篇章。时至今日，了解“北上”的人并不多，而亲身经历过“北上”的人更是少之甚少。虽然“北上”的组织者、参加者、亲历者大多已经作古，但“北上”精神将写在人类的历史上，光耀千秋。

(作者翦安，天津市图书馆典藏部主任，已退休)

回顾历史 继往开来

·毛树森·

以1948年4月30日中共中央发布“五一口号”为标志，中国共产党领导的多党合作和政治协商制度走过了70周年的光辉历程。

“五一口号”号召各民主党派、各人民团体、各社会贤达迅速召开政治协商会议，成立民主联合政府。各民主党派和无党派人士积极响应，纷纷表示，“愿在中共领导下，献其绵薄、共策进行。以期中国人民民主革命之迅速成功，独立、自主、平等、幸福的新中国之早日实现”。这标志着各民主党派自觉接受中国共产党的领导，也标志着各民主党派的历史进入了新的发展阶段。

我是1948年出生的，恰与“五一口号”同庚。回顾历史、自己的家庭渊源和生活经历，深切感受中国共产党领导的多党合作和政治协商制度是中国历史发展的必然。

我是浙江奉化人，毛姓在当地是望族。我的父亲因我伯父的缘故与中国国民党革命委员会（以下简称民革）结下了不解之缘。

伯父毛国钰早年毕业于浙江地方自治专修学校，1933年国民党左派人士李济深、陈铭枢、蔡廷锴、蒋光鼐等人在福建领导组织了抗日反蒋的中华共和国人民革命政府。伯父追随李济深参加了这一国民党人士组织的活动。失败后,随李济深流寓中国香港,并奉李济深之命奔走于宁、沪等地,又随李济深回广西苍梧故里滞留有年。伯父与李济深结下了深厚情谊。不幸的是,在那动乱的年代,伯父在1939年意外去世。

1939年正值抗日战争民族危难,19岁的父亲毛国玺,秉承伯父的愿望,怀着年轻人的一腔热血,抗日救国、投笔从戎。经时任军委会桂林办公厅主任李济深推荐,父亲在三战区长官司令部任机要秘书并得到提携。至今我还保留着李济深给父亲的三封信。

1948年1月,民革在中国香港成立,李济深任主席。“五一口号”发布后,李济深北上解放区到达北平,参加第一届中国人民政治协商会议。

1949年10月1日中华人民共和国成立,中国人民从此站起来了。李济深担任了中央人民政府副主席,父亲欢欣鼓舞,于20世纪50年代初在上海参加了民革组织。不幸的是1958年父亲被错划为右派,蒙受委屈二十多年。1978年中共十一届三中全会的春风吹遍了祖国大地,也吹进了我家,父亲获派得平反,落实了政策,并参加了奉化民革的组建工作,担任了常务副主委兼秘书长,我也卸掉了从小就背在身上的政治包袱,不再只是埋头技术工作,而是积极参加各项社会活动,要求进步。

1986年天津民革的刘瑞明和许功锐两位副主委去福建开会后到奉化访问,父亲热情接待了刘老和许老。经过民革组织的教育帮助,我逐步加深了对中国共产党领导的多党合作和政治协商制度的认识,也加深了对民革组织的认识。1989年4月,我正式加入民革,成为一名统一战线成员和统战工作者,我加入民革的介绍人是刘瑞明和杨培元。

杨培元老先生学识渊博、德高望重。他早年毕业于燕京大学,与吴阶平是同窗。1949年北平和平解放,他随同傅作义、何思源起义。当时他刚过三十岁,在崇文区(现已并入东城区)区长的职位上,北平和平解放前夕,他还参加了刘仁领导的城工部的工作,做了许多有益的事情。1988

年杨老由市民革安排来西青区担任主委，作为新一代的社会活动家，杨老以其丰富的政治阅历和文化修养，表现出对中国共产党领导的多党合作事业的深刻理解。虽然当时西青民革只有十几个人，但杨老谆谆告诫我，作为民主党派一定要把坚持中国共产党的领导放在第一位，这是必须把握的政治原则。在组织活动中，杨老倡导开展“三个一条心”活动，即“和西青区委统战部保持一条心，和市民革保持一条心，西青民革内部保持一条心”，充分体现了杨老自觉坚持中国共产党领导的高度政治原则。70年来，民主党派与中国共产党风雨同舟、患难与共，一同前进、一道接受考验，因此，自觉接受共产党的领导是民主党派自愿的历史抉择。

1993年，杨老因年事已高，组织上让我担任主委，我秉承了杨培元老主委与中共西青区委领导真诚合作共事的优良作风，先后与王文华书记、杨文成书记、张国庆书记、王宝弟书记融洽共事，得到了他们的信任和帮助，西青民革也因此成为西青区民主党派的排头兵，得到了各级领导的重视。

我从1989年4月加入民革以来，在中国共产党领导的多党合作和政治协商制度的阳光照耀下，不断学习，不断进步，先后担任了一届市人大代表、三届市政协委员，其中第十二届是常委。在西青区政协担任了一届常委、三届副主席。1993年1月，我还光荣地成为中国共产党预备党员，因统战工作需要，1994年转正时被保留在党外。

回顾历史，继往开来，多年的实践，使我懂得了中国共产党领导的多党合作和政治协商制度是中国特色社会主义的基本政治制度，是中国历史发展的必然。今天，我们回首中共中央发布“五一口号”70周年，深切体会中国共产党领导的多党合作和政治协商制度在推动中国特色社会主义发展和进步上发挥的独特作用，作为我国一项基本政治制度呈现出更强大的生命力。

（作者毛树森，天津市政协原常委、西青区政协原副主席、民革西青区工委原主委）

发扬优良传统 坚持新时代中国特色社会主义道路

——纪念“五一口号”发布70周年有感

·刘俊迈·

在全国人民认真学习贯彻中共十九大和全国两会精神之际，我们迎来了中共中央“五一口号”发布70周年纪念日。

1948年4月30日，中共中央在河北省阜平县城南庄发布了纪念“五一”劳动节口号，提出了“召开政治协商会议，讨论并实现召集人民代表大会，成立民主联合政府”。各民主党派积极响应中共“五一口号”，为建立新中国而奋斗。这是新民主主义革命进程中的一个重大事件，在民主党派发展史上、在多党合作发展史上、在我国统一战线和民主政治建设发展史上，都具有重要的意义。“五一口号”的提出为建立一个独立、民主、和平、统一的新中国指明了方向，是民心所向、众望所归。“五一口号”的提出，体现了中国共产党新民主主义的政治纲领和实践步骤，中国共产党为中国人民谋幸福、为中华民族谋复兴的初心和使命，得到了各民主党派和无党派人士的一致认同，从而确立了中国共产党在多党合作和国家政治生活中的领导地位,并成为中国新型政党制度的鲜明特色。它标志着各民主党派公开、自觉地接受中国共产党的领导,为中国共产党领导的多党合作和政治协商制度的形成和建立奠定了基础；标志着各民主党派坚定地走上了新民主主义、社会主义的道路;标志着中国的民主政治建设和政党制度建设揭开了新的一页。

基牢方可高耸,根深才能叶茂。70 年来,中国共产党领导的多党合作和政治协商制度作为中国新型政党制度，在人类社会政治发展中独树一帜,在促进生产力发展、民主实现、社会政治稳定、人民利益维护等方面发挥了制度效能,显示了蓬勃生机,就在于“五一口号”奠定和注入了坚持中国共产党领导、长期稳定全面合作、推进政治协商的基石和基因。正如习近平总书记在参加全国政协十三届一次会议联组会上的重要讲话：中国共产党领导的多党合作和政治协商制度作为我国一项基本政治制度,是中国共产党、中国人民和各民主党派、无党派人士的伟大政治创造,是从中国土壤中生长出来的新型政党制度。中国共产党领导的多党合作和政治协商制度作为新型政党制度，其精髓和特色就是合作。这种合作是长期合作，伴随中国共产党实现初心和使命的全过程,而不是权宜之计;是稳定合作,具有共同的政治基础和宪法保障,而不会因领导人认识的改变而改变;是全面合作,既有政治上合作,还有政权中合作,而不是把各民主党派和无党派人士排除在国家政权之外。这既符合中华民族一贯倡导的天下为公、兼容并蓄、求同存异等优秀传统文化,也是区别于西方竞争性政党制度的一个显著特征。在中国特色社会主义新时代,只有不忘“五一口号”这个初心,让基石更加牢固、基因更好传承，中国新型政党制度才能在人类政治文明发展中放射出更加绚丽的光彩。

自中共中央“五一口号”发布以来,各民主党派、无党派人士与中国共产党共同团结奋斗,一道经受考验,共同赢得胜利,我国多党合作事业走过了不平凡的光辉历程。特别是中共十一届三中全会以来,各民主党派积极拥护和贯彻中国共产党的基本路线，动员广大成员和所联系的群众，为振兴中华、统一祖国大业努力奋斗，竭诚奉献。中共十六大以来，我国统一战线和多党合作事业展现了蓬勃生机。中共中央先后制定颁发了《关于进一步加强中国共产党领导的多党合作和政治协商制度建设的意见》《关于加强人民政协工作的意见》和《关于巩固和壮大新世纪新阶段统一战线的意见》。中共十八大以来，中共中央先后制定了《中国共产党统一战线工作条例(试行)》，习近平总书记在中共中央统战会议上的讲话中指出："做好新形势下统战工作，提出一系列新思想、新论断，做出一系列新部署。党中央不断推进我国政党制度建设，明确民主党派是中国特色社会主义参政党，基本职能拓展为参政议政、民主监督、参加中国共产党领导的政治协商。"2015年，中共中央颁发《关于加强社会主义协商民主建设的意见》，2017年中共中央办公厅专门印发《关于加强和改进人民政协民主监督工作的意见》，明确了人民政协民主监督的意义、要求、内容、形式、程序、工作机制等，使多党合作在理论上有了新发展，在制度化、规范化上有了新进展，在贯彻执行上有了新举措，进一步拓宽了民主党派、无党派人士发挥作用的渠道，让我们从中感受到了中共中央进一步加强多党合作和政治协商制度建设的真诚态度与坚定决心。

中共中央"五一口号"发布70周年，也是民革成立70周年。民革亲历了中国共产党作为马克思主义政党，始终以民族大义、国家兴亡、人民解放为重，引领中国人民拨开云雾，走向光明的历程。在争取民主自由斗争中，民革逐步认识到，只有中国共产党才能救中国，只有跟着共产党才能有光明前景，从而在政治上实现了从同情和倾向中国共产党到公开接受中国共产党领导的根本转变。民革70年的成长发展，也正是在马列主义、毛泽东思想、邓小平理论、"三个代表"重要思想、科学发展观，以及习近平新时代中国特色社会主义思想的指引下走过来的；是在孙中山爱国、革命和不断进步精神激励下走过来的；是在努力为国为民做贡献的过程中走过来的；是在不断发挥优势、突出特色的努力中走过来的。回顾民革与中国共产党团结合作的光辉历程，就是要把民革的优良传统继承下来，并赋予其新的时代内涵，在中国特色社会主义新时代发扬光大，使中国共产党领导的多党合作事业薪火相传、推陈出新。

2018 年是全面贯彻中共十九大精神的开局之年，是决胜全面建成小康社会、实施“十三五”规划承上启下的关键之年，把习近平新时代中国特色社会主义思想作为统揽各项工作的总纲，坚持中国共产党的领导、发扬优良传统、忠实履职尽责。我们立足本岗，加强自身建设，注重参政议政队伍建设，提升理论素养。要紧紧围绕中共天津市委、市政府的中心工作，就“五位一体”总体布局、“四个全面”战略布局，重点在提高发展质量和效益、推进供给侧结构性改革、全面深化改革扩大开放、努力提升群众生活质量和水平等方面开展调研活动，组织各专委会围绕“振兴实体经济、棚户区改造、金融创新、京津冀协调发展、乡村振兴战略、大健康、养老服务、食品安全、自贸港建设、文商旅融合、在津台资企业转型”等方面课题进行深入调研，为政府科学决策提供参考，积极建言献策。

我们回顾历史，总结经验，集中到一点，就是必须坚决接受中国共产党的领导，同中国共产党在政治上始终保持高度一致，坚定不移地走中国特色社会主义政治发展道路。这是民革的历史选择，是民革的光荣传统，是民革老一辈领导人的政治交代，是民革的立党之本。在工作与实践中，我们要牢固树立“四个意识”，坚定“四个自信”，自觉接受中国共产党领导，把智慧和力量凝聚到中共十九大确定的目标和任务上来，坚定不移地走新时代中国特色社会主义政治发展道路，为实现中华民族伟大复兴，为实现“五个现代化”天津而努力工作，做出新的贡献。

（作者刘俊迈，民革天津市委副秘书长、调研处处长）

不忘合作初心 继续携手前进

——纪念“五一口号”发布70周年

·陈鑫瑞·

2018年是中共中央发布“五一口号”70周年的日子。回顾70年来我国多党合作发展历程,总结多党合作经验,对于坚持和完善中国共产党领导的多党合作和政治协商制度,巩固和壮大爱国统一战线,坚定不移地走中国特色社会主义政治发展道路,推进改革开放和现代化建设事业,具有特殊的重要意义。

70年前的4月30日,中国共产党为动员全国各阶层人民实现建立新中国的光荣使命,发布了纪念“五一”劳动节口号。

“五一口号”得到了民主党派、无党派民主人士的热烈响应,他们发表宣言、通电和谈话,并接受邀请奔赴解放区,与中国共产党共商建国大计。这是我国统一战线和多党合作发展史上一件具有里程碑意义的事件,标志着各民主党派和无党派人士公开、自觉地接受了中国共产党的领导,标志着各民主党派和无党派人士坚定地走上了新民主主义、社会主义的道路,标志着中国的民主政治建设和政党制度建设揭开了新的一页。

70年后的今天,我们纪念“五一口号”,就是为了继承和发扬各民主党派、无党派人士与中国共产党风雨同舟、患难与共的优良传统,实现新老交替基础上的政治交接,进一步巩固多党合作的共同思想基础;就是为了深刻总结多党合作的历史经验,不断完善多党合作理论,健全多党合作机制,丰富多党合作实践,进一步推进多党合作事业蓬勃发展;就是为了着眼全面建成小康社会这一共同奋斗目标,最大限度地调动统一战线各界人士致力科学发展的创新活力、促进社会和谐的创造热情,进一步发挥多党合作在中国特色社会主义伟大事业中的巨大优越性。

"五一口号"发布70年来,中国共产党与各民主党派、无党派人士一道携手前进,一道经受考验,一道赢得胜利,我国多党合作事业走过了光辉历程,取得了伟大成就。

一是巩固发展了团结和谐的政党关系,形成了共产党领导、多党派合作、共产党执政、多党派参政的政治格局,各民主党派和无党派人士始终坚持与共产党亲密合作、同心同德、患难与共,多党合作在维护国家政局稳定中发挥了重要作用。

二是坚持围绕中心、服务大局,各民主党派和无党派人士切实履行参政议政、民主监督职能,围绕经济社会发展和事关国计民生的重大问题,认真考察调研,踊跃建言献策,积极开展社会服务,多党合作在促进经济社会发展中发挥了重要作用。

三是坚持协商于决策之前和决策执行过程中,各民主党派和无党派人士就中共各级组织有关重要会议文件,改革开放和现代化建设中的重大问题,法律法规制定完善,有关重要人事安排等,提出了许多有见地、有价值的意见建议,多党合作在促进中国共产党科学执政、民主执政、依法执政中发挥了重要作用。

四是坚持搞好合作共事,非中共干部在各级人大、政府、政协、司法机关、有关社会团体和单位占有一定数量或比例,已经成为国家干部队伍的重要组成部分,进一步优化了干部队伍结构,增强了领导班子活力，多党合作在加强国家政权建设中发挥了重要作用。

五是充分发扬社会主义民主，广泛联系各界人士，扩大有序政治参与，畅通和拓宽反映社情民意和利益表达的渠道，彰显我国基本政治制度的优势，多党合作在推进我国民主政治建设中发挥了重要作用。

70 年来中国革命、建设和改革的历史，记载着多党合作的辉煌业绩。今天，建设中国特色社会主义伟大事业，需要多党合作与时俱进，承担起时代赋予的新使命。这就要求我们，始终坚持中国特色社会主义这一根本方向，坚持“长期共存、互相监督、肝胆相照、荣辱与共”这一基本方针，坚持服务全面建成小康社会伟大实践这一中心任务，坚持推进多党合作制度化、规范化、程序化建设这一重要保障，把中国共产党领导的多党合作和政治协商提高到一个新水平。

如今，中国特色社会主义进入新时代，要求我们坚定不移巩固和发展中国共产党领导的多党合作和政治协商制度，发挥多党合作独特优势，发展社会主义民主政治，为决胜全面建成小康社会而团结奋斗。我国各民主党派、无党派人士要增强“四个自信”，增强政治定力，积极建言献策，广泛凝心聚力，为决胜全面建成小康社会、夺取新时代中国特色社会主义伟大胜利做出新的更大贡献。

中国共产党领导的多党合作和政治协商制度作为我国一项基本政治制度，是中国共产党、中国人民和各民主党派、无党派人士的伟大政治创造，是从中国土壤中生长出来的新型政党制度。说它是新型政党制度，新就新在它是马克思主义政党理论同中国实际相结合的产物，能够真实、广泛、持久代表和实现最广大人民根本利益、全国各族各界根本利益，有效避免了旧式政党制度代表少数人、少数利益集团的弊端；新就新在它把各个政党和无党派人士紧密团结起来、为着共同目标而奋斗，有效避免了一党缺乏监督或者多党轮流坐庄、恶性竞争的弊端；新就新在它通过制度化、程序化、规范化的安排集中各种意见和建议、推动决策科学化民主化，有效避免了旧式政党制度囿于党派利益、阶级利益、区域和集团利益决策施政导致社会撕裂的弊端。它不仅符合当代中国实际，而且符合中华民族一贯倡导的天下为公、兼容并蓄、求同存异等优秀传统文化，是对人类政治文明的重大贡献。

在全国政协十三届一次会议上，习近平强调中国共产党历来高度重视多党合作。中国共产党领导的多党合作和政治协商制度，既强调中国共产党的领导，也强调发扬社会主义民主。政治协商、民主监督、参政议政，就是这种民主最基本的体现。坚持中国共产党的领导，不是不要民主了，而是要形成更广泛、更有效的民主。我们应该不忘多党合作建立之初心，坚定不移走中国特色社会主义政治发展道路，把我国社会主义政党制度坚持好、发展好、完善好。

习近平希望各民主党派和无党派人士要做中国共产党的好参谋、好帮手、好同事，增强责任和担当，共同把中国的事情办好。新时代多党合作舞台极为广阔，要用好政党协商这个民主形式和制度渠道，有事多商量、有事好商量、有事会商量，通过协商凝聚共识、凝聚智慧、凝聚力量。完善政党协商制度绝不是搞花架子，要做到言之有据、言之有理、言之有度、言之有物，真诚协商、务实协商，道实情、建良言，参政参到要点上，议政议到关键处，努力在会协商、善议政上取得实效。

在“五一口号”发布70周年的今天，各民主党派要弘扬优良传统，切实加强自身建设，加强思想政治引领，努力把中国特色社会主义参政党建设提高到新水平。无党派人士主体是知识分子，要带头践行社会主义核心价值观，坚持真理、传播真知，积极向社会传递正能量，同心同德、和衷共济、开拓进取，使多党合作的优良传统薪火相传、发扬光大，不断谱写统一战线和多党合作事业的新篇章！

（作者陈鑫瑞，民盟红桥区经济联合第二支部、
天津市高速公路管理处干部）

不忘合作初心 继续携手前进

·沈学甫·

1948年4月30日，中共中央发布纪念“五一”劳动节口号共二十三条。其中第五条号召“各民主党派、各人民团体、各社会贤达迅速召开政治协商会议，讨论并实现召集人民代表大会，成立民主联合政府！”“五一口号”发布之后，包括民盟在内的各民主党派先后发表声明，响应中共“五一口号”，拥护召开新政协会议。这是我国多党合作史上具有里程碑意义的一件大事，标志着我国各民主党派自觉接受中国共产党的领导，坚定地走上了新民主主义、社会主义道路，中国的民主政治建设和政党制度建设由此揭开了新的历史篇章。

“五一口号”的发布，是中国共产党在抗战胜利后中国所面临的“两种命运、两种前途”已经泾渭分明的历史时刻发出的“振臂一呼”，迅速得到包括民盟在内的各民主党派的热烈响应。这既表明了中国共产党博大的政治胸怀和对建立民主联合政府的诚意和决心，也标志着各民主党派从“第三条道路”的幻梦中彻底觉醒，开始公开、自觉地接受中国共产党的领导。

结合民盟的历史可以看出，这种历史选择是

基于国民党的倒行逆施和共产党的真诚团结两种鲜明对比上的。抗日战争胜利后，建立一个独立、民主、和平、统一的新中国成为饱受战争苦难的中国人民的共同愿望，在国共双方签订“双十协定”的基础上，于1946年1月在重庆召开了由国民党、共产党、中国民主同盟、青年党和社会贤达参加的政治协商会议，通过了政府组织案等五项决议。然而，“政协协议”墨迹未干，蒋介石为建立一党专制的独裁政权，于6月下旬发动了对解放区的大举进攻，全面挑起了内战。民盟前辈、国学大师梁漱溟曾经悲叹：“一觉醒来，发现和平已经死了。”同时，国民党当局还采取卑鄙的手段，先后制造了较场口惨案、下关惨案、李闻血案、五二〇惨案，对民主党派人士实施迫害，并于1947年10月宣布民盟为“非法团体”，民盟总部被迫解散，其他党派也陆续被迫转入地下活动。国民党的倒行逆施使得越来越多的人认清了国民党反民主、反人民、搞独裁的真实面目，同时也将自己置于了人民大众的对立面。

与国民党形成鲜明对比的是，在1946年1月召开的政治协商会议期间，共产党和各民主党派真诚团结、密切合作，在提出重大政治主张之前，事先彼此协商，使会议取得了有利于人民而不利于国民党一党专政的决议。在民主党派人士受到迫害的危难时期，是共产党千方百计把他们安全转移到中国香港等地。和共产党合作共事过程中的真切感受以及解放区一派欣欣向荣的景象与解放战争的胜利局势，使得民主党派人士从内心深刻地认识到，中国的希望只能寄托在中国共产党身上。1948年1月，民盟三中全会在香港召开，恢复了民盟总部，明确表示要与共产党“携手合作”。民盟中央领导人沈钧儒向中共中央提议：解放区应成立产生联合政府的筹备机构，以对国内外号召否认蒋介石伪总统。他希望中共考虑，可否由中共通电各民主党派，建议开人民代表会，成立联合政府，或由各民主党派向中共通电提出此项建议。在5月1日毛泽东给沈钧儒的回函中明确表示召开新的政治协商会议，不仅“业已成为必要”，而且“时机亦已成熟”。可以说，1949年9月21日新政治协商会议的召开是包括民盟在内的各民主党派同中国共产党共同努力的结果，由此掀开了我国民主政治发展的历史篇章。重温这段历史，我们不仅又一次真切地感受到了包括民盟在内的各民主党派同中国共产党风雨同舟、团结合作的光荣传统，而且再一次深刻地认识到中国共产党领导的多党合作和政治协商制度的形成是历史发展的必然，“五一口号”指引民主党派走向了光明，自觉接受中国共产党的领导是包括民盟在内的各民主党派郑重和正确的选择。

时间已经过去了70年。天津民盟也自1951年成立以来已走过了67年的风雨历程。67年的发展历程，是在中国共产党的统一战线阳光照耀和中国共产党领导的多党合作和政治协商制度的雨露滋润下，在改革开放和现代化建设滚滚洪流的锤炼下，不断继承传统，不断创新发展的过程，也是坚持党的领导，与党风雨同舟，患难与共的过程。67年的发展证明：始终自觉地接受中国共产党的领导是我们各项事业取得胜利的前提和保证；围绕经济建设中心，服务改革发展大局，全面加强自身建设，切实履行参政党职能，是我们发展的不竭动力。

今天，当我们站在新的历史起点上，纪念“五一口号”发布70周年，最重要的就是要学习“五一口号”所蕴含的基本精神，认识其历史地位和作用，了解民主党派响应“五一口号”的历史过程，从而更加自觉地推进政治交接，更加自觉地接受中国共产党的领导，更加坚定地走中国特色的社会主义政治发展道路。

一要高举旗帜。中共十九大报告指出：“中国特色社会主义，是中国共产党和中国人民团结的旗帜、奋进的旗帜、胜利的旗帜，是当代中国发展进步的根本方向。”这是中国共产党团结带领全国各族人民坚定不移走中国特色社会主义道路，在新的历史起点上继续发展中国特色社会主义的政治宣言和行动纲领，是中国共产党在改革发展关键阶段的一次举旗定向。作为参政党成员和组织，要像70年前响应“五一口号”一样，认真学习宣传中共十九大精神，高举中国特色社会主义伟大旗帜，坚定不移地走中国特色社会主义伟大道路，认真学习习近平新时代中国特色社会主义思想，切实提高政治把握能力。坚持“长期共存，互相监督，肝胆相照，荣辱与共”的方针，与中国共产党亲密合作，共同致力于中华民族的伟大复兴。

二要传薪续火。学习和纪念“五一口号”，就是要弘扬民主党派自我教育的传统，继承和发扬民盟老一辈领导人站在时代前沿，把握潮流大势，与中国共产党亲密合作的政治智慧和风范。把民盟前辈长期与中国共产党团结合作形成的政治信念、优良传统和高尚风范传接好，做到多党合作和政治协商的薪火代代相传，并且不断添薪续火，推动和实现我国多党合作事业的可持续健康发展。把老一辈必然的历史选择转化为新一代盟员的现实选择，进一步坚定走中国特色社会主义政治发展道路的政治信念，推动民盟组织自身建设水平的提高，培养与中国共产党长期共存的能力，实现可持续发展。

三要团结参政。“五一口号”的发布促使新中国成立前“大联合、大团结”政治局面的形成。今天，我们纪念“五一口号”，就要沿着“五一口号”开辟的团结、民主的道路前进，倍加珍惜当前安定团结的局面，更加紧密地团结在中共中央周围，巩固、完善、发展人民代表大会制度以及中国共产党领导的多党合作和政治协商制度、民族区域自治制度和基层群众自治制度，为构建新时代中国特色社会主义竭智尽力。用70年前参与建国的精神和热情全面履行参政党职能，建言献策，在实现中华民族伟大复兴的中国梦上有所作为，大有作为！

（作者沈学甫，民盟天津城建大学委员会副主任、天津城建大学副教授）

同心同德共梦想　扬帆远航新时代

·郭京生·

又是一年春暖花开，时至今日，中共中央发布“五一口号”已整整70周年。70年来，中国民主建国会（简称民建）始终拥护中国共产党的领导，坚定与中共风雨同舟、并肩奋斗。近年来，在以习近平同志为核心的中共中央团结带领下，中华民族各项建设取得了举世瞩目的成就。站在新时代的起点上，回顾历史，我更加深刻地认识到，中国共产党是全国各族人民的坚强领导核心，也是中国特色社会主义事业的坚强领导核心。作为新时代民建人，我们要更加坚定多党合作的政治立场，不忘初心，牢记使命，与中共同心同德，为实现中华民族伟大复兴的中国梦而不懈奋斗。

一、尊重历史选择，坚定政治立场

1948年4月30日，中共中央发布“五一口号”，号召“各民主党派、各人民团体、各社会贤达迅速召开政治协商会议，讨论并实现召集人民代表大会，成立民主联合政府”。口号发布后，黄炎培立即与张澜等商谈响应事宜。5月14日，盛康年带着沈钧儒给张澜、黄炎培的信，身负重任，从白色恐怖的上海去往香港，传递消息、汇报情况，与潘汉年、章汉夫、许涤新等中共负责人取得联系，介绍了在港的各民主党派响应“五一口号”的行动和立场。5月23日，民建在上海秘密举行常务理事、监事联席会议，一致通过了“赞成中共‘五一号召’，筹开新政协，成立联合政府”的决定，这标志着民建正式接受了中国共产党的领导，在民建历史上具有重要的里程碑意义。这段历史，是每一个民建人都必须铭记的历史，无论何时我们都要牢记这个历史性的选择。2018年4月，东丽区委统战部组织到民建发源地重庆参观学访，回顾了我国多党合作的光辉历程，让我们真真切切感受到了民建先贤与中共同心同德、携手一路走来的艰辛和坚定追随中国共产党的决心。不忘初心，牢记使命，我们要更加尊重历史选择，坚定政治信仰。

二、提升“四个意识”，坚定“四个自信”

2017年中共十九召开，每一个中国人都看到了祖国取得的历史性成就。过去五年，我国经济实力跃上新台阶，经济结构出现重大变革，创新驱动发展成果丰硕，改革开放迈出重大步伐，人民生活持续改善，生态环境状况逐步好转，取得了全方位、开创性成就，发生了深层次、根本性变革，全国各族人民倍感振奋和自豪。我们之所以能够统筹推进“五位一体”总体布局，协调推进“四个全面”战略布局，迎来从站起来、富起来到强起来的历史性飞跃，最根本的原因就在于坚持中国共产党的领导。作为新时代的民建人，我们要进一步将思想和行动统一到习近平新时代中国特色社会主义思想和中共十九大精神上来，牢固树立“四个意识”，坚定“四个自信”，要更加紧密地团结在以习近平同志为核心的中共中央周围，把握新机遇、迎接新挑战，与中共同心同德，不断开创中华民族伟大复兴更加光明的前景。

三、加强履职能力，积极担当作为

2018年，习近平总书记对各民主党派和无党派人士参政议政提出了新希望，希望各民主党派和无党派人士要做中国共产党的好参谋、好帮手、好同事，增强责任和担当。作为一名民建会员，我们应该主动加强能力建设，不断提高自身综合素质和能力，使自己在全面建成小康社会、推动多党合作事业和发展社会主义民主政治中发挥更大的作用，体现更大的价值。树立终身学习、向实践学习、向群众学习的理念，努力培养自身浓厚的学习兴趣，掌握学习方法和要领，提高综合学习能力。同时要加强工作实践，在实践中增长才干和胆略。作为一名党外干部，要怀着一颗正义之心、赤诚之心、感恩之心，以对党无比忠诚，对国家、对人民高度负责的态度和主人翁的精神，切实增强民主监督意识，切实提高民主监督能力。要立足岗位工作，深入走访调研，积极建言献策，努力为人民美好生活和地区经济建设做出应有的贡献。

不忘初心，不忘的是多党合作的初心；担当使命，担当的是实现中华民族伟大复兴中国梦的历史使命，我们要以纪念"五一口号"为契机，始终与中国共产党同心同德，自觉承担起参政党的历史使命，竭力为东丽区经济建设建言献策，为区域发展贡献力量，谱写多党合作事业新的篇章。

（作者郭京生，民建东丽支部主委）

铭记辉煌历史 继续携手前行

——纪念“五一口号”发布70周年

·安秀丽·

1948年4月30日,中国共产党为动员全国各阶层人民实现建立新中国的光荣使命,发布了纪念“五一”劳动节口号。“五一口号”得到了各民主党派、无党派民主人士的热烈响应,他们发表宣言、通电和谈话,并接受邀请奔赴解放区,与中国共产党共商建国大计。这是我国统一战线和多党合作发展史上一件具有里程碑意义的事件,标志着各民主党派和无党派人士公开、自觉地接受了中国共产党的领导,标志着各民主党派和无党派人士坚定地走上了新民主主义、社会主义的道路,标志着中国的民主政治建设和政党制度建设揭开了新的一页。

民建于1945年12月16日在重庆成立以来,始终与中国共产党肝胆相照、荣辱与共。从响应“五一口号”至今,民建始终坚持当初选择的政治方向,坚持中国共产党领导的多党合作和政治协商制度,为争取新民主主义革命胜利和建立新中国,推进社会主义革命、建设和改革事业竭诚奋斗,并做出了积极贡献。经过半个多世纪的实践、考验和磨炼，民建不断地进步和发展，形成了“坚持爱国主义，致力于建设中国特色社会主义事业；坚持接受中国共产党的领导，与中国共产党亲密合作；坚持遵从人民群众的根本利益，认真履行参政党职能；坚持与经济界的紧密联系，努力发挥民建特色；坚持与时俱进，在自我教育中不断提高民建成员的素质”的优良传统。

在中国特色社会主义进入新时代、开启新征程之际，习近平总书记重提70年前催生人民政协制度的“五一口号”，就是要提醒我们，不忘政党建制初心，不忘民建合作初心。实践证明，中国共产党领导的多党合作和政治协商制度是“从中国土壤中生长出来的新型政党制度”，这种制度无论在新中国成立初期还是在中国特色社会主义进入新时代，都是最适合中国发展的制度。作为民建成员，我认为在新时代，我们不能碌碌无为，而要“撸起袖子加油干”，进一步加强与中国共产党的合作，才能不负这个伟大的时代。

作为民建的一员，我们要深入学习贯彻中共十九大精神，高举团结大旗，做中国共产党的好参谋、好帮手和好同事。新时代多党合作的舞台极为广阔，我们要用好政党协商这个民主形式和制度渠道，通过协商凝聚共识、凝聚智慧、凝聚力量，通过合作增强责任和担当，同中国共产党一道，办好中国的事情。始终不渝地为了人民的利益参政议政，为了实现中华民族伟大复兴的中国梦建言献策。

作为民建的一员，我们还要在坚决打好防范化解重大风险、精准脱贫、污染防治三大攻坚战，决胜全面建成小康社会的过程中贡献民建智慧。我们要充分发挥民建的特色和优势，保持与经济界的紧密联系，在重大任务和举措上合力推进，找准切入点、结合点、着力点，深入一线调查研究，积极开展批评监督，推动各项决策部署落地见效。我们要始终坚持“道实情、建良言”，坚持参政参到要点上，议政议到关键处，努力在“会协商、善议政”上取得实效。

作为民建的一员，我们更要切实加强自身建设，加强思想政治引领,努力把中国特色社会主义参政党建设提高到新水平。中国共产党领导的多党合作和政治协商制度作为我国一项基本政治制度,是中国共产党、中国人民和各民主党派、无党派人士的伟大政治创造。它不仅符合当代中国实际,还符合中华民族一贯倡导的天下为公、兼容并蓄、求同存异的优秀传统文化,是对人类政治文明的重大贡献。我们要不断增强对中国特色社会主义的道路自信、理论自信、制度自信和文化自信,着眼于建设适应新时代要求的参政党,把民建建设成具有新时代意义、体现新时代特色、推动新时代发展的参政党。

回顾多党合作的辉煌历史,我们深切地体会到:中华民族的伟大复兴,绝非轻轻松松、敲锣打鼓就能实现,全体人民必须付出更为艰巨、更为艰苦的努力。在新时代,作为中国特色社会主义参政党和人民政协参加单位,我们要弘扬优良传统,增强“四个自信”,切实加强自身建设,全面提高履职本领,以实现第一个百年奋斗目标、向第二个百年奋斗目标迈进为履职的主攻方向,以解决好发展不平衡不充分问题为着力重点,紧紧围绕三大攻坚战,深度调研,集合众智,提出切实管用的意见建议。同时,积极开展批评监督,推动党和国家重大方针政策和重要决策部署贯彻落实。真正做到尽到民建本分,不辱历史使命。

毛泽东在中国人民政治协商会议第一届全体会议的开幕词中说:“诸位代表先生们,我们有一个共同的感觉,这就是我们的工作将写在人类的历史上。”今天的我们,是历史的见证人,更是历史的书写者。让我们在以习近平同志为核心的中共中央的领导下,铭记历史,不忘初心,团结奋斗,携手前进,创造多党合作和人民政协事业的新辉煌,为决胜全面建成小康社会、夺取新时代中国特色社会主义伟大胜利做出新的贡献!

(作者安秀丽,民建津南支部,津南区图书馆研究馆员、馆长)

坚守信仰 满怀信心 谱写新篇章

——纪念中共中央发布“五一口号”70周年

·张金英·

中国民主促进会自成立之日起就坚定不移巩固和发展中国共产党领导的多党合作和政治协商制度,继承和发扬民主党派优良传统,自觉接受和拥护中国共产党的领导,坚持中国特色社会主义发展道路。而如今,民进在服务新时代中国特色社会主义现代化建设过程中不断发展壮大,担负起了新的使命,不忘合作初心,继续携手前进,我们感到使命光荣,重任在肩。在做好中国共产党的好参谋、好帮手、好同事的同时,积极践行习近平总书记的“四新”要求,增强时代意识、使命意识、责任意识,以更加奋发有为的精神状态和表率作用,带领广大会员,提升工作要求,推动事业发展。

一、“我们只有跟着共产党走,才是在正道上行,才有良好的结果,否则根本上就错了”

1948年4月30日,在人民解放战争取得节节胜利的大好形势下,中共中央发布了纪念“五一”劳动节口号,其中第五条号召“各民主党派、各人民团体及社会贤达迅速召开政治协商会议,讨论并实现召集人民代表大会,成立民主联合政府!”

马叙伦、周建人、雷洁琼等民进老一辈领导人在斗争实践中深刻认识到,只有中国共产党才是中国真正的希望所在。随后,民进和其他民主党派以及有关团体的领导人联名致电中共中央、毛泽东主席并转解放区全体同胞,积极响应"五一口号",表示要"共同策进,完成大业"。马叙伦先生重病住院时留下了最后一幅题词:"我们只有跟着共产党走,才是在正道上行,才有良好的结果,否则根本上就错了。"这既是马老坚定的政治信仰,也是马老留给民进的政治遗嘱。坚定地接受中国共产党的领导,是民进老一辈领导人几十年来始终不渝的政治信念,也是中国民主促进会最宝贵的精神财富。经过70年的实践证明,各民主党派自觉接受中国共产党的领导,是完全正确的选择,是历史性的选择,是广大人民群众的选择。

二、"每个国家的工人运动的成功只能靠团结和联合的力量来保证"

马克思在《国际工人协会共同章程》中强调了团结和联合的重要性和必要性,指出"每个国家的工人运动的成功只能靠团结和联合的力量来保证"。中国共产党领导的多党合作和政治协商制度,就是中国共产党把马克思主义政党学说和统一战线理论与中国具体实际相结合的伟大创造,是中国共产党同各民主党派、无党派人士长期团结奋斗的重大理论成果和实践成果。70年来,随着新时代多党合作实践的发展和内涵不断丰富,要求我们要始终传承老一辈长期与中国共产党团结合作形成的优良传统和高尚风范,自觉接受中国共产党领导、同共产党通力合作、共同致力于社会主义事业的自觉性和坚定性,坚持中国特色社会主义共同信念和理想,在主题教育活动中体现民进特色,在履职尽责中发挥民进优势。始终秉持"为执政党助力、为国家尽责、为人民服务"的使命感,汇聚智慧力量,顺应形势,有所作为。争做中国共产党的好参谋、好帮手、好同事,不断凝聚参政力量,画出最大同心圆,同心同德共圆中国梦。

三、“中国共产党领导的多党合作和政治协商制度作为我国一项基本政治制度，是中国共产党、中国人民和各民主党派、无党派人士的伟大政治创造，是从中国土壤中生长出来的新型政党制度”

十三届全国人大一次会议第三次全体会议经投票表决，高票通过了《中华人民共和国宪法修正案》。其中在宪法第一条第二款“社会主义制度是中华人民共和国的根本制度”后增写了一句，内容为：“中国共产党领导是中国特色社会主义最本质的特征。”这不仅体现了中共中央领导全国人民创立和发展中国特色社会主义伟大实践的经验总结，而且进一步彰显了中国共产党的领导地位，坚定了各民主党派拥护中国共产党领导和坚持新型政党制度的信心。在这种制度的保障下，我们满怀自信，始终坚持以习近平新时代中国特色社会主义思想为指引，把学习贯彻习近平总书记重要讲话精神转化为加强自身建设和积极履行参政党职能的强大动力。充分围绕推进供给侧结构性改革、“五位一体”总体布局、“四个全面”战略布局、“一带一路”建设等重大问题开展广泛协商，把协商民主贯穿于履职的各项工作之中，深入调查研究，积极履行参政党职能，更好发挥新型政党制度优势，为决胜全面建成小康社会、实现中华民族伟大复兴中国梦贡献力量。

（作者张金英，天津市第十四届政协副主席、民进天津市委会主委）

不忘合作初心　奋力谱写履职尽责新篇章

·赵长龙·

70年前,中共中央发布了纪念“五一”劳动节口号,号召“各民主党派、各人民团体、各社会贤达迅速召开政治协商会议,讨论并实现召集人民代表大会,成立民主联合政府!”“五一口号”表达了全国人民的愿望,也反映了各民主党派和所有爱国民主人士的政治主张,立即得到社会各界的积极响应。“五一口号”的颁布,标志着中国共产党领导的多党合作和政治协商制度正式形成,同时也标志着各民主党派自觉地接受中国共产党领导,坚定地走上了新民主主义道路和社会主义道路,成为中国共产党领导的爱国统一战线重要组成部分。

70年来,作为中国共产党领导的亲密友党,各民主党派与中国共产党真诚合作,为新民主主义的胜利和新中国的创建,为社会主义革命和建设以及改革开放不懈努力。70年的历史证明,作为新时代中国特色社会主义参政党,必须把思想认识统一到实现中华民族伟大复兴中国梦的宏伟目标上来;必须深入贯彻落实中共十九大精神,积极履行参政党职能;必须进一步加强自身建设,提高参政议政的能力和水平。只有这样，才能进一步体现民主党派新时代的价值。

因此说，各民主党派的发展史就是自觉接受中国共产党的领导、旗帜鲜明地坚持走中国特色社会主义道路、积极为中华民族伟大复兴贡献智慧和力量的发展史。既为全面加快中国特色社会主义参政党建设提供了坚强保障，更为全面建成小康社会与实现伟大复兴中国梦，积蓄了不竭能量。

“五一口号”的发布，标志着各民主党派和无党派民主人士公开、自觉地接受中国共产党的领导，标志着中国共产党领导的多党合作和政治协商制度拉开了序幕。而中国人民政治协商会议在中国人民追求民族独立、自身解放、国家统一、社会稳定、改革开放的各个历史时期，都发挥了重要作用。

习近平总书记在参加全国政协十三届一次会议民盟、致公党、无党派人士、侨联界联组会上，首次明确地把中国共产党领导的多党合作和政治协商制度称作“从中国土壤中生长出来的新型政党制度”，这一科学论断极大地丰富了新时代中国特色社会主义新型政党制度的内涵，极大地推动了新型政党制度建设。

作为我国新型政党制度的参与者和实践者，民主党派在服务新时代中国特色社会主义现代化建设过程中不断发展壮大。这更加要求我们要坚定不移巩固和发展中国共产党领导的多党合作和政治协商制度，继承和发扬民主党派优良传统，自觉接受和拥护中国共产党的领导，坚持中国特色社会主义发展道路。始终不渝把中国共产党领导的多党合作和政治协商制度坚持好、完善好、发挥好。

发挥新型政党制度优势，展示独特优势魅力。70 年来，我国多党合作事业蓬勃发展，各民主党派积极投身建立新中国、建设新中国、探索改革路、实现中国梦的伟大实践，取得了举世瞩目的辉煌成就，最根本的就是坚持了中国共产党的领导，坚持了与中国共产党的“合作初心”。

实践证明，新型政党制度符合社会发展、政党建设的规律，是马克思主义与中国国情相结合的产物，是扎根中国土壤、汇聚中华文明的产物，是历史的选择、人民的选择。新时代孕育新内涵，新使命彰显新作为，当前，各民主党派需要更加牢固树立“四个意识”、坚定“四个自信”，积极践行“四新”要求，确保我国新型政党制度始终保持正确方向前行。

在新型政党制度下激发党派自身建设的强劲活力。中国特色社会主义进入了新时代，民主党派要努力适应新形势新任务的需要，加强自身建设，弘扬优良传统，建设适应新时代中国特色社会主义要求的高素质参政党。我们要始终坚持以习近平新时代中国特色社会主义思想为指导，加强思想建设，将新一轮主题教育实践活动组织好、开展好，确保取得明显成效。积极探索建立健全民主党派领导班子成员选拔任用机制、监督管理机制和民主生活会机制。坚持“人才强会”战略，以“打牢基础、做强高端”为宗旨，将参政议政所需人才作为会员发展的重点，加大高端会员的发展力度，为增强组织凝聚力，巩固思想政治共识提供持续动力。

汇聚参政力量，争做中国共产党的好参谋、好帮手、好同事。中共十九大报告指出：“坚持长期共存、互相监督、肝胆相照、荣辱与共，支持民主党派按照中国特色社会主义参政党要求更好履行职能。”作为与中国共产党肝胆相照、风雨同舟的诤友、好友，我们要在中国特色社会主义道路上充满自信，昂首向前。以中共十九大提出的宏伟目标为前进方向，不忘合作初心、继续携手前进，推动多党合作有新气象、思想共识有新提高、履职尽责有新作为、参政党有新面貌。在新时代中国特色社会主义发展进程中留下民主党派浓墨重彩的一笔，为全面建成小康社会，实现中华民族伟大复兴贡献智慧和力量。

（作者赵长龙，民进天津市委会专职副主委兼秘书长）

从“五一口号”再出发

·周　沛·

时值“五一口号”发表70周年之际，我们重温“五一口号”所蕴含的精神及其发布的历史意义，对于新时代民主党派不忘合作初心，继续坚持、发展、完善中国共产党领导的多党合作和政治协商制度具有重要启迪作用。

一、“五一口号”

1948年，我国新民主主义革命出现了新的形势，一方面，国民党当局打着民主的幌子行独裁专制之实的虚伪面目进一步被揭露；另一方面，各界民众要求民主的呼声却以国民党一次次的欺骗和失信而告终，共产党“反专制，求民主”的主张越来越多地得到全国人民的理解和支持，加之解放军在前线战场的接连胜利，在这一背景下，中国共产党于4月30日，为动员全国各阶层人民实现建立新中国的光荣使命，发布了著名的“五一口号”，号召“各民主党派、各人民团体及社会贤达，迅速召开政治协商会议，讨论并实现召集人民代表大会，成立民主联合政府”。

“五一口号”的内涵合乎民心、顺应民意，适应当时社会发展的逻辑要求，因此，具有强烈的感召力和政治动员作用，迅速得到包括各民主党派、无党派人士在内的广大民众的热烈响应。各民主党派纷纷公开发表宣言、公告等，一致表示赞同中国共产党的主张。从此，民主党派和民主人士坚定地走上了新民主主义、社会主义道路。“五一口号”是各民主党派、各界民主人士从同中国共产党亲密合作到拥护、接受中国共产党领导的历史起点，是中国共产党领导的多党合作和政治协商制度形成及人民政协诞生的历史起点，是组建中华人民共和国的历史起点。“五一口号”不仅是对抗战胜利后“中国向何处去”这时代之问的回答，体现了中国共产党与各民主党派在重要历史关头做出重大战略决断的智慧；还体现了中国共产党和各民主党派对更广泛、更有效的民主形式的执着追求和坚定信心。

二、温故知新

以史为鉴，可以知兴替。习近平在2018年3月4日看望参加全国政协十三届一次的民盟、致公党、无党派人士、侨联界委员联组讨论时发表重要讲话，特别提到了今年是纪念“五一口号”发布70周年，且强调指出：中国共产党领导的多党合作和政治协商制度是对人类政治文明的重大贡献，“是新型政党制度，新就新在它是马克思主义政党理论他同这个实际相结合的产物，能够真实、广泛、持久代表和实现最广大人民根本利益、全国各族各界根本利益，有效避免了旧式政党制度代表少数人、少数利益集团的弊端”。

回顾历史，让我们更加清醒地认识到：在新时代，我们必须长期坚持并不断发展、完善这一制度，各民主党派要与中国共产党一道“不忘合作初心，继续携手前进”，共同致力于实现中华民族伟大复兴中国梦的伟业。为此，重温“五一口号”、践行“五一口号”所蕴含的团结、民主、合作、创新的精神内核，努力把中国共产党领导的多党合作和政治协商制度这一从中国土壤中生长出来的新型政党制度进一步坚持好、发展好，更加坚决、自觉服从中国共产党的领导，共同携手在新时代努力形成更广泛、更有效的民主，把中国特色社会主义参政党建设在新时代提高到新水平。

三、新时代再出发

习近平关于中国共产党领导的多党合作和政治协商制度的独特优势和强大生命力作了深刻阐述，为了能够更好地将这一制度坚持发展好，各民主党派应着重做好以下几方面工作。

第一，弘扬优良传统，坚定政治立场。我们要高举中国特色社会主义伟大旗帜，以习近平新时代中国特色社会主义思想为指导，深入学习贯彻中共十九大精神，“增强政治意识、大局意识、核心意识、看齐意识”，“自觉在思想上、政治上、行动上同党中央保持高度一致”。坚持“长期共存、互相监督、肝胆相照、荣辱与共”的方针，坚持中国特色社会主义道路自信、理论自信、制度自信、文化自信，不断增强政治敏锐性和鉴别力，切实做到思想上同心同德、目标上同心同向、行动上同心同行。

第二，加强自身建设，提高履职能力。切实加强政治建设、思想建设、组织建设、能力建设、制度建设和作风建设，着力提高领导班子成员的政治把握能力、参政议政能力、组织领导能力、合作共事能力和解决自身问题能力。民主党派应该加强新思想、新理念、新知识的学习，对党、政府和人民群众关系的重大问题进行深入调研、充分论证，提出具有前瞻性、科学性及可操作性建议。

第三，健全协商民主，完善人民民主。习近平指出，中国共产党领导的多党合作和政治协商制度，不仅符合当代中国实际，而且符合中华民族一贯倡导的天下为公、兼容并蓄、求同存异等优秀传统文化，同时习近平明确表示坚持中国共产党的领导，不是不要民主了，而是要形成更广泛、更有效的民主。为了真正做到人民民主，中国共产党发明创造了多种民主实现形式,其中协商民主制度就是中国共产党在民主实践中找到的共识原则,即通过协商达成共识。为此,对于关乎国家和人民根本利益的大事,民主党派在决策前要畅所欲言、各抒己见,人民政协实现了公民有序的政治参与,在理性的讨论和协商中做出大家都能接受的决策。为此,各民主党派要按照习近平总书记提出的“中国特色社会主义进入新时代,多党合作要有新气象,思想共识要有新提高,履职尽责要有新作为,参政党要有新面貌”。携手新时代、落实新部署,发扬优良传统、忠实履职尽责,自觉做中国特色社会主义的亲历者、实践者、维护者和捍卫者。做中国共产党的“好参谋、好帮手、好同事”,增强责任和担当。

中共十九大报告明确指出:“中国特色社会主义最本质的特征是中国共产党领导,中国特色社会主义制度的最大优势是中国共产党领导”,“党政军民学,东西南北中,党是领导一切的”。中国共产党的领导是新型政党制度区别于其他政党制度的根本特点,是坚持和发展新型政党制度的根本政治保证。中国特色社会主义新时代,各民主党派必须自觉恪守坚持中国共产党的领导这个根本政治原则,自觉接受中国共产党领导,坚定不移走中国特色社会主义政治发展道路,巩固“众星拱月”的生动局面。

我国高校教育目标是为中国特色社会主义培养合格建设者和接班人。这就要求大学教师中的民主党派成员,首先增强对中国共产党和中国特色社会主义的政治认同、思想如同、理论认同、情感认同,筑牢共同思想政治基础。其次,自觉接受中国共产党的领导,通过教师代表大会、中共统战部门组织的议事会议及各种其他途径,对事关学校发展和教职工、学生利益的问题,进行深入调查研究,科学论证,提出合理化意见建议,努力履行好同中国共产党合作的挚友和诤友的责任。最后,也是最重要的一点,教师在施教过程中坚持正确的政治方向,从中国历史发展进程中认识到每一代人的责任和担当,激发学生奋发向上的热情。另外要特别强调中华民族伟大复兴这个梦的实现，要靠全体中国人民的共同奋斗，鼓励学生学好本领，不辜负这个时代，不辜负祖国的期望。

新时代、新思想、新征程，要求我们客观、科学地反思历史。“五一口号”发布70周年了，我们的回顾不应简单地停留在历史本身上，而要深刻思考我们从中应该得到的启发，最重要的是“不忘初心，牢记使命”，不论遇到多少艰难险阻都不能放弃初心，以开放的姿态、实事求是、不断进取的态度，兼容并包地吸收各种政治文化的合理因素和优秀成果，在坚持中国共产党领导的前提下，积极参与和推进民主政治体制的改革，在培育公民正确民主意识上多做努力，这样才能达成切实保证人民民主的目的。

为中国人民谋幸福，为中华民族谋复兴——民主党派义不容辞！

（作者周沛，致公党党员、天津职业技术师范大学社科部副教授）

不忘初心　致力为公

——纪念“五一口号”发布70周年

·王　栋·

1948年上半年,抗日战争胜利时中国所面临的“两种命运、两种前途”已泾渭分明:国民党军队已是强弩之末,蒋介石一意孤行的独裁、专制统治行将被推翻;共产党历来倡导和致力于建立民主联合政府的新政权,随着人民解放战争的迅猛推进而被提上议事日程;国民党策划和制造的较场口惨案、下关惨案、李闻惨案等一系列惨案,使民主党派一些人士从“第三条道路”的幻梦中清醒过来,同共产党团结合作,一起推翻国民党独裁政权,建立一个独立、民主、和平、统一的新中国,成为各民主党派的共同愿望和自觉选择。“民主”是中国各民主党派在新民主主义革命时期自始至终高举的旗帜和呼喊的口号,是反对蒋介石专制统治的思想武器和孜孜以求的政治目标。

1948年4月30日,中国共产党为动员全国各阶层人民实现建立新中国的光荣使命,发布了纪念“五一”劳动节口号,称“五一口号”。

“五一口号”共23条,全面阐述了中国共产党关于政治、军事、经济等方面的重大方针、政策,代表了全国各族人民的共同心愿,它是中国共产党建立新中国的宣言书、动员令。特别是第五条“各民主党派、各人民团体、各社会贤达迅速召开政治协商会议，讨论并实现召集人民代表大会，成立民主联合政府”的倡议，得到了各民主党派、无党派人士的热烈响应。“五一口号”的发布为面对国内“内战绵延，生灵涂炭”的形势而“日深焦虑、力图对策”的各民主党派指明了方向。也正是在“五一口号”的启迪和感召下，各民主党派和无党派人士立即以各种方式积极响应中国共产党的号召。

1948年5月5日，致公党领导人陈其尤和各民主党派领导人李济深、沈钧儒、何香凝以及无党派人士郭沫若等人，向国内外各报馆、各团体及全国同胞发出《各民主党派为召开新政协致海内外电》和《各民主党派为召开新政协致中国共产党电》。这标志着中国的民主政治建设和政党制度建设揭开了新的一页，这是中国民主党派历史上的一个重要的里程碑。

1948年6月9日，致公党单独发表《响应中共中央“五一号召”宣言》，高度评价“五一号召”是“富有变革历史意义的文献”，“中共这个政治立场和态度是代表全国革命阶级和一切爱国的民主阶层的，它与本党一向对国家的主张和奋斗目标也正相符合”；明确指出：“全国人民和人民敌人之间的生死斗争已达到最尖锐化，革命与反革命已明显地划分为两个阵营，人民已没有第三条道路可以观望。同时今天中国人民具备了足够粉碎反动政府和独裁统治者的巨大力量”；“历史决定了独裁者将要走进自己掘好的坟墓，人民必然获得解放和翻身，新中国已经胎动，将在旧中国的崩溃过程中建立起来”。宣言还表达了海外华侨“对祖国的关怀也同样深切，他们期望着新的中国早日产生”，“将来可以大踏步地回到民主的祖国的怀抱，参与新中国的各种建设，使中国成为一个独立、自由、康乐的国家”的心声。在宣言中，致公党明确表示拥护召开新政协的建议，认为“政协是实现民主联合政府的首要步骤和基础”，并提出要在“集思广益、相互研讨底下产生一个完整的共同政治纲领，使共同遵守与共同约束”，然后“召集人民代表大会，通过一部人民的宪法，成立民主联合政府”，并“特为郑重宣言，完全同意中共‘五一’号召，忠诚地和全国各民主党派、人民团体、侨胞共同担负起这个伟大历史时期的现阶段革命的神圣的任务，使新政治协商会议早日召开，实现人民代表大会的召集，建立民主联合政府的新中国”。在宣言中，致公党以鲜明的语言特别强调“中共在中国革命艰苦而长期斗争中，贡献最大而最英勇，为全国人民起了先导和模范作用。因此，这次新政协的召开，无疑我们得承认它是领导者和召集人”。

1948 年，致公党美洲总部负责人司徒美堂从上海抵中国香港，举行记者招待会。10 月 18 日，发表《司徒美堂拥护中国共产党召开新政协的声明》，明确表示“今中共及各民主党派所号召以四大家族除外之新政治协商会议，进行组织人民民主联合政府之主张，余认为乃解决国内政治问题唯一好方法，表示热诚拥护，并愿以八十有二之高龄，为中国解放而努力”。在他返美前夕为其饯行的宴会上，即席亲书《上毛主席致敬书》，向“出斯民于水火”的毛泽东致敬，并表示真诚接受中国共产党的领导。1949 年 1 月，毛泽东亲笔写信给司徒美堂，请他出席中国人民政治协商会议。新政协会议的召开是响应中共“五一口号”的结果，这次会议确定了共产党为执政党、民主党派为参政党并沿袭至今的中国共产党领导的多党合作和政治协商制度的基本政治格局。中国各民主党派从此正式融入了新中国的政权体系，崭新的独具中国特色的政党制度诞生了。

在新民主主义革命时期，从“民主反蒋”到“民主抗日”，再到“民主建国”，到最后欣然接受中国共产党的“五一口号”，从不同时期民主党派“民主口号”内涵的历史演变、政治追求及其最终的命运中，我们既看到了进步性，也看到了局限性；从欣然接受“五一口号”的最终选择中，我们看到了中共领导的多党合作和政治协商制度历史必然性。中国共产党领导的多党合作和政治协商制度，是我国的一项基本政治制度，是根植于中国大地之上、适应中国国情的一种新型的社会主义政党制度。这一基本政治制度是在中国革命、建设和改革的历程中孕育、形成和发展起来的,是中国共产党和各民主党派的共同创造。“五一口号”的提出,对于确定影响至今的中国政党政治格局, 形成中国共产党领导的多党合作和政治协商制度,有着奠基性的作用。重温这段历史,对于进一步巩固多党合作的共同思想基础,具有重要意义。中国特色政党制度的出现是以中国共产党领导下的新政协的召开为标志的。在新政协筹备和召开过程中,突出体现了共产党领导下的平等合作和共同协商精神。会议通过的《共同纲领》成为多党合作的共同政治基础和行动准则,为中国特色政党制度的建立奠定了不可动摇的政治基础,也正是在制定《共同纲领》的过程中缔造了中国共产党领导的多党合作和政治协商制度这一基本政治制度。

致公党继承了先烈的优良革命传统 ,在新的形势下又注进了新血液。致公党老一辈领导人在亲身的社会经历中认识中国共产党的路线、方针、政策的正确性。在中国革命的关键时刻,中国致公党自觉选择了接受中国共产党的领导, 宣言就成为中国致公党自觉接受中国共产党领导的重要标志。从此,中国致公党走上了自觉接受中国共产党领导的道路,并积极参与新政协的筹备,迎接新中国的诞生。

新中国成立之初, 在中国共产党的领导下, 致公党和全国人民一道,投入恢复国民经济和巩固新生政权的斗争中。当时,中央人民政府为恢复国民经济发行了胜利折实公债。1950 年 1 月 11 日,致公党中央在《南方日报》刊文《本党号召侨胞发扬爱国光荣传统认购胜利折实公债》。文章指出“我们的侨胞,对于爱护祖国、支援祖国,有过光荣的革命传统。深盼对于人民祖国首次发行的胜利折实公债,一本以往的爱国热情,光荣地踊跃地认购,使祖国得以顺利地恢复战争的创伤,并进而逐步进行新民主主义的伟大建设”。

改革开放以来,致公党坚持“致力为公、侨海报国”理念,围绕我国国民经济和社会发展提出的人才强国战略，在吸引海外人才问题上进行不断深入地调研和建言献策。2008年全国政协十一届一次会议上，致公党中央主席万钢作了《吸引海外人才回国创业，共建人力资源强国》大会发言，提出了健全吸引海外人才工作机制、实施长远规划、制定有关配套政策的建议，得到了有关领导和部门高度重视，推动了相关部门启动高层次人才的引进工作。

2017年10月18日，举世瞩目的中共十九大隆重开幕。“经过长期努力，中国特色社会主义进入了新时代，这是我国发展新的历史方位”，习近平的声音在大会堂万人礼堂璀璨穹顶下久久回响。中共十九大阐明了方位、方向和方略。70年风雨同党和国家事业发生了翻天覆地的历史性变革、中国特色社会主义进入了新的发展阶段。全面深化改革、制定“十三五”规划、统筹推进“五位一体”总体布局、协调推进“四个全面”战略布局……习近平总书记所做的报告，在致公党党员中引起了巨大的反响。习近平总书记的报告，回顾总结了中国共产党不忘初心，牢记使命，团结带领全国各族人民取得的历史性成就，为决胜全面建成小康社会，奋力夺取了新时代中国特色社会主义新的伟大胜利指明了前进的方向。作为民主党派的一名成员，一定要深刻领会，在今后的工作中自觉贯彻中共十九大精神，为全面建成小康社会、实现中华民族伟大复兴的中国梦做出应有的贡献。

作为中国共产党的亲密友党和中国特色社会主义参政党，我们要始终不渝地坚持中国共产党的领导，坚定不移地走中国特色社会主义道路，坚持中国共产党领导的多党合作和政治协商制度。今后，要把学习贯彻中共十九大精神作为一个重要的政治任务来抓，切实增强“四个意识”和“四个自信”，发挥本党派的作用和优势，把中共十九大精神贯彻到参政议政、海外联谊、社会服务等各项工作中，认真履行参政党职能。习近平新时代中国特色社会主义思想，提出了一系列符合实际的重大战略举措，将成为迈进新时代、开启新征程、实现中华民族伟大复兴的行动指南。中华民族的伟大复兴离不开中国共产党的领导，这是实践的选择、人民的选择，具有历史的必然性。

回顾历史信念不改，展望未来催人奋进。子曰：“君子和而不同，小人同而不和。”“和”是一种胸襟，是一种理想，更是一种境界。风调雨顺则百物繁盛，“心平德和”则天下归心。要做到“心平德和”既要执政党有博大胸襟，远大抱负，也要参政党同声同气，同舟共济，这也是中国共产党领导的多党合作和政治协商制度70年来取得辉煌成绩的真实写照。今天，在我们面前，既充满机遇，也充满挑战。面对风云变幻的国际局势和激烈的国际竞争，为了实现振兴中华民族伟大复兴的目标，我们要继承和发扬致公党的光荣传统，不断加强自身建设，切实提高参政议政、民主监督的履职能力，做一名社会主义核心价值观的践行者，真正做到与中国共产党在思想上同心同德，在目标上同心同向，在行动上同心同行，关切民生解民忧、建言国事助发展，为人民谋取更多福祉，为国家的发展贡献最大的力量。继承致公党前辈爱国奉献、追求真理、修身明志、建言立论、自尊自强的优良传统，积极推进改革开放和社会主义民主法制建设，是致公党始终不懈的价值追求。

重温70年前“五一口号”发表的过程，我们深刻体会到，接受中国共产党的领导是各民主党派历史的郑重选择，确立中国特色的政党制度是各民主党派同共产党真诚合作、共谋国事的必然成果。展望未来，中共十九大赋予多党合作事业新的时代内涵，为参政党发挥职能提供了更加广阔的空间，70年来，不管时代如何变迁，不管形势如何变化，致公党始终坚持接受共产党领导的政治立场不变，与共产党亲密合作、同心同德的政治态度不变，形成了风雨同舟、患难与共的优良传统。实践充分证明，中国共产党领导的多党合作和政治协商制度，是我国的一项基本政治制度，具有巨大的优越性，一定要始终不渝地坚持；是符合中国国情的伟大创造，具有强大的生命力，一定要毫不动摇地发展；是实现社会主义民主的重要形式，具有独特的作用。

在“五一口号”精神的指引下，致公党秉承老一辈的优良传统，高举中国特色社会主义伟大旗帜，自觉坚持中国共产党领导的多党合作和政治协商制度，切实履行参政党职能，积极开展海外联谊和社会服务活动。致公党将以纪念“五一口号”发表70周年为契机，深入学习贯彻中共十九大精神，全面加强自身建设，不断夯实履职尽责的基础；要发挥“侨”“海”优势，汇聚侨智、发挥侨力、维护侨益，不断拓展海外联谊模式和平台，最大限度地把广大归侨、侨眷、留学人员和海外侨胞团结起来，这是“致力为公”的光荣传统，更是“侨海报国”的时代使命。立足当下，我们就要从“五一口号”中总结中国共产党与老一辈民主党派人精诚团结、共赴国难的艰难和辉煌历程，探索我国社会主义民主政治建设和多党合作事业发展的内在规律，紧密团结在以习近平同志为核心的中共中央周围，坚定社会主义的道路自信、理论自信、制度自信、文化自信，让各民主党派与中国共产党一起“不忘合作初心、继续携手前进”，共同致力于中华民族伟大复兴的中国梦。

（作者王栋，致公党党员、南开大学泰达学院资料中心馆员）

继承九三学社优良传统 为夺取新时代的伟大胜利再立新功

·李树发·

70年前,中共中央发布“五一口号”,各民主党派、无党派民主人士和各人民团体热烈响应,公开表示接受中国共产党的领导,坚定走上新民主主义和社会主义道路,协商建国的序幕由此拉开。1949年9月,中国人民政治协商会议第一届全体会议召开,中国共产党领导的多党合作和政治协商制度的基本格局由此奠定。“五一口号”以其深远的历史影响和伟大历史意义永垂史册!

70周年后,我们纪念“五一口号”发布,结合深入学习贯彻中共十九大精神,回顾和缅怀各民主党派、无党派人士与中国共产党团结奋斗的光辉历史,抒发九三学社成员对中国共产党领导的多党合作和政治协商制度的真情实感,意义十分重大。

70年来,中国共产党领导的多党合作事业不断发展、完善,推动我们不断从胜利走向胜利。历史上,九三学社与中国共产党在争取民族独立和人民解放事业中风雨同舟;在社会主义建设进程中携手前进;如今,九三学社与中国共产党在改革开放和社会主义现代化建设的伟大实践中团结奋斗;与全国人民共同见证了中国共产党的伟大战略和取得的巨大成就。

我们体会到,纪念"五一口号"就是坚持马克思主义。用马克思主义观察时代解读时代引领时代。马克思主义理论犹如壮丽的日出,照亮了人类探索历史规律和寻求自身解放的道路,马克思主义不仅深刻改变了世界,也深刻改变了中国,马克思主义始终是中国共产党的根本指导思想,是我们认识世界、把握规律、追求真理、改造世界的强大思想武器, 我们要认真学习贯彻习近平新时代中国特色社会主义思想,在新时代继续高扬马克思主义伟大旗帜,让人类社会美好前景不断在中国大地上生动展现出来。我们要把纪念"五一口号"同学习贯彻中共十九大精神结合起来,同履行参政党职能结合起来,凝聚全社力量、发挥自身优势,借纪念中共中央发布"五一口号"70周年的东风,开创九三学社事业的新局面。

我们体会到,纪念"五一口号"就是不忘合作初心。接受中国共产党领导,是各民主党派、无党派人士、人民团体和各族各界代表人士最正确的选择。历史和现实一再证明,只有中国共产党才是领导中华民族走向伟大复兴的核心力量,才能带领中国人民从胜利走向更大胜利。无论风云如何变幻,我们自觉接受中国共产党领导的政治立场坚定不移,与中国共产党长期共存、互相监督、肝胆相照、荣辱与共的政治本色永远不变。同舟共济,齐心协力,履职尽责,建设中国特色社会主义的信念永远不变。

中国共产党领导的多党合作和政治协商制度是中国共产党、中国人民和各民主党派、无党派人士的伟大政治创造。在新时代,更要坚持、发展、完善好中国共产党领导下的多党合作。要在继承中发展、在发展中创新,努力增进共识、促进团结,不断开创多党合作的新局面。

我们体会到,纪念"五一口号"就是继续携手前进。聚焦决胜全面建成小康社会、全面建设社会主义现代化强国履职尽责,是我们的光荣使命。展望未来,新时代多党合作的舞台更加广阔,作为新时代中国特色社会主义参政党，我们要认真学习、深刻把握新型政党制度内涵，继续弘扬优良传统，牢固树立“四个意识”，增强“四个自信”，将“五一口号”体现的多党合作初心、团进奋斗精神坚持好、发扬好。2018 年是全面贯彻习近平新时代中国特色社会主义思想和中共十九大精神的开局之年，是建设“五个现代化天津”的关键之年。越是在这个时候，越需要树立最牢固的思想共识，凝聚最广泛的政治力量。我们纪念“五一口号”，就是要进一步增强政治自觉和行动自觉，紧紧围绕中共天津市委、市政府的中心工作和重点任务，深入开展调研，提出真知灼见，为天津实现高质量发展献策出力。

我们要在以习近平同志为核心的中共中央的领导下，不忘合作初心，继续携手前进，高举爱国、民主、科学的大旗，秉承九三学社前辈的光荣传统，创造多党合作的新辉煌，为决胜全面建成小康社会、夺取新时代中国特色社会主义伟大胜利做出新的更大贡献！

（作者李树发，九三学院天津市滨海新区委员会专职副主委）

一个不平常的春天

·崔　健·

1921年夏，中国共产党肩负着拯救中华民族于封建统治、列强凌辱之水火的历史重任，自上海法租界望志路出发，经历了南昌起义的枪声，井冈山会师的旗帜高扬，抗击日本侵略者的浴血奋战……在血雨腥风中，前仆后继，共产党人革命的星火已成燎原之势。历史的脚步走到了1948年的春天。

1948年的春天是个不平常的春天。共产党领导的人民解放军正义在胸，所向披靡。华东、华北、东北、中原等各个战场捷报频传，人民解放军的战略进攻在全国全面铺开。团结民众，联合一切进步力量，推翻国民党反动政府，建立一个没有压迫、独立自主、繁荣昌盛、人民幸福的新中国的那一天指日可待。

抗战胜利的欢声曾给国人，给以天下兴亡为己任的社会贤达以欣慰和期待。然而国民党独裁专制，骄奢腐败，民众依然水深火热。国家、民族的出路何在？对国民党的痛彻失望，让人民、期望的目光投向已从陕北转至西柏坡的中共中央。其间，民盟中央负责人沈钧儒向中共中央提议，解放区应成立产生联合政府的筹备机构，以对国内外号召否认蒋介石伪总统；南洋华侨领袖陈嘉庚提议，解放区应紧急成立联合政府政权机构，以对抗国民党伪国大后的局面。沈钧儒、陈嘉庚之所说，也是诸多民主党派的意见。民主党派、民主人士的这些意见立即得到中共领导人的积极回应。毛泽东、周恩来致电中国国民党革命委员会中央常委、组织部部长朱学范："欣悉先生到达哈尔滨，并决心与中国共产党合作，为中国人民民主革命的伟大的共同事业而奋斗，极为佩慰。我们对于先生的这一行动，表示热烈的欢迎。"毛泽东致函刘仁，请转告张东荪、符定一及许德珩、吴晗等民主人士来解放区参加各民主党派、各人民团体的代表会议讨论成立民主联合政府和关于加强各民主党派、各人民团体的合作及纲领政策问题。其间，中共中央发表评论告知天下，为建立一个独立、民主、和平、统一的新中国，愿与民主党派"携手前进"。

春暖花开，"五一"将至，这一天，中共中央接到了新华社社长廖承志从太行深处一个小村庄发来的电报，请示关于"五一"国际劳动节的宣传事项。这封简短的电报，得到了毛泽东、周恩来的高度重视。胜利的曙光已使大地暖意盎然，一切都是那样水到渠成。各大战区的胜仗使局势朝着最后的胜利发展，爱国民主人士的殷殷敦促，共产党倡导和致力于建立民主联合政府新政权的许多事情要被列入议事日程了。如此，承载着中国共产党的政治主张和建国决策的"五一口号"呼之欲出。

"五一口号"经毛泽东仔细斟酌修改，于4月30日经中共中央书记处扩大会议讨论通过了《中共中央纪念"五一"劳动节口号》。随后，新华广播电台、《晋察冀日报》《人民日报》向社会发布。其中特别引起关注和反响的，也是毛泽东起草的第五条："各民主党派、各人民团体、各社会贤达迅速召开政治协商会议，讨论并实现召集人民代表大会，成立民主联合政府！"号召如春雷般在人们心中怦然，那是走向希望走向新生的集结号。

"五一口号"的发布立即得到了社会各界爱国人士的热烈应和，他们发表宣言、谈话，欣然接受邀请赴解放区，与中国共产党共商建国大计。1949年1月，北平和平解放前夕，九三学社在《新民报》上发表《拥护中共“五一号召”暨毛泽东八项主张的宣言》，文章说“唯有循此途径，始可导中国于民主、自由、富强、康乐之境，愿共同努力，以求实现。”此后，九三学社作为民主党派之一，参加了中国人民政治协商会议，参与了《共同纲领》的制定、中央人民政府的组成和新中国的建立。九三学社首席代表许德珩在政协大会发言中指出，各个不同革命历史时期和各个不同方面的代表们“都抱着扬弃旧中国，建立新中国的同一心情，很自由的，民主的，融融和和的，空前未有的团聚起来，也是空前未有的团结起来，团结在中国共产党周围，我们相信，有了这样巨大的空前未见的团结力量，不唯很快地肃清蒋介石反动残余……我们也更相信是很能依照共同纲领，把新中国的基础建立起来！”这既是九三学社的心声，也是各民主党派、无党派民主人士和中国人民的共同心声。

“五一口号”的影响是深远的，它强烈的感召力召唤着寄寓、流落在海外的华夏儿女心向北京，为建设人民自己的国家而归心似箭。一批又一批爱国的科学家、艺术家冲破重重阻力，历尽艰辛回到祖国怀抱，成为社会主义建设事业最重要、最宝贵的力量，它是中国共产党在中国革命关键时刻，向全国人民提出的夺取新民主主义革命胜利，建立真正民主的联合政府新政权的宣言书和动员令，为各民主党派和全国人民指出了从新民主主义到社会主义的光明前途，奠定了中国共产党领导的多党合作和政治协商制度的政治格局。

今天距“五一口号”发布已是70年了。70年来，中国共产党与各民主党派相持相携，鼎力合作，走过了光荣而艰辛的历程，取得了举世瞩目的成就，迈入了中国特色社会主义新时代。70年的坚持与实践，中国共产党领导的多党合作和政治协商制度在中国的大地上成长成熟，开辟了民主政治的中国道路。

九三学社的主要创始人许德珩曾经深情地说：“我这个老知识分

子，在漫长的岁月中，经历了新旧两个社会、三个时代的沧桑巨变，深深地感到没有共产党就没有新中国，只有社会主义能够救中国。”正是有了中国共产党的领导，中国人民才从根本上改变了自己的命运，中国发展才取得了举世瞩目的伟大成就。

九三学社从一个不足百人的学术性政团，发展成为拥有30个省级组织、300多个地市级和县级组织、17万余名社员，政治上成熟、组织上健全、在国家政治生活中作用日益彰显的中国特色社会主义参政党。九三学社的发展壮大是各民主党派发展的缩影。目前，各民主党派已经成为中国实现伟大复兴的不可或缺的政治力量。

春天是播种希望的季节，70年前的那个春天将永载史册。坚信我们的祖国承继“五一口号”的精神，砥砺前行，定会走向更加辉煌的明天。

（作者崔健，九三学社社员、天津市作家协会、天津文学编辑部编辑）

纪念高考恢复40周年

天大梦 北洋情

——纪念大草原的青葱岁月

·李鑫钢·

一

1976年，这一年发生了很多大事，懵懂少年的我对未来十分迷茫。

6月，初中即将毕业。周围弥漫着这样的传言：以后要"半工半读"，不如赶紧下乡早回城。一夜之间，教室空荡荡，大部分同学选择了上山下乡。我热爱学习，成绩一直排名第一，内心不愿下乡，父亲也非常支持我读高中，就这样轻松考上高中。

9月，高中由原来热闹的6个初中班缩减到冷冷清清的2个班。高中上课没有费什么力气，正常上课，按时完成作业，课下从来也不复习。依然排名第一，虽然也有几个学习好的同学偶尔超过一次半次，成绩总归还算是稳定。

父亲是普通干部，没有什么门路。自己一边学习，内心一边无数次徘徊：以后呢？要怎么办？感觉除了学习，前途渺茫。

9月9日那天，旗里的大喇叭突然放起了哀乐，心里就是一惊：半年多前周恩来去世曾听过的那一曲，熟悉。哀乐过后沉痛宣布：毛泽东去世。宁静、偏远的草原小镇,百姓们都心震、心惊、心慌、心痛:天塌了!下乡的、找工作的、继续读书的人们,都从没如此担心国家和个人的命运。

二

1976 年 10 月,“四人帮”被粉碎了。

黎明前的黑渐渐淡了又淡。秋天金黄色的漠北草原小镇上各处都在游行庆祝。

这时国家恢复了高考。不像“老三届”,对我来说,不知道什么叫恢复高考,因为从来就对高考陌生。我也还是在这乌泱乌泱里,日复一日地学习、复习。不似去年此时的焦躁情绪,既认定了继续读书这条道路,也就真的埋下头、沉下心钻进了书本里,全力备考。

当破晓的光芒穿透黎明前的黑暗,照耀到身上的时候,我们的学习热情一下子被激发出来。那时没有太多的资料和书籍,我们同学若是得到了一本“文革”前的学习指导书、习题或者试题,大家便会如饥似渴地互相传阅。课上课下的学习氛围都很浓郁,连体育老师都会和我们坐下来讨论数学题。

通过选拔,我参加了 1977 年的高考,但没有被录取,应该说是“幸运”。作为非应届考生,成绩不予公布,所以并不知道具体考得如何,只当是提前一年上阵“操练”,积攒经验。

现如今回想起青葱岁月中的我们,可以为了心中的信念去坚持,无所谓结果是好还是坏,只一想到这过程之中的苦辣酸甜,就倍感欣慰与珍惜。

三

能如愿读上这个中国第一所现代大学, 除了与同学们在严肃、认真、紧张的氛围中日复一日、按部就班地努力备考之外,也与我的一位恩师有着千丝万缕的联系。

她是教我们化学的宋秀伟老师。宋老师不是草原人,她和先生都来自河北。她先生早年来到内蒙古这片荒无人烟的地方建设我们乌拉特中后联合旗(后来分为中旗和后旗),而她也紧随先生而来,有点像"昭君出塞"。宋老师专业功底扎实,讲课水平极高,没有一位同学逃她的课,这在那个年代算是奇迹。我因为化学成绩每次都是 100 分,便更得宋老师的喜欢。

报考前的我, 经历了一段迷茫的日子。我对高等学校既陌生又憧憬,填写志愿可谓无从下手。我们在《内蒙古日报》上看到了各个高校的招生介绍。那时并不了解高校,也不了解自己的成绩水平,把内蒙古大学列为最理想的选择,区外的高校第一志愿报了北京化工学院。宋老师看了我的志愿,告诉我:"鑫钢,你的成绩这么好,要么报天津大学,要么报南开大学,你的水平应该在这两所学校。"我这个从小没有离开草原的孩子,对内蒙古以外的广阔天地只有梦想,对天大和南开更是一无所知。后来才知道,宋老师的梦想就是考取天大和南开,因为家庭成分梦想破灭。我作为她的得意门生,被寄予了殷切的希望。

听从宋老师的建议,我将第一志愿更改为天津大学。因为化学成绩好,就报了化工机械和化学工程两个专业,后被化工机械录取了。实际上那时对这两个专业根本就不熟悉,更不知道它们和化学关系不大,特别是化工机械。

紧张的复习之后,开始了高考。当时我的语文成绩不好,物理有一道本应该会的大题,由于紧张做错了,丢了 30 分。宋老师教的化学课考了 96 分,只丢掉 4 分,下来还被老师批评不应该丢这 4 分。最后的总分是 373 分,是当年盟里第一名。这个成绩和名次的取得,也算是没有辜负自己多年的刻苦努力、父母的支持鼓励,以及老师的悉心教导。

四

在经历两个多月漫长的等待之后, 终于收到了天津大学的录取通知。整个镇子都在传说这样的消息,“李华的那个三儿子考了盟里第一名,可以出区上大学了!”“出区”像是登天一样,以前是那么遥不可及。这是第一次,老爸因为我这个儿子出名了。

“李鑫钢同志:在今年高等学校招生中,你已被录取到我校,我们向你表示祝贺,热烈地欢迎你来到我校学习”。这是1978年天津大学欢迎信上的第一句话。直到现在,我还能清楚地记得,当天津大学粉色的“录取通知书”送到我们家的时候,全家都沸腾的景象。

“科学文化知识是老老实实的学问,来不得半点虚伪和骄傲,需要付出艰辛的劳动。我们祝愿你‘身体好、学习好、工作好’,立志献身于祖国的科技事业,发出光和热,为实现祖国的四个现代化目标而努力奋斗!”时至今日,“录取通知书”上的一句句感人至深的话语,读起来依然振奋人心,它就像人生信条一样,不断激励着我们这一代学子,在人潮汹涌和时代变革中,勿忘初心、努力前行。

五

临近开学,父亲为我准备了一些生活必需品,母亲则在一旁偷偷抹泪,我知道她是舍不得自己的小儿子独自一人去远方闯荡。看着母亲的眼泪,我想起在那些备考的岁月里,她每天早上塞给我补充营养的土鸡蛋,那是母亲的爱。父亲借来了一辆吉普车送我到大城市包头,我再独自去北京转车到天津。去包头的路上,一贯严厉而少语的父亲教导我,上大学后要团结同学、主动学习、多请教师长,并嘱咐我到了北京之后如何中转签字、转车。

到了包头,与父亲依依惜别,我便坐了绿皮火车前往北京。本来,约好考上北京钢铁学院的中学同学来车站接我,他们早于天大一个多月报到。但对于我们这些刚离家的外地孩子来说,北京站实在是太大了,眼睛不够使,人山人海中根本找不到彼此。无奈之下,自己一路询问、打探,历尽艰辛终于找到了同学的学校和宿舍。他的室友们知道他去车站接我，却看我独自一人找来，都十分诧异，我便讲了这个乌龙，大家哄堂大笑。没过多久他也回来了，见我已经坐在了宿舍里，便长舒了一口气。后来，他带着我在首都转了一天，逛了校园和周边的景色，第二天便送我上了前往天津的火车。

带着对家乡至亲的不舍与牵挂，对大学生活的憧憬与期盼，我由内蒙古偏远的小镇到北京再到天津，在火车的轰鸣声中，开启了我的漫漫求学路。

六

入学报道的那一天，秋雨哗啦啦地下着，宿舍里先来报道的同学来校门口接我。我清楚地记得他用一件雨披而不是雨伞接我共同避雨，那是我第一次见雨披，感觉很新奇。后面的日子里，陆续见到了更多的新事物，不断地学习新知识，也不断取得了新成绩。

我们宿舍共 7 个同学，加上我是 3 个内蒙古人、2 个北京人、1 个大连人、1 个湖南人。湖南人是我们的大哥，入学时就已三十余岁，是 2 个孩子的父亲。大哥的阅历丰富，经常和我们讲他自己的经历故事。二哥是北京下放到内蒙古的考生，脾气很好，说话十分幽默。我在宿舍里是最小的一个，当时只有 17 岁。我们班级里的同学年龄参差不齐，上到三十余岁，下到十五岁，年龄分布可谓“老的老、小的小”，这是那个特殊时代所留下的特殊印迹。

“宿舍—食堂—教室”，三点一线的学习生活日复一日，我的成绩一直保持着优秀，对知识的渴望和对专业的热爱，让我立志“干出一点事情来”。

除此之外，印象深刻的还有同学们带着家乡味道的口音、生机勃勃的面孔，以及亮闪闪的眼睛。大家从五湖四海汇聚到一处，曾经并肩奋斗到深夜，也曾无话不谈到天明。我们一起经历了四个初春的希冀、四个盛夏的炙热、四个深秋的萧索、以及四个严冬漫雪的考验，共同谱写了一段有声有色、有滋有味的时光，这是属于我们自己的小时代。

七

大学四年，一朝毕业，同学们各奔东西。我选择了继续读研，师从我国著名化工蒸馏专家余国琮先生。在先生的谆谆教导下，钻研科学技能，汲取知识养分，不断实现突破。

因为热爱，所以坚持。考研、留校、在职读博，一直在母校工作，培养人才、专研科学、服务社会，取得成绩。若干年后，我和同学们都成了国家建设的有用之才，无愧于时代。

大部分同学后来谋面、聚会，回忆往事、探询当下。个别同学再也没有见到，常存遗憾，十分挂念。

怀念那个时代。

（作者李鑫钢，天津大学化工学院教授、精馏技术国家工程研究中心主任、市政协委员）

我的七七级兄弟同学

·岳长顺·

1977年的12月，我还是一个学徒未出师的工厂工人，报名参加了一场中国历史上罕见的大学考试,考取了天津师范大学政教系。我们77级甲班有50多个同学,40年后追忆,最为珍贵的是那个时代纯真的同学情。

班里有十几个年龄相仿的男同学,同窗四年，亲如兄弟。我忆起这些兄弟同学的故事,忆起我们发奋读书的年代,忆起我们胸怀理想的青涩年华，忆起我们成长的心路历程。

一、文学青年——李建华

李建华是70届的,比我大2岁,来自化工局系统的工厂，上大学前已是小有名气的文学青年了,擅长写小说,印象是体弱,爱抽烟,爱沉思。

有一个学期,我跟建华同桌,有了比较近距离的接触。建华构思、创作小说,大脑很累,上课时常趴在课桌上迷糊。开始,我很是不解。入学前,我在天津市机电设备安装公司工作，参加过天津张贵庄机场扩建工程。从家到机场有三十余华里,骑自行车快骑五十多分钟,稍慢一点就骑一个小时,在机场跑道上做测量，每天也要骑行20到40华里，一天下来，少则骑行80华里，多则100华里。这样大的运动量，强健了我的身体。入学后，我可以很轻松地熬一个夜，看一宿书，第二天正常上课，没什么倦意。为什么李建华上课时老犯困呢？小两岁就是小两岁，有很多事情还是不懂。后来，跟李建华熟了，我才知道，他有点神经衰弱，经常睡不好。李建华跟我说，写小说的爱好加重了他的失眠，他要是有一个体力活的爱好，比如种点地什么的就好了。上大学，学的是抽象的哲学，喜欢的是形象的文学，骨子里却向往田园生活，这就是他那时的状态。

李建华写过一篇小说，读起来很沉重，很多细节都忘了，但总体印象很深。小说的人物是母亲和儿子，母亲守寡多年，对儿子管教很严，儿子长大了，对儿子搞对象更是百般挑剔。儿子爱母亲，但不喜欢母亲的挑剔，人物心理矛盾冲突由此爆发展开。读这篇小说，触动我的是人性的多面性和复杂性。世界上，母亲是最伟大的，但母性也是有多面性的，不是一个伟大就能简单概括的。当母亲的爱和母亲的自私纠葛一起的时候，故事就来了。这是生活中普通的家常事，当遇到这些纠葛，有人熟

天津师范大学政教系77级甲班1979年五一合影

视无睹，有人不知所措，有人回避，有人冲撞，这就是生活。读李建华的小说，打开了我的观察之窗。

大学毕业后，李建华去化工局职大教书。职大是个新建四层小楼，在河西区徽州道人民公园的西北角，离我家只隔几个路口，离我工作的中学也不远。我下班回家路上，也常去李建华单位小坐。李建华在职大教哲学，不是很喜欢，他喜欢玩儿，爱打乒乓球，爱踢足球。有一次李建华还攒了一个球队，我也叫了几个年轻老师和高中学生，在我们中学操场踢了一场足球。李建华在场上满场跑，也敢争球，也敢冲撞，体力非常充沛。我不是很喜欢足球，也不太喜欢冲撞抢球，但这场球给我的印象很深，在足球场上，建华体质不弱，也不像一个多思的作家。

20世纪末，李建华调入《天津文学》，成为职业编辑、作家，新世纪前后，还兼职做《每日新报·交通周刊》主编。

二、北京战士——赵兴华

赵兴华，北京丰台人，来自北京军区后勤部八分部，工人家庭出身，考前驻守在河北北部山区滦平县。他既能扛枪打仗又擅唐诗宋词，可谓文武双全！

我跟赵兴华，年龄相差1岁，是睡上下铺的兄弟。不知哪种气质神合，我们交往很多、很深，即便在毕业后也保持着来往。

赵兴华酷爱文学，是罗陀斯文学社活跃会员，发表了不少诗歌、散文。他还喜欢写小说。每天下午，兴华就钻进北院期刊阅览室，《小说月报》《小说选刊》《当代》《收获》等，一期不落，尽收眼底。吃过晚饭，同学们都去晚自习了，赵兴华胳膊夹着一摞稿纸进教室，埋头进入他的小说世界、他的故事世界。那时，我也喜欢文学，我们经常在一起聊文学创作。赵兴华写得得意了，爱讲他笔下的人和故事。赵兴华喜欢跟我切磋，也跟建华、小魏、梁梅、晓辰切磋。有一本词典更是拉近了我和赵兴华的距离。那年，系里订购《现代汉语词典》(试用本)，我酷爱汉语，但囊中

我的同学魏全和与赵兴华

羞涩，还有那时苦学英语，不得不作取舍便没买。赵兴华有部队津贴，财力“雄厚”，报名预订了一本。一段时间后，我们看到了这本淡黄色硬壳本的词典，定价是4.50元。一千多页的词典，我第一次是恭恭敬敬地捧着读的，看了前言，看凡例，看部首检索，看拼音检索，看我想查的词条，看我想印证的读音，看生词的释义。我真的恨不得吞下这部词典。兴华呢，也喜欢，但说不上特别，只是间或查个词。每晚，赵兴华写小说，我就坐在他的右侧座位，他写，我捧读《现代汉语词典》。我们两个配合得还真默契。他写着写着，被一个词卡壳了，问我表达什么什么意思用哪个词，我有时随口说出，有时给他查《现汉》。分工形成惯例，每晚我们前后进教室，分左右坐，赵兴华写小说，我读词典。赵兴华用什么词，我帮他查什么词。他越写越顺手，几乎不为用词、选词费工夫；我呢，越读越有兴趣，越读翻检越快。一本崭新的词典就这样被我翻旧了，翻毛边了。赵兴华呢，写了一摞又一摞，文笔越练越娴熟，为20年后成为作家打下了坚实的基础。

赵兴华平时不努力，准备考试却异常用功。读了一学期小说，写了一学期小说，考试月来临，赵兴华还真的不读了、不写了，每天下午和晚上也不出宿舍了。赵兴华睡在我的上铺,复习考试这个月他就盘腿坐在我的铺上,看笔记背书,下午坐,晚上也坐,一直坐到关灯睡觉才回自己的上铺。一个月下来,他的功课门门考八九十分,而遭殃的是我的床单,竟给他坐了个大窟窿。早晨他睡懒觉不起,我腿勤,给他打饭;中午、晚上,他打坐复习,我也常给他打饭。赵兴华特慷慨,把一摞饭票扔给我,说你就拿着吧,用我的饭票买饭,别分你的我的。我那时好逛新华书店,好买书,饭票用光了,不好意思找父母要钱,也就常蹭赵兴华的饭票,开始还记得数,蹭的次数多了,时间久了,也就记不清了。亲兄弟,明算账。蹭一段时间,我就找个机会把赵兴华叫到家里来吃饭。我母亲热情招待,有时包饺子,有时炒菜,赵兴华高兴来、高兴走,这笔饭票账也就一笔抹平了。

1980年,系里组织去北京参观学习。我那时英语学得正欢,还专门读了一本英文版的中国革命史。学习的最后一天下午,我进了中国革命历史博物馆,走到土地革命展厅,遇到中联部一个陪同兼翻译在给一位印度共产党干部翻译讲解,我就跟随着听,翻译总遇到不会译的词,我就小声提示,我甚至知道怎么说"北伐革命"。翻译对我刮目相看,遇到难词老看我,印度外宾也搞不清我是谁。讲解过半,翻译陪印度外宾到贵宾室休息,年轻漂亮的女服务员也恭敬地给我送上一杯红茶。我舒舒服服坐在白套大沙发上,品着红茶,翻译问我是哪个大学的,说谢谢我的帮助,下面的活动就不要跟了。我知道外事活动有纪律,就再见告别。走出博物馆,我猛然想起回天津的火车是五点多,撒腿往火车站奔,还是没赶上。改签了火车票,北京没亲戚,住哪呢?第一反应是赵兴华家,前一天晚上很多同学在赵兴华家聚会,吃饱了喝足了,才回三里河浴池住宿。赵兴华家住丰台区青塔六建宿舍,算是郊区了。我坐公交车走长安街,在公主坟西翠路倒车,来到了赵兴华家。他母亲见我一愣说:"小岳,连庄(赵兴华小名)呢?"我说赵兴华和同学都回天津了,我没赶上火车。赵兴华姐姐给我盛饭盛菜,妹妹给我端水,一家人暖融融的。我的口袋里已经空空如也，找姐姐借了一点零用钱，美美地睡了一觉，转天早上返回学校。见了赵兴华，一一告知。

毕业后，赵兴华分回八分部。他先是在天津河东区富民路的教导队做教员，其间还带爱人和不满一岁的女儿晶晶来看我母亲。后调到北京军区法院任审判员，1989年营职转业。我1990年9月办好芬兰留学签证，告别家人。我和爱人坐绿皮火车到北京，赵兴华包了一辆出租车在车站外接我们到他家，转天又送我们到机场。车接车送的场面，28年后的今天回忆起来也是令我感动不已。赵兴华当年包出租车花费了150元，相当于我出国前近两个月的工资。1992年年底，我回国探亲，提前一个星期给兴华写了一封信，夹有一首打油诗：小鸟要还家，筑巢丰羽毛。令人惊喜的是，赵兴华及时接到信，开车到机场接我们。两年不见，拥抱一刹那，悲喜同学情！

1998年，赵兴华租一处工作室闭门写小说。我1999年春夏之交回国，赵兴华已写完长篇小说《花自飘零》的初稿了。他说几个专业作家看了初稿，认为故事很感人，但语言风格不是新写法。赵兴华认为我懂语言，让我看他的小说，提意见。我出国9年，外语没学到家，但中文已看不进去了。于是兴华给我念他的小说，我闭上眼，静下心，听着，听着，听进去了。我被小说的故事深深地吸引了，小说的叙述描写语言也朴素亲切。我果断地说：小说的语言没有问题，这就是你的语言！赵兴华深信我的语言能力，也深信我的判断，对他自己的语言风格更有信心了。2000年年初，兴华的长篇小说《花自飘零》由作家出版社出版。《北京青年报》等多家媒体采访新星作家赵兴华，他由衷地跟媒体讲，他留学北欧的同学在他写作困难的时候鼓励了他。之后，赵兴华又厚积薄发，出版了《花开花落》《寻找小芳》两部长篇、几部中篇，撰写了多个电视剧本以及电影文学剧本《孩子的声音》，还创作了大量的诗歌和散文。2008年起，兴华创建并主持中国大型严肃文学网站《江山文学网》。

2013年春节前，兴华乔迁新居，新居就在青塔原址一带。5月我和妻子前去贺喜。红砖平房小院和原来的一片玉米地,早已不见踪影,青塔已无任何熟悉的标记了。在兴华温馨的家里,他手指书架上的《现代汉语词典》说:“当年小岳把我那本花 4.50 元买的词典翻烂了,心里一直过意不去。1999 年回国后花 55 元钱买了这本新版的送给我。细想起来,那部老词典更有纪念意义,只可惜在几次搬家中给弄丢了。”

三、大院子弟——牛叔成

牛叔成,天津轻工业学院大院文化熏陶出来的孩子,父亲艾文是晋察冀边区老革命,轻院老院长。十三中初中毕业后,他被分配在天津第四造纸厂。牛叔成比我小一两岁,是我大学时代亲密的学习伙伴。毕业后,我和叔成是见面聊一天,十年没见面,也不陌生。

入学后,大石、老贾、老何、张楠、大卢、杨彦等大哥级大姐级同学神聊海聊,小字辈同学活跃参与的,有克明、牛叔成、兴华、之军等。兴华、之军行伍出身,见多识广;克明插队多年,经过风雨,见过世面,谁都不怵。牛叔成小小年纪,行未出“尘土灰扬”一带(小牛戏言天津的陈塘庄、土城、灰堆儿、杨庄子等地区),何来如此见识?这个大院出身的小老弟真的让人羡慕。住进北院新宿舍楼,牛叔成跟老贾、大卢一个宿舍,每晚 9 点后自习的同学陆续回来,牛叔成宿舍就传来时高时低的阔论,传来争抢话茬的激辩:大卢的话语高亢,老贾的激昂,小牛的语速快,有话抢着说,不甘示弱。我常常被阔论和激辩吸引过去,站在门口观战。

牛叔成有辩才,不辩时,不出声,埋头苦学。我和牛叔成都喜欢外语,我们一起结伴学习英语。午饭后,同学们午休小睡,教室清静,我和牛叔成就在教室练口语, 学英语 900 句,AB 角我们俩换着来, 他问我答,我问他答。梁梅同学不喜午睡,也来教室看文学书,估计跟我们蹭听学会不少英语。上学时,班里组织去北京参观学习,组织登长城,我喜遇千载难逢机会,跟老外大练口语,长城练,天安门广场练,北京大街练,历史博物馆练,大有长进,但基础还是跟牛叔成一起练的。多年后牛叔成在南开大学给研究生用英语授课，讲自然辩证法，讲科学哲学，口语的基础也是在77级甲班跟小岳一起练打下的。哈哈，有梁梅为证。小牛喜欢外语，同学还给起了一个绰号“new words”，中文近似牛沃兹，小牛就是忘了看家的本事，也忘不了这个雅号吧。

牛叔成几乎是个学习狂人，有一段时间一天学20个小时，睡3至4个小时。学专业的同时，悄悄地学自己喜欢的课程，学外语。牛叔成用功之勤当之无愧77级甲班第一人。光凭这一点，我就由衷敬佩！在牛叔成的眼里一切都是时间，过年也是时间，是时间就要争分夺秒。现在看来，他和同学聊几个小时是最大的莫逆和慷慨了。

一分耕耘，一分收获。十分耕耘呢？喜获大丰收！大学最后一年，牛叔成备考南开大学哲学系刘珺珺教授的科学哲学专业研究生。1982年3月，同学们毕业了，大卢考取中央党校经济学专业研究生，牛叔成则是南开哲学系金榜题名。牛叔成迎风顶浪，去攻读一门要求通晓自然科学，精通哲学和科学史的深奥学科，胆识非一般同学敢比。苦读三年，高等数学、普通物理学、科学史、自然辩证法、哲学专题，拿下一门又一门基础课和专业课，历经千天昼夜，摘取了一顶最难的哲学硕士帽。

1985年早春，南开大学85级研究生入学考试开始。我在黑暗中自学摸索多年，最后选定现代汉语专业，报考南开大学中文系。大考3天5门课，天天中午去牛叔成的研究生宿舍休息吃饭，牛叔成从食堂打来饭菜，我们边吃边聊考试的难题。饭后在牛叔成的铺上小憩一觉，他备好一大茶缸香浓的咖啡。喝过咖啡神清气爽，上考场！此时，正是叔成写毕业论文最较劲的时候，一个惜时如金、昼夜苦读的同窗好友，为朋友真的两肋插刀，贡献了异常宝贵的时间和精力！那时，同学之间不言谢，30年后我总得有个机会说声“谢谢你，叔成！”很幸运，我也榜上有名，叔成硕士毕业，我接着上，真有点像赛跑的接力赛。时间差是整整三年啊！我体会了考研究生的艰辛，也体会了叔成考研读硕的艰辛。

我考上南开，叔成毕业留校。在校园偶遇，也只是打打招呼，没有时间坐下来、静下来细聊，偶尔去他家，也没太深的印象。叔成玩英语打字机特熟，帮我打过留学申请书、致教授信。1989 年间，叔成备战公派出国英语水平考试，因政治风波搁浅。1990 年，叔成喜得贵子，取名牛津，足见叔成之学术向往。

我 1990 年出国，1997 年夏回来去南开园看叔成。此时，叔成刚读科学哲学博士。我和叔成在他家谈了很久，又在校园里谈了很久。当年那批硕导纷纷晋升博导，我的恩师也劝我报他的博士，熟门熟路，考博读博都不是一件很难的事。那时，外面的世界很精彩，也很大，我还想继续探寻，南开园太小了。从那一年起，我就与学术永远失之交臂了。感慨人生就那么几个机遇，抓住了这个，丢掉了那个。

再见牛叔成已是 2003 年或 2004 年吧，时隔五六年，我回天津，太想牛叔成了，打电话约他见面。牛叔成还是管理时间的天才，说上午忙什么，下午忙什么，晚上忙什么，明天忙什么，我说你现在忙什么，他说一会儿去天津游泳中心游泳。我说好，我们 6 点在游泳馆门口见。时间管理专家牛叔成真的遇到了无时间观念的小岳了，没辙！我和牛叔成在游泳馆准时碰面，他有年卡，我买了张票，换上泳裤，双双跳下泳池。谁说岁月有痕，时光不能倒流？那一瞬间，二十多年前，我和牛叔成在医学院也是这样畅游啊！

游完泳我们骑车回到南开园，在西南村找一个酒馆坐下。牛叔成敞开心扉，聊起别后往事。牛叔成早已是计算机专家级高手，太相信自己的计算机技术了，书稿、讲稿全部存在一个笔记本电脑里，真正做到了无纸上课，无纸做学问。一日，电脑硬盘突然“崩溃”，牛叔成背着笔记本急奔北京中国信息管理中心，无奈，中国硬盘专家也抢救不了。这恐怕是牛叔成学术史上的一个灾难性打击。事过几个月，牛叔成叙述时心情已比较平静了。喝过酒，吃过饭，我要去牛叔成的新家看看。跨进门，跟弟妹问好，直接进牛叔成的书房。说是书房，但藏书量堪比小型图书馆，按专业划分了几个藏书区，文、史、哲、自然科学分门别类。

那几年,与牛叔成一两年聚一次,都是同学聚会场合,不适合深聊。牛叔成在南开转战几处:马列教研室、哲学系,最后是南开大学出版社。一次聚会,牛叔成说,他每月的审稿量是二百万字,平均每天看六七万字的书稿。我晕!我比较喜欢看书,那是有选择地看,想看就看,如果有人塞给我一本六七万字的小册子,一天一本,喜欢得看,不喜欢也得看,我一定是看得天旋地转,吐得翻江倒海。牛叔成说得非常平静,这就是他每天的工作。我问牛叔成都审什么学科的稿子,他说全审,除了极冷门的书稿。我问牛叔成还有什么他不懂的,牛叔成说还有些符号他不懂。好一个牛叔成,大学时代是一个学习狂人,现在是一个百科全书式学者!论学术,论博学,牛叔成达到的高度,令我不敢望其项背!

(作者岳长顺,瑞典华文教师、语言学者)

我是如何“跑”进大学的

·沈幸身·

我是原天津十六中（耀华中学）66届老初三的毕业生。1968年10月去了黑龙江生产建设兵团，在广袤的黑土地锻炼了五年。1973年赶上了大学恢复办学，经过层层选拔、审查，有幸参加了招生考试。不想笔试第二天就听到了张铁生交白卷的广播，结果考试成绩也就只能算作“参考”了。幸运的是，招生工作结束一个多月后，天津的几所中专学校到兵团特别招收天津考生，我就以工农兵学员的身份，被刚刚恢复办学的天津化工学校录取了。1975年毕业前，我被留校成为一名教师，在认真教学、做好班主任工作同时，还到大学旁听学习了一段时间。

1976年“文化大革命”结束，教育战线也和全国各行各业一样进行拨乱反正。邓小平果断地批准了教育部恢复高等教育招生考试的提议，受到了全国人民的拥护，特别是被耽误了10年不能上大学的老知青们的欢迎。我和学校的十来个青年教师积极报名，按照“个人申请、群众评议、组织审查、领导批准”原则，顺利地参加了招生考试。

等到发榜的时候，6个年轻的同事（他们都是68、69届的初中毕业生）都考上了自己所报的院校,而总成绩高于他们的两个大龄教师(我和另一个原十六中66届老高三的)却都落榜了。我们想:一定是年龄大的原因影响了我们的录取,也就安心地继续做好本职工作了。

1978年3月份,考虑到老三届大龄考生落榜的问题,经国务院批准,教育部发文要求有条件的院校扩大招生,哪怕招走读生,也要尽可能地把这些大龄老知青招进来。天津市把录取分数线划在280分,而开始的录取分数才230多分。我总成绩恰好是281.5分,当时我是满心欢喜地等待着录取通知书的到来。到了3月底,第二次发榜下来再一看,我和那个同事还是都落榜了。他的总成绩可是320分啊!

我们一起找到市招生办公室(当时就在睦南道招待所大院办公),被告知"无可奉告"。我们几乎是天天去询问,要求给出具体原因,最后才答应给我们查一查。谁知道这一查才发现,在市招办只有我们的成绩单,而根本就没有我们的档案!也就是说这两次招生,我们就没有介人,所报的院校就没有见过我们的档案,哪来的录取呢!

市招生办查问了化工局教育处,才知道是局教育处的某个负责领导把我们俩的档案扣下了,根本就没有报给市招办。我们问该领导为什么这样做,他的回答竟然是,不能考上大学都走了,考虑学校工作需要,经局教育处和学校有关领导研究(后来才知道只是两三个人的意见,其他领导并未参与),把两个年龄大、成绩高的按下不报。我们真是大惑不解,当初我们是经过四步审查允许报名参加考试的,就是学校工作需要也得与我们协商一下,哪能独断按下档案不上报呢?

我们俩立马向市教委、市委信访处上访,同时也向所报的学校反映我们的招生问题。天津大学招生办负责人表示很同情我,要求尽快见到我的档案,给出4月30日为招生截止日期。到了4月下旬,市招办的李大姐告诉我们上级有关部门已经要求化工局把档案报上来。等到29日他们也没有报上来,我们俩就直接到局教育处索要,那个负责领导说大天也不松手,竟说"谁要也不给"!

我们反映给市招办,他们也没办法。“五一”放假,5 月 2 日再到市招办,李大姐告诉我们市里上级领导发话责成化工局上报档案了,你们抓紧时间去取。下午,我们又去局教育处要档案,那位负责人就像撒了气的皮球, 不情愿地把我们的档案交到我们手里。我俩立马返回市招办,加盖了公章,由于时间已晚,只好转天去学校了。

5 月 3 日一早,我就拿着自己的档案到天大主楼招生办,心里充满了期盼。负责人看了我的档案后对我说:因为说好 4 月 30 日是截止日期,学校的期中考试都结束了,所以不能录取你了。至此两个多月的奔跑、期盼,到头来还是落空了,我的大学梦又一次断送了。而那位老高三的同学, 因为他数学试卷题和附加题都是满分所以被南开大学数学系录取了。

难道求学之路就这样结束了吗?说实话我是真的不甘心啊。两个月跑东跑西的,学校的教学工作我都推给了别人,领导很不满意,已经向我表示:看你能跑出什么样,等最后还是回学校再一起算(账)。我不想就这样放弃了,可还能怎样办呢?不光有局教育处扣档案的问题,也还有市招办、天大招生工作的问题。我决定向中央反映我的问题,先后给方毅同志和邓小平同志写了上告信,谁知道能不能寄出去,他们看得到看不到呢。我听说老市长胡昭衡同志恢复工作是市委负责文教的书记,他儿子李罗力与那位老高三同事是同班同学,我就托他把我的信交给李罗力,让李把信转到他父亲手里能够亲自看。

此后两个月, 我是一星期跑一趟市招办, 它已经搬离了睦南道大院,进驻了天津宾馆(老河北宾馆)后楼。前面的门卫要严格的多了,我还是想出了办法,每次都能“混”进去。一次在后二楼,我见到招办高主任,光着膀子,吹着电风扇还摇着大扇子,正坐在办公桌前看文件,我就敲他的房门,吓了他一大跳,直问我是怎么进来的,说了句“你的问题我们解决不了,你下次不要再来了!”就把我推了出去。每次都能看到李大姐,已成了熟人了,但她表示也是无能为力了。在 78 级开始报名招生时，她劝我重新再考一次吧，我说：我已经考过了，也符合录取标准，更符合扩大招生的条件，是人为的因素使我没能上了学。我已经跑了四个多月，没有精力再复习参加考试，一定要跑出个结果，讨出个说法才行。

7月初高考开始了，看着考生们认真答卷的画面，我是百感交集，这半年多的经历真是甜酸苦辣，一幕一幕浮现在我眼前，而前途又将如何呢……

8月中旬开始发榜了。记得18日那天，我又“混”进了宾馆，上了后二楼，只见李大姐热情地把我叫进她的房间，这是平时不常见的举动，我心中暗喜，心跳也加快了。李大姐认真地对我说：77级招生遗留一些问题，经过市教委认真研究，特批了10名77级考生78年免试入学，你是其中的一位，回家好好等通知书去吧，别往这儿跑了。我的心激动得都要跳出来了，真不敢相信自己的耳朵两行热泪止不住地夺眶而流，我也不知道要感谢谁，只能说“功夫不负有心人”“柳暗花明又一村”啊。

20日我收到了天津大学寄来的录取通知书，通知我到化工系高分子化工专业乙班报到（我当初报的是化学工程专业），不管怎样说，还是我向往的天大化工系，这就实现了我的愿望。亲朋好友都来向我道喜，有人调侃说：人家都是考大学，你倒好，整个是一次“跑”大学。

一晃40年过去了，回想起当年的经历还都历历在目，上大学改变了我的人生轨迹，让我的生命更加丰富多彩。这次老同学让我把这段经历写出来，也不是什么光彩的事情，只是与众不同，让大家知道还有这样一些人，有过如此的考学招生经历，也就是在那样的年代才能发生这样的事情。

（作者沈幸身，法国里尔科技大学基础化学实验室任技术员，2014年退休）

这个梦做得太久了

·蒋廷梁·

一直有读大学的梦想，但这个梦成真却是曲曲折折，很不容易。大学毕业很多年以后，我和高中的同学鲍世宁君一起聊天，那时候他已经是浙江大学物理系主任了，他问我，“高中的时候你认为自己能考上大学吗？”接着他自己就回答了，“我认为是不可能的！”我知道他的意思，那时候有条“阶级路线”在那儿横着，家里有“问题”的人，你成绩再好，也没用。1966年高中毕业前，曾经有人给我预测，大学是能够上的，但当年是考不上的，可能要自己坚持再考，住在我对门的街坊就是考了两次才考上的。我当时就给自己定下目标，考不上就继续考，最多考三次，“事不过三嘛”。结果“文化大革命”开始了，高考被取消了，事情的发展完全超出了常规。

到1968年9月份，我们下乡到了宁夏六盘山区。下乡是对自己意志的磨炼，我曾经写过一点小文章，记述自己下乡的一些事情，将下乡的生活艰难隐于字里行间。在农村待了足足三年后，1971年9月，我被分配到固原城里的地区建筑公司当了安装修理工。我爱人徐海泓在东山坡小学当了两年民办教师。1973年她考上宁夏大学数学系工农兵学员,其实是连推荐带考试,推荐和考试哪个比例高一点,谁也说不清。1976年她毕业了,本来她是被分配到固原地区695三线军工企业的子弟学校,后来她的一个同学因为种种困难希望能够到这个学校去,我爱人就和他换了,去了固原西郊中学,那是个农村中学。当然那个子弟学校各方面的条件要比农村中学好得多。

如果按阶级成分来划,我爷爷在1949年后应该是划为工商地主,在萧山的欢潭有田地,在杭州经营一个绸缎商店,在上海也准备扩大业务,地址在上海福州中路,小时候我还在那里住过一段时间。其实我爷爷早已经将重点放到孩子们的读书上了。他有五个孩子,除了作为长子的我的父亲,初中毕业就开始当学徒,学做生意,下面几个孩子都念书。我二叔是1953年之江医科大学毕业的,在上海新华医院当医生,医术精湛。几个姑姑、叔叔学成后都投身到新中国的建设中,有的去了东北,有的去了西北。爷爷的教育,按现在人们说的"家训"就是"勤俭建国,勤俭持家",另外一点就是常讲一个人的诚信在任何时候都不能丢。我学龄前就被要求拿起毛笔学描红了。

在工农兵大学生招生的那几年,我也去参加过两次考试,那些考试都是考一点初中的基本知识,我们要想得低分都难。我甚至想过,如果他们录取我,让我读"畜牧兽医专业""地下采矿专业"去不去?我自己的答案是"去"!但身不由己,连这样的要求也做不到。

1977年,我和徐海泓结婚了,我没有去参加高考,参加高考的兴趣和追求差不多被泯灭了。不过,如果我去参加高考,那条线还是有可能将我绊倒,我十几年前给自己定的考三次的限额就用完了,1978年考不考就有点难说了。

转眼到了1978年,1977年考试后,被那条线绊倒的好几个同学准备再考,摆在我面前的问题,就是去不去考?徐海泓是坚决要我去考,我是很犹豫,一是身边除了毛著和安装方面的一些技术书外,和高考有关的书一本也没有。到宁夏前，我看着高中的那些书真是舍不得，但还是被我卖掉了。这时候社会上有一套“青年自学丛书”，但宁夏没卖的，杭州也卖脱销了，知道中卫的同学有，特意赶去，他们有两本多余的，我就拿了回来。二是徐海泓已经怀孕了，预产期和高考的日子比较近，我就和她约定：如果生孩子在前，我就不考了；如果生孩子在后，我就去考。那时候政策已经比较宽松，单位不能反对职工参加高考，我就报了名。

单位不能够反对，但单位也不能让你脱产，所以完全是业余时间看书。虽然只有两本书，但可喜的是，在看书的时候，居然在高中念书的很多知识能够回忆起来。好在我是1966年的高三毕业生，好在我是杭州二中的学生，好在孩子没有提前到这个世界上来。她大概知道爸爸在这个年龄参加高考不容易，她能够做的就是迟点来，让我能够顺利参加考试。我曾和妻子、女儿说，我能够上大学，她们功不可没，特别是女儿。

想读大学，考上杭州二中是重要的。杭州二中不是那么好上的，绝大多数的学生是硬考进去的。那时候我们的黄校长，他就敢将那条线放到一边，我就是其中之一。很多其他学校不敢收的学生被他收到了杭州二中，我就是其中之一。为了这一点，“文化大革命”时，黄校长没有少挨批。黄校长就是要求同学们“德、智、体全面发展”，学校的教学楼取名“五爱堂”，要求学生“爱祖国，爱人民，爱学习，爱劳动，爱护公共财物”。“文化大革命”期间，虽然师生间也有很多不愉快的事情，但“文化大革命”后，更多的是亦师亦友的师生关系。1978年我们下乡在宁夏的同学高考成绩出来后，就能够看出杭州二中的实力。一是所有参加高考的人，不管他是初中的、高中的，全部考上大学。二是在自治区和固原地区，单科第一、总分第一好几个。像马维健君，他就敢说，“初等数学没有难倒我自治区第一”。据说，宁夏大学的数学系教授不相信还有人分数比他的学生还要高，他的学生考了99.5分。于是调他的考卷查看重批，硬是扣他一分，让他落为第二。那年和鲍世宁君聊天的时候，他和我再评二中，他告诉我，他的闺女在一中念书(一中也是杭州著名的重点高中)，数学很好，高一的时候让她参加高三的数学竞赛，她能够拿名次。当一中、二中在一起数学比试的时候，她回去和自己的父亲说，她感觉还是二中比她们强。我们在校的时候，下午第三节课学生是不能在教室的，全部到操场参加体育活动。操场的一角还有几副农村挑泥用的担子，配有不同的配重，那是给同学练肩膀用的，总有一些学生会下乡去，"一颗红心，多种准备"嘛。

从同学那里拿到两本书，又七凑八凑到了一些复习资料。5月份了，离高考也没有多少时间了。虽然一直很想读大学，但是确实有两种准备，而且偏于读不上多一点。在考场里那个窝囊劲真是没有办法提，就说数学吧，看到三角函数公式的变换题就不敢碰，怕一下子导不出来，白白浪费时间。在高中念书的时候，虽然算不上学霸，但成绩也是高分的占多数。所以高考以后感觉很不好。那一段时间，一边是想着到底能不能考上，另一边想着自己快当爸爸了。于是自己给自己就赌了一个愿，如果能生一个女儿我就能考上大学。高考是7月20号到22号，女儿是8月2号快中午的时候出生的。当班的护士抱着我们的女儿出来给我们看，我和爱人就舍不得放手了。她自己生了三个儿子，就想有一个闺女。我们的闺女挺挺的鼻梁，粉嘟嘟的脸，可爱极了。那天中午我真是忙得晕头转向了。中午饭是吴工圣、胡斯隆夫妇给做的，同学间的情谊一辈子忘不了。

后来知道我的高考成绩超过全国录取分数线40分（杭州来的信息）。填报志愿的时候，我们书记一定要让我填跟盖房有关系的专业，想让我毕业后还回来。那时候浙江大学没在我们宁夏招生，结果就被天津大学结构专业录取了。吴工圣被中国人民大学新闻系录取。

两个多月以后，我和吴工圣坐我们公司的解放牌卡车到中卫，他去中国人民大学，我去天津大学。在走以前，看着床上还在睡觉的女儿，我俯下身去，在她的额头上吻了一下。对妻子，那时候可没有在大庭广众下拥抱的可能，要是按现在的标准，我欠她一个大大的拥抱，我这一走，家庭的重担就全压在她身上了。女儿的名字“蒋征”是她外公取的，外公是宁波人，“蒋征”和“长征”在宁波话谐音。那时候的心里真的是五味杂陈，是有一种去长征的感觉。我们公司的车去中卫是早就计划好的，对照我和吴君报到的时间，我们车去中卫的那天，正好是吴君他们人民大学报到的倒数第二天，离我们天津大学报到还有几天，我可以到北京姑姑家去看看她们。说实话，这么安排，一个是我们路上能够有个伴，另外一个也是可以省点钱，我们去大学读书的车票是没地方报销的。驾驶员姓邵，他是我们公司技术最好的驾驶员，包括修车。结果那天车还真有了点小毛病，邵师傅修了一下，就这一下，后面就有了惊险的镜头。

那时候中卫还没有桥，过往的车辆都需要轮渡。我们的车快到中卫的黄河渡口了，远远望去，渡船刚刚离开码头往对面驶去，去北京的火车却已经在对岸的火车站静静地停着，心里那个着急呀，我们耽搁了一趟轮渡！要知道去北京，一天就这一趟火车啊！如果赶不上这趟火车，吴工圣就赶不上人大的报到了！好不容易等到了渡船回来，我们上了船，到了对岸，那真的是心急如焚啊！我们下了船，我奔向了售票处买火车票。我买到了火车票，吴工圣和邵师傅将四件行李拿到入口处，我也奔到了入口处，但入口处的铁门已经关了。我们从铁门上面翻了过去，邵师傅将行李扔给我们，其实火车要启动的汽笛已经响了，对着入口处大门的列车员还没有上车。我们喘着大气，拿着行李奔到火车上。我们一上车，列车员也上车关门，火车立刻开动了。后来想想其实列车员是一直在等着我们呢。一想到这么巧的事情，只有小说里面才有，真让我们遇到了。真应该感谢那位列车员大姐。

到了北京，吴工圣去人大报到了。我姑父骑着自行车来接我，晚上比较迟的时候，北京的公交车有些也停了，姑父来接我需要骑四十多里路。在北京住了几天，就赶去天津大学报到了。

到了天津大学，天下着小雨，有同学用平板车帮我们拉行李。我将自己的行李放好后也帮着运了几趟。后来知道我和其他32位同学一起，组成了78级结构甲班。我们班上的同学，有6个年纪大的，有6个年纪小的。年纪大的是老任，天津本地人，原来在黑龙江兵团被指定为班长，有相当的组织能力和凝聚力。老陈，河南人，脸上堆满了笑容，他写得一手好字，会打桥牌，下围棋，还能吹一口好听的口哨，经常会从嘴里滑出一点国骂，但奇怪的是他那国骂，听起来并不粗鲁。老李，学习有他的特别的钻劲儿，他曾经问教材料力学的苏老师一个题目，苏先生是大师，那天居然没有能够当场解答这个问题，而是和他说，这个题目不简单，要到下个星期给他答案，那个答案写了两页纸。老丁除了他的愤青脾气和抽烟以外，差不多都是优点，值得我们学习。老徐，一个够稳重的人，处处显示出胸有成竹。我自己，因为那条线的原因，总感到自己像带有“瘟疫”，和他人保持一点距离为好，以免给他们带来麻烦。我曾经写过一副对联自戒：“前有车后有辙应知如何行车，上有老下有小该懂怎样做人”，横批“人到中年”。毕业的时候我还拿这副对联，和班长共勉。6个年龄小的，3个15岁，3个16岁，都是应届高中毕业生。年龄小的都比较傲，但他们确实也有傲的资本。其他同学都在二十岁左右，个个出类拔萃。我说，我们和他们作同学，其实是历史的误会。但我们一起做同学也有好处，我们年轻了，他们老练了。我们这个老、中、青同学的班级，估计也是历史的绝唱了。

在几天的报到、安排寝室等琐事完了后，紧接着要上课了。在我的记忆中，在正式上课的前一天，班长召开了一个短会，特意讲了开始上课的程序，由班长喊口令“起立”，然后大家向老师行注目礼。在我的印象中，班长是这么说的，“咱们向老师行注目礼，不说老师好了，那是中学生的玩意儿。”反正大家都赞成。要我现在的理解，这注目礼确实合适，但也体现出了班长的兵团情结。我们的班长是天津本地人，下乡到东北的建设兵团。他可是个大难不死的人，和他一块儿下乡的上海战友，拿了一支步枪，远远地向在走路的他瞄准，一扣扳机，枪里还真有子弹,一下子将他撂到地上了。子弹从左肩下的手臂处穿入,从后背穿出。好在射手没有打提前量,如果来点提前量,班长应该是起不来了。

记得到校第二天上课,随着上课铃声的响起,老师准时站在了讲台上。这节课是建筑材料课,上课的是位女老师。班长一声“起立”,全班同学齐刷刷地站起,向老师行注目礼。我看到韩老师的脸“腾”地一下红了。来不及说话,韩老师伸出右手往下一按,示意大家坐下。班长随着韩老师的手势喊了“坐下”,大家坐下了。韩老师转过身准备在黑板上写字,又转回来说:“没想到!但也应该!”言简意赅啊!韩老师的这么一句话,将沉重的一页历史,轻轻地翻了过去。从1966年到1978年,很长的一段时间里,老师都成了批斗的对象,已经没有人向老师行礼了。现在,很多被颠倒了的事情,要再颠倒过来……

韩老师是位好老师,她将建筑材料这么枯燥的课,讲得颇为生动,得到大家的一致好评。我现在一想到这堂课,就有一种肃穆的,并伴有一种想哭的感觉。这迟到的大学第一课啊,就像中学里学到的法国作家阿尔封斯·都德的《最后一课》一样,让人印象深刻,永远难忘!

天津大学的老师们真的让我们难忘。那时候没有教材,是他们刻着钢板油印出来的。他们学识渊博,上课认真,对学生要求很严。

韩老师的材料课,说到混凝土的初凝和终凝时爽朗的声音;陆老师清澈的目光,像一个心中坦荡的大姐姐一样,给人深刻印象;袁老师徒手画的圆,那功夫不是一天两天能有的;苏老师分两次给讲的薄壁扭转,那是给我们开的小灶,构想奇特;制图老师讲,有些工程问题,制图肯定能够给他解决的那种自信;任老师讲的钢结构,他举一个实例,在一个图上画了一条线,说就这样给他简化了,那个潇洒轻松;张老师讲的抗震课,他说到构造问题一定要注意,那是实际经验的教训,特别的语重心长;结构力学的肖老师在结构力学结课的考试中出的那个考题,是真的灵活,看着那个考题,就像那个考题冲着你说,怎么样,不会做了吧,傻眼了吧,给你点颜色看看,让你知道一点厉害……

到了天津大学才知道我们推迟入学的原因。文化大革命将大学破坏得太厉害了。我们开始的时候住在31楼,后来曾经有一段时间住过到其他楼。班长下死命令,所有的男生在晚上10点钟以前不能用自来水,让楼上的女同学先用。靠着这种同甘共苦、同舟共济的精神,我们渡过了很多难关。

同学们学习都很勤奋,小同学的加速度大,最后他们肯定超过老同学。但老同学也不甘落后,老丁、老李成绩都棒棒的。我们去天津炼钢厂参观,刚进去最醒目的就是工会贴的伤残工人抚恤补贴公告,空气中弥漫着铁屑的闪闪亮光,我们知道钢厂屋面的荷载为什么那么大了,地上的积灰差不多一寸厚,那时候已是初夏,女同学穿着裙子、凉鞋,在那个环境中,个个弄得花容失色。天津大学实事求是的校训,对天大的学子来说,受益匪浅。我们班出了8个博士,6个硕士,是一个先进集体。

1982年大学毕业了,我虽然再没有回到宁夏,但那时候执行大中城市从严从紧的政策,也回不到杭州市。我被分配到了余杭县(现余杭区)设计室。这是个以杨乃武与小白菜的故事闻名全国的县,新成立的设计室真的是一个袖珍单位,连我7个人:1个老三届的高中生,负责晒图和档案,2个建工学校的中专毕业生,4个大学毕业生,一个清华的,一个同济的,一个浙大的,我是天大的,八大院校有一半江山了。我们主要负责本县的设计项目。虽然项目不大,但也不敢忘掉天津大学实事求是的精神。余杭县很大,有平原有山有江河湖泊,地质情况复杂,工作上更是不敢松懈。当管理慢慢地走上正轨,各个设计单位要申报资质的时候,我们实事求是申报了丙级,但结果给我们批下了一个丁级。我去设计管理处交涉,有一点叫板的意思了,我说你们将批好的丙级单位,任意选一个,我们和他比,如果比不过,我们就认了,如果比得过,你们应该给我们升级。管理部门说的也挺实在,他说你们一个新的设计单位,我们当然要从丁级给你们开始。但你们说了,我们就派人到你们那边去看一看,再研究。他们来看了我们的项目主要检查了我的计算书。

看到那些写得清清楚楚、整整齐齐的计算书，他们说，给你们评丁级确实亏了。后来给我们暂定丙级，一年后正式转为丙级。现在我们已升为甲级了，但这么多年的升级，真的很累，比直接分到一个甲级院工作累多了，有的时候就感觉自己像一个逆水行舟的纤夫，好在后来很多工作是年轻人接力做的。

从媒体的报道来看，马云最早住的地方，应该是我们设计的一个项目。那时候他还是个普通人，也只能住在这样不起眼的普通小区里。回想这几十年来，作为天大的学子，很是惭愧，也没有做出什么惊世骇俗的项目，但是也没有给天大丢脸。2017 年 G20 在杭州召开，有一个很难做的工作就是"拆违"。我们设计院派了 20 个设计人员参加专家小组，协助拆违工作。快到最后的时候，一位村民指着我说，那声音还不小，"这是真正的专家！"其实村民并不是很懂专业，但他看到的是我们处理问题实事求是的态度。可他不一定知道，此乃天大的校训！

（作者蒋廷梁，华阳施工图审查有限公司顾问）

恢复高考制度圆了我的大学梦

·李宝柱·

我是土生土长的农家子弟，生在新中国成立前，长在红旗下，从小就接受着传统的东方教育。好好学习天天向上，从上小学开始就把上大学视为高不可攀的最高境界，把当工程师、当医生作为人生的最高目标。儿时我虽然不知道工程师是干什么的，但是知道工程师一定比教师厉害，因为大学生才能当工程师。我的启蒙老师是一位过去教私塾的老先生，他没有上过大学。我们村生源少，一到四年级总共三十多人组成复式班，在一间原村公所改造成的大教室里上课，语文、算术、珠算，都由他一个人教。小学升初中正逢我国三年困难时期，同年级的小伙伴纷纷辍学。我的父母支持我继续学习，对我将来上大学，找到好工作，改变家境寄予厚望。为了不辜负父母的殷切希望，我坚持着，克服重重困难不懈地努力着。

一、梦想破灭

我上初中一年级是从黄庄中学开始，只上了一个学期课，遇到国家院校调整，黄庄中学停办。1962 年春天，我被分配到武清杨村的一所十年制实验学校(现杨村二中)学习。该校是国家进行学制改革的试点校,即用十年时间完成从小学到高中毕业的全部课程,小学五年,中学五年其中高中两年毕业。尽管国家经济遇到困难,政府还是投入了大量的人力、物力,选择优秀的师资继续进行学制改革试验。学制改革实验成功与否,学校是否还能继续办,学生高考录取率是一项重要的考核指标。为培养高质量的学生,提高大学升学率,完成国家规定的各项指标,学校采取各种措施,为高中毕业班的学生保驾护航。经过全体师生的共同努力,毕业班(共两个班)的学习成绩稳步提升,摸底考试成绩与杨村一中不相上下。按照历年高考升学率的指标衡量,我们班的升学率不会低于30%。政审、报名、填志愿等高考前的所有准备工作都已完成,万事俱备,只欠东风了。然而,1966 年 5 月中共中央发布了“五·一六通知”,由此开始的“文化大革命”中断了我的大学梦。学业已尽,人心浮动,学生们又是串联又是造反,前后折腾了两年,虽然上面要求“复课闹革命”,但是高考无望,回乡务农成为我唯一的出路。

二、追逐梦想

1968 年 7 月县教育局的一纸通知把我们这些毕业生打发回了家,从此我们这些农民的子弟,走上了日出而作日落而息的农耕之路。1968 年 12 月毛泽东提出“知识青年到农村去,接受贫下中农的再教育,很有必要”,随即全国开始了“上山下乡运动”。1969 年 4 月一批天津市知识青年插队到我村,给死气沉沉、偏僻、寂静的小村庄带来生气。久而久之,通过劳动的锻炼、风雨的洗礼,这些五谷不分的城里娃,在这广阔的天地里逐渐被改造。其中有一个姑娘与众不同,她贤淑、俏丽、落落大方,成为我心仪的女孩。在她的眼里我是村里唯一的高中毕业生,有文化,通人情,不同于其他人。况且国家要求知识青年扎根农村闹革命,与贫下中农同吃、同住、同劳动。长此以往回城的希望越来越渺茫,她也想找个依靠,有个精神寄托。于是,我们恋爱、结婚了,有了孩子,开始了面朝黄土背朝天，老婆孩子热炕头的农家生活。

1977年11月下旬，我正参加公社组织的津浦铁路北侧排水河小营段的清淤工程。天下着小雨，为赶工期公社书记下了死命令，别说下雨，就是下刀子也不让停工。为了上冻前完成清淤工程，数百名民工吃在工地，睡在民房，三班倒，连轴转，挑灯夜战，突击清淤工程。11月22日中午我媳妇冒雨步行十多里路到清淤工程现场给我送信。她告诉我说，国家恢复高考了，姥爷说了行与不行也要试一试，这是你改变命运的唯一机会。距离考试只有半个多月的时间了，一点儿思想准备也没有，这期间又得照相、报名，来得及吗？犹豫间，生产队长给了我有力支持，为赶时间队长派人开拖拉机送我去杨村照相、报名。回乡十年没摸过书本，我所有的高中教材、参考书籍早就作为废品进了造纸厂。我只得找杨村的老同学借了几本书，突击复习了一下，仓促上阵，开始了我人生的追梦征途。1977年12月10日，我怀揣媳妇为我烙的大饼炒鸡蛋，骑自行车到10里以外的黄庄中学考场，参加了恢复高考后的第一场考试。

凭借两年高中的扎实基础，我的考试成绩远远高于理科录取分数线，获得了体检和填志愿的资格。但是幸运之星似乎跟我开了个玩笑，我没有等来录取通知书。满怀激情猛地被浇了一盆冷水，我还真是别扭了好几天。好多亲友、老乡亲都来安慰我。后来听说是因为对老三届考生分数要求比一般考生要高，这个消息倒是更加增强了我的信心，加上岳父鼓励我再接再厉，媳妇支持我再考。要走出去，改变自己的人生轨迹，进入梦寐以求的大学，成为国家有用人才的美好愿景，使我更坚定了再考一把的决心，我决定来年考场再见高低！

三、实现梦想

小试牛刀就获得如此成绩，更使我踌躇满志，志在必得。我认真地制订了复习计划，根据1977年考试的结果，合理分配各科的复习时间。媳妇为了我备考负担起全部家务，我白天下地干活挣工分，夜晚复习功课。下地干活时随身带着书本只要一休息我就看书，乡亲们都说我为上大学中魔了。1978 年 7 月 20 日我再一次踏进了决定命运的考场。

虽然考试过后，与相识的考生探讨过试卷答案，自己已经胸有成竹，但是 1977 年高考未被录取的挫折，仍然使我忐忑不安，不知还可能发生什么变故。终于有一天，我正在地里干活，村里高音喇叭传来呼声：李宝柱请注意！李宝柱请注意！听到广播马上到公社领取大学录取通知书。听到广播我高兴地跳了起来，高喊："我成功啦！"扔下锄头就往家跑，骑上自行车去领我的录取通知书。

最终我以全县最高分被南开大学录取，以化学单科 96 分进入化学系学习，从此向工程师梦想迈出了第一步。

我要向祖国深深地鞠躬，祖国啊母亲，是您恢复高考制度的英明决策圆了我的工程师梦想，给了我划时代的深造机会，让我在新的岗位上为祖国的繁荣昌盛做出更大贡献。

（作者李宝柱，天津市环保局科技处处长、高级工程师，已退休）

不惑之年的赶考路

·管淑珍·

“赶考”二字,自古就有。封建时代的考生,头悬梁锥刺股,一味用功的目的就是为了大比之年去赶考,这样的桥段在许多老戏中都出现过,因此,中国观众对此是再熟悉不过的了。科举考试废除之后,中国渐渐普及了现代大学教育。到了我们这一代,许多人都能通过高考、考研、考博改变自己的人生轨迹,圆梦于象牙塔,顺利成长为对社会有用的人。不过,我的赶考故事略微有点特殊。特殊在哪儿呢?考上天津大学硕士研究生那年,我已经整整40岁了。这个年龄,是攻读硕士研究生考试的最高极限。此前,我曾因外语考试不及格而落榜,不断补漏,紧赶慢赶,终于在国家规定的年龄范围内考上了。当我到天津大学去报到时,有位执勤的同学说:“对不起,阿姨,家长不能进。”我不好意思地说:“我是你的校友啊,小同学。”后来,我们这一届同学上大课的时候,诸如化学系、机械系等专业的80后同学都称呼我为“管姐”。能够在40岁的时候与80后同学同窗学习,对于我来说,也是一种奇特的人生经历呀。

曾有人问我,你为什么要考研呢?这看似简单的问题,我却回答不上来。

2018 年的某一天,我要上交一份表格,其中一项内容需要填写当下的年月日,不知怎的,我顺手就写上 19××,刹那间,时光仿佛穿越到了 20 世纪。我马上意识到这个失误,于是,一边笑着,一边将 9 改为 8,方法很简单,把 9 下面的小钩画圆即可,前面再挤进去 2 和 0,于是时间正确了:2018 年。

这件小事令我浮想联翩,我想到那一堆日记本。是的,我从很小的时候就有写日记的习惯,追溯起来,大约是从 1976 年开始写日记的。新的一年到来之际,我就要在日记本上郑重地写上年份。我记得,从 1982 年开始,新年第一天在日记本上写日期时,我就感觉到那种莫明其妙的紧迫感了。岁月流逝,风景变换,年复一年地换日记本,脑海里总是掠过一道“鞭”影,或许这就是古人所说的“不贵尺璧而重寸阴”的心理在作怪吧?

日记本就是人生最好的见证。从庄重地写上 19××年开始,到写下 2018 年,一路写下来,人生的大半时间就这样写过去了。

几十年的时间,仿佛闭着眼睛乘坐过山车,风声呼啸,倏忽而过,眨眼间就从起点来到了临近终点的某一节点了。回顾这几十年的经历,其中最大的转折点就是中年考研,因此,在这里要重点谈一下这件事的起始缘由。

一

中年考研与我的作家梦有关。从 13 岁写下第一篇完整意义上的小说到今天,我的作家梦是支撑我活下来的精神支柱。然而,最初我的理想偶像是陈景润和李四光,也就是说,我想要成为数学家或地质学家,为国效力。在小学阶段,老师天天教导我们,要为实现四个现代化而奋斗,要攀登科学高峰,这些话是埋藏在我心中的一粒种子。是种子就会发芽,直到现在,我对这两门课程,还是很有兴趣。

小学毕业后我考入一所区重点中学，学习重心依然是在数学和地理这两门课程上，足可证明小学老师的话已经在我心中扎下根了。初中三年，我开始对文学萌生了兴趣。那时候，听到喇叭里播放的广东音乐，诵读报刊亭里张贴的诗词歌赋，在学校图书馆里泛舟书海，感觉世界向我打开一扇窗子。忽然有一天，独自在夕阳箫鼓中漫步校园，蓦然产生了书写的冲动，这就是艺术灵感降临的最初一刻。不过，现实生活并没有想象世界那样单纯美好。初中毕业以后，出于各种原因，我来到一所技校，成为一名车工学徒，单月在某机械厂实习，双月回到学校听文化课。那时，语文、数学、政治等文化课已经被压缩了，一共学了半个学期就被正式停止了。其余时间都在学习车工工艺学、机械制图等课程。

1985年，我分配到东郊区（现东丽区）的某机械厂，成为一名二级车工。18岁的我，经常听到人们说，安心做车工吧，卖嘛吆喝嘛，文学梦不是属于你这样的女孩子的。现在想想，当时的我，居住条件很差，学历很低，车工工作也很繁重，这些确实都成为实现作家梦的阻力。对于我来说，文学艺术类似于第三产业，它本身并不能直接创造物质财富，因此，当生存成为人生的主题时，文学想象显得过于奢侈了。

当时，车间有一条规定，停工待料或休息时间只允许看报，不允许看书。我的一位小伙伴在车间里举着数学书做题，被车间主任发现，二人发生语言上的龃龉，甚至大打出手。为此，我看书时把书撕成一页页的纸，夹在报纸里。当然，我也很喜欢读报纸，除了副刊的诗文小说之外，我总是在报缝上寻找招生广告，希望找到一个继续求学的机会。

没过多久，小伙伴们就纷纷报名参加职业大学入学考试。我也报了名，而且顺利考上南开职业大学。其实我所说的“顺利”也是相对的。初中毕业之后，我就没怎么学文化课，为了参加这次考试，我要四处借书，借高中课本，为此，吃过闭门羹。好容易把书借到了，又买了几本复习资料，就开始复习。天黑之后，家中为了省电，只点小灯。为了复习功课，我常常在胡同的灯下看书。语文和政治还好复习，背诵一下知识要点就可以了，数学题的演算过程，不是完全凭借自学就可以学会的，有时候，就要到处向人请教。不论怎样，最后总算顺利地通过了考试。

令人纠结的是，厂领导要求我报机械系。现在想想，我也过于固执了，如果学了机械专业，先安顿好工作和生活，再从事文学创作，不是更加名正言顺，顺理成章吗？世界上并没有后悔药，如果有，每个人的人生道路就会更加顺畅了。

令人遗憾的是，这次求学经历是失败的，最终我没能在南开职业大学坚持到毕业，中途退学了。

在此之后，我经历了一段难以言说的彷徨阶段，经历了结婚、生子、下岗等人生大事。当我把许多行业都试了一遍，发现自己无法凭借这些行业来养家糊口的时候，我感觉特别茫然。正当我在街头茫然不知所措的时候，看到一家中介公司正在举办求职大会。交了报名费，我就进去了，有位工作人员说："如果哪位能够打字，而且打字快，快到每分钟打100字，马上就有工作，立刻上岗。"我听了，马上跑到一家计算机培训部，交了学费。在培训部练习打字时我才发现，每分钟打100字是一个充满挑战的目标。每天练习，从不间断。有一天，培训部负责人说："小管，你休息一下吧，电脑需要散热。"听了这话，我马上就画了一张101键盘，在纸张上练习，在打烂了一张又一张键盘图纸之后，终于能够实现每分钟打100字的目标了。可是当我来到那家中介公司时，人家说，对不起，打字员的职位已经属于别人了。

经历了许多次应聘失败之后，我发现，学历已经成为我求职工作的绊脚石。然而，现实生活是严峻的，面对孩子小、家务重、收入低等困难，我的生活重心渐渐从读书学习转移到了生存发展。一直到1999年，我才开始参加高等教育自学考试，所考专业是汉语言文学专业。距离我上次在南开职业大学读汉语言文学专业，时间已经过去了十几年。反思人生，我本身也有一些优柔寡断、瞻前顾后的毛病，因此，大好青春都耗费在无谓的等待之中了。

在参加高等教育自学考试的过程中，我并不能参加课程辅导，因为我每天都要在职业中专中讲课，那时，我已经是某校的兼职语文老师了。幸运的是，搬家后我发现，我的一位邻居是天津师范大学中文系的教授，他就是已故的张连科教授。或许就是那一阵子吧，我萌生了参加研究生入学考试的想法，当我把我的文学理想和考研计划对张老师和盘托出之后，他说："先把高等教育自学考试完成了再说吧。"

十年间，我与张连科教授一直是邻居，因此，我们曾经合作完成《诸葛亮集校注》一书。《诸葛亮集校注》属于国家古籍整理出版"十一五"重点规划项目，2008 年 1 月由天津古籍出版社出版。天津师范大学教授吴云先生认为，《诸葛亮集校注》资料翔实，注释认真，反映出校注者较好的古文功底。

说来也是功夫不负有心人，我最终顺利通过了高等教育自学考试。我一个初中毕业的下岗工人，面对高等教育自学考试这项浩大的工程，真是使出了洪荒之力啊。高等教育自学考试的课程安排是很合理的，专科有十几门课程，本科也有十几本课程，全部考下来，与在校生获得学士学位所需要时间差不多。

事后回想那个备考的过程，仿佛是一个轻松快乐的过程。其实，当时的我很焦虑，每考过一门，都把这门课的合格证郑重地锁进专用抽屉。我仿佛在积攒一颗颗明珠，当所有明珠都凑齐的时候，我就能将它们连成一串漂亮的项链了。说实话，高等教育自学考试的过程是十分艰苦的，不过我在备考过程中对相关课程进行了细心的研究，对重点篇目进行了反复细读，收获还是很大的。这一阶段的学习，对于我的语文教学活动、文学创作活动以及后来攻读硕士研究生考试，都起到了很大的作用。

在参加汉语言文学高自考阶段，我系统学习了古代汉语、古代文论、古代文献学、中国文学史等课程，大部分课程都是一次考试就通过的，只有日语考了两次才合格。日语是一门最重要的课程，或许正是因为太重要了，老天才让我多下一点功夫吧。

其实我是从小学开始学日语的，不过小学阶段只学了五十音图就升入初中了，初中三年，仍然学日语。当上车工之后，我一直在自学日语，为进一步升学做准备。在嘈杂的车间里，穿着布满油渍的工作服的我，常常站在工具箱前背诵日语单词，有时候，我会把激励自己努力学习的口号写在笔记本上，比如每天必须背诵30个单词！

在高等教育自学考试的几十门课程中，日语是我最后考的一门课。考完的时候我心里并没有把握，当时还想：考不及格也罢，大不了再考一次。话虽如此，只要想到自学日语的艰难过程及半生的坎坷，泪水就会涌上来。看成绩的那天，我在家里思前想后，情绪波动很大，甚至把及格和不及格的两种后果，都想了好几遍。然后，我才来到发证机关。当工作人员叫到我的名字时，我不敢抬头，只是垂着眼帘看工作人员的两只手。工作人员手中的纸片儿终于亮出来了，有一种第六感，我感觉我及格了。天啊，我真的及格了。一向内敛的我大叫着从人群中挤出来："我外语及格了，下一步该办什么手续了？"另一位工作人员告诉我："下一步，就是拿毕业证了。"是啊，太好了，我终于过了外语这一关了。工作人员半开玩笑地说："快去办手续吧，别耽误了。这是大学毕业，知道吗，即使是自学考试，这也是大学毕业。"是啊。我终于获得本科学历了，而且我将获得学士学位。我毕业的这一年，是2003年，正好赶上国家颁布新的规定：凡是参加高等教育自学考试的考生，如果外语考试达到某个分数线的话，可以得到学士学位。这个消息真是太好了，对于一个拥有学士学位的自学者来说，获得硕士学位就会更加顺利。

在考完所有课程之后，进入到撰写论文阶段。我想了许多。许多年以来，我都要实现我的作家梦，而眼下，考研又是我的当务之急，怎样才能将这两件事有机地结合在一起呢？思之再三，我将毕业论文的题目锁定在《文心雕龙》上。撰写论文之前，我阅读了许多与中国古代文学批评史相关的书籍，这样做的目标是为了"一鱼三吃"，既可以使《关于〈文心雕龙〉创作构思理论》的论据更加充分；也可为考研复习进行准备，因为我将要报考的专业是中国古代文学，其间大量内容都与《文心雕龙》相关；同时，还可以促进今后的文学创作活动，我认为，作为一个作家，是应该研究一下创作构思理论的。

经过与辅导老师张连科教授的分析研究，最后我将本科毕业论文的题目敲定为《关于〈文心雕龙〉创作构思理论》。

撰写《关于〈文心雕龙〉创作构思理论》这篇论文时我没有电脑。以前，为了从事打字员的工作，我曾经借钱买过一台 386 电脑，不过，那台旧电脑终因软硬件都已过时而被淘汰。失去了 386 电脑，我一直没有能力再购买一台新电脑，因此，一万字的论文都是手写稿，写完后，我再将手稿拿到复印部去打印。论文通过之后，我轻松地叹了一口气，这篇论文前后写了七八遍，都是在张连科教授的耐心辅导下完成的。

二

老实说，我一直在跟时间进行赛跑。参加高考教育自学考试的时候，我已经过了而立之年，青春的小船虽然还荡漾在水面上，却大有逐渐沉没之势。上有老，下有小，生活负担也比较重，有时候，你踌躇满志地要做好某一件工作，不料，“半路上杀出个程咬金”，一下子就会被困难打倒。那几年，生活压力一直很大，要始终如一地保持“学不可以已”的精神，其实并不容易。张连科教授经常鼓励我，学习与年龄无关，科研也与年龄无关，于是我将圣人所说的“朝闻道夕死可矣”几个字写成标语贴在家中墙壁上，作为对自己的激励。

不幸的是，我父亲的身体忽然亮起了红灯。最初是心脏病，后来转为脑栓塞，每年都要在医院住上了一阵子，家中的生活失去了原有的平静。

在克服重重困难的前提下，我采取了见缝插针的学习方法。哪怕在公共汽车上，我也要记住几个单词或看一段文艺理论。

人到中年，我的身体也大不如前了。本来我从小就有偏头痛的毛病，年轻时照过CT就已经诊断为椎管狭窄，这么多年，又时常被顽固的神经衰弱所折磨，因此，常因头痛而无法集中精神，这就给学习带来很大的困扰。不过，在那种时不我待的紧迫感的促进下，本着“知其不可而为之”的精神，我还是坚持把各门功课的复习坚持下来了。

那几年，不是在医院照顾生病的父亲，就是面对日常生活中的各种困难，即使这样，我要考上硕士研究生的决心也没有动摇。然而，考试却一再失败，大多是在日语上出了问题。于是有人劝我，都这么大岁数了，何必跟年轻人抢那个招生名额呢？我想，假如我最终也考不上研究生，以前的努力真的会付之东流吗？应该不会。对于我这样的中年妇女来说，读书并不能改变命运，却可以改变气质，经过这些年的自学，难道我不是在自我完善的道路上又向前跨越了一步吗？即使是为了这个原因，我也应该进行一番自我肯定啊。

当然，不断地面对人们的质疑，我也会有过片刻的动摇，毕竟我也是一个平凡的女人。特别是当家庭生活面临诸多困难的时候，我就会想，像我们这样的双下岗家庭，上有老，下有小，仅是生存这件事已经将人压得喘不过气来了，何必还以读书这件事来折磨自己呢？每当我动摇的时候，我的脑海里都会浮现蒲松龄撰写的自勉联：

有志者，事竟成，破釜沉舟，百二秦关终属楚；
苦心人，天不负，卧薪尝胆，三千越甲可吞吴。

是啊，当我们立志做一件事时，固然希望这件事能够大功告成，然而，天时地利人和，诸多条件都具有某种局限性，面对困难，难道我们就可以轻言放弃吗？司马迁在《史记·刺客列传》中说：“此其义或成或不成，然其立意较然，不欺其志，名垂后世，岂妄也哉！”这段话对我的人格塑造起到过很大的作用。

拥有强大的精神动力只是一方面，另一方面，应试教育中的关键就是考试技巧要过硬。我是一个中年人，无法与同场考试的妙龄同学相提并论，不过，我的理解力和分析能力相对强一些，因此，在专业课考试上我发挥了自己的特长，尽量展开想象，然后就奋笔疾书，有时候，把十来张试卷都写得满满的，因此，每次专业考试我都能考到很高的分数。有一次，我的中国古代文学史的分数居然高达141分(满分是150分)。即使是政治课，我也能够通过自己的分析和研究来答题，因此，每次考试都能冲过分数线。

我的短板是日语，而日语是小语种，相关的复习材料又少得可怜。正当我一筹莫展的时候，一位在自由市场摆地摊的老大姐帮助了我。这位老大姐出售的是皮带，因此大家都称呼她为“皮带”。自由市场就是这样，大家都记不清彼此的姓名，因此，都以各自的商品命名。“皮带”大姐的儿子正在读博士，所学专业正是日本文化研究。不久之后，“皮带”大姐的儿子为我拷贝了一套磁盘，其中的内容是关于语法讲解的。通过这套磁盘的讲解，我对日语语法的理解和掌握有了长足的进步。后来，“皮带”大姐随着儿子去了南京，她在电话里对我说：“我真佩服你的毅力。”我说：“大姐，您是伟大的母亲，也是可敬的师友，您一直做着修桥补路、助人为乐的好事啊！”

备考阶段的生活非常辛苦，不过我一直相信“忧劳可以兴国，逸豫可以亡身”的至理名言，当别人在享受生活的时候，我却在努力学习。每天，我都要一路奔波地忙着讲课，讲课之余，哪怕第三节课后的五分钟休息时间都用来背单词。早上，我醒得早，为了省电，也为了不吵醒家人，我就在被子里默默地想单词或者插上耳机做日语听力练习。

2007年1月，屡败屡战的我又要走向攻读硕士研究生考试的考场了。幸好那些天身体很好，平时爱犯的小毛病都没犯，偏头痛也好多了，更主要的是，各门功课的准备工作都做得很好。

1月的天气依旧很冷，然而对于赶考的人来说，气温什么的全都不在话下了。考场距离我居住的地方较远，天不亮我就起身出发了，天上还挂着一轮孤寒的月牙,群星黯淡,行人稀少,我拎着沉甸甸的皮包,向车站走去。为了顺利完成一整天的考试,我的大皮包里装满各科考试的参考书,还有水杯、几袋咖啡、几个煮鸡蛋、几块蛋糕。公共汽车来了,人很少,正好可以养养神。路人甲或路人乙或许并不知道我这个中年妇女的前方目标是一座考场,大家都是过日子人,必须在现实生活中消磨掉全部或部分想象力,而我,一路向前奔跑,从不敢减低速度。不知怎的,我忽然想起“青云有路终须到,金榜无名誓不归”的话,不由得淡淡一笑,那一时刻我更欣赏元代白朴“笑将红袖遮银烛,不放才郎夜读书……止不过迭应举,及第待何如?”的洒脱和淡定。

有激情的人常如飞蛾扑火,烈焰尽可以烧毁飞蛾的身体,飞蛾的灵魂却得到永恒的绚丽。至于功名,我看得很淡。我竭尽全力奋斗是为了什么呢?也许就像《蒹葭》中所说:“溯洄从之,道阻且长。溯游从之,宛在水中央。”我所追求的那个目标永远是可望而不可即的,它永远在鼓励我不停地奋斗。有人以年衰力弱为借口劝我停下进取的脚步,对此,我只是一笑置之。匹夫之志不可夺,没有人能够以他的意志阻止我的行动。年龄更不是阻碍,我一直认为,在不违背客观规律的情况下,人定胜天。

第一场考试之前,我已经处于清醒而迷狂的状态。考前上厕所,成为我稳定情绪的一种手段。快打开试卷了,我再次要求上厕所。虽然我不想这样“扰乱”考场秩序,平时的我也很矜持,但是在考试之前,我变得有些怪异。监考老师同情我也理解我,他们派了一名女老师跟着我来到厕所。回到教室时,已经开始发试卷了,我不敢怠慢,抓紧时间打开试卷。试卷放在一个比普通信封大一倍的牛皮纸袋子里,我用小刀打开袋子,取出试卷,马上就物我两忘、天人合一了。

答题很顺利,因为我渐渐适应了考试,答题节奏也掌握得特别好,先做容易的题目,后做难题,最后再核对几遍,正好到交卷时间。

中午,我没有留在休息室,那里人多,而我大脑缺氧,必须找一个清静地方休息和复习。于是我来到湖边,在大学活动中心后面的亲水平台上停下脚步。

那纷飞的芦花,那似乎永远处于迷蒙状态的一个正午,那飘浮着的淡粉色阳光的砂粒,组合成一幅意境悠远的水彩画。那驻足在湖畔的人,是我——身着一袭长裙,裙裾和长发一起在风中飘飞的我,仰望着生命的峰巅,发出低低的吟哦。

记住我吧,即使是折戟沉沙,我也永远不能再进入那个沉寂的考场了。40岁的考生向着那个考场最后一次回眸,我相信,没人能够懂得我彼时彼刻的心情。是的,没人能够真正懂得,除非她或他也亲历一回那样的疯狂与挣扎。愿赌服输和“不知老之将至”的况味是以多年的时光为代价来品味的,许多年了,生命以它永不可更改的钢铁一般的规律奔赴衰弱,在我这具40岁的肉身中,唯一没有弱化的只有意志。“知其不可为而为之”,意志以它寒光四射的兵刃抗击着因衰老而产生的一丝丝倦怠,抗击着流言与嘲讽,捍卫着生命的尊严,守护着生与死之间大道的光芒。

我踱来踱去,神谴似的芦花幻化出彼岸的庄严境界,我的步子渐渐不那么重浊。是的,我一次次体会着佛家所谓的涅槃的境界,我暗自庆幸:40年,生命经历了无数的死,无数次的重生,百感交集,回味无穷。

重要的并不是考试本身,在漫长的苦读中,考试已隐隐地躲藏在文字的后面并悄然退场了,重要的是一场较量,与一种无名无形却以极大的束缚力左右一个弱女子的命运的东西较量。

这些是我在考研结束之后所写,写罢还去中场休息的湖畔看了看那里的芦苇,并且在那里照了一些照片,毕业时又到那里照了一些照片。那个地方,其实很平常,只是由于这个地方见证了我不平常人生状态的某些镜头,于是便显出一些别样的风格了。中午的休息时间其实很长,除了吃饭喝水,至少还有两个小时进行复习。略一休息,我就开始吃蛋糕,喝咖啡,虽然我并不饿也并不渴,但是如果不补充一下,下午或许就会丧失思考力。我一口口吞着蛋糕,鸡蛋也是整个往下咽,吃得特别悲壮。一边吃我还一边跟自己说:“临阵磨枪,不快也光。我这把老枪,应该是又快又光吧?不过,临上阵时也要磨一磨。”

两天的四场考试终于结束了,年轻的大学生都纷纷喊累,其中一位同学问我:“阿姨,您累么?”我笑而不语。走出考场,走到街上,重新面对世俗生活,我的大脑竟然一时反应不过来。我只不过是街上一名普通行人,天快黑了,我要回家。

考试过去几个月, 我的身体和脑力渐渐恢复, 却没有听到任何消息。以往考试之后,考生们都急于打听分数,万一考得不好,就会考虑是否调剂到别的专业。我是抱定一个宗旨的,我只考文学专业。分数线是多少?不知道。我考了多少分?也不知道。终于忍不住给天津大学相关负责部门打了一个电话。电话听筒那边传来一位女老师的细弱声音:“那么你叫什么名字呢?”我就自报家门,她惊叫了一声,说:“噢,你是管淑珍,你考了最高分,411 分,接下来,你还要参加复试和面试的环节。”

复试的试卷都是文学史上的问题,我充分发挥了个人的特长,把自己真实的想法都写在试卷上。面试有两场,一场是日语面试,一场就是导师面试。日语面试前我是比较紧张的,因为我们的外语教育往往是哑巴外语,何况我还是自学出身,更害怕与人用外语交谈了。走进考场,面前坐着一排考官,辅导老师告诉我,其中还有一名日本教师。一进门,我就用日语向各位考官问好,然后立定,等待对方提问。考官们都面色和蔼,所问的内容也不是十分艰深的,因此,凭借我自己的理解,我也可以用半生不熟的日语跟他们进行对话。终于我听到其中一位考官说,就到这里吧。我想:天知道这场日语面试会得多少分呢,今后我一定要好好学习外语。

下一场面试是导师面试,我的导师就是著名作家冯骥才先生。冯骥才文学艺术研究院坐落于天津大学北门附近, 是一座后现代色彩浓郁的建筑,外墙是深灰色的,墙体上挖着巨大的空洞,我当时想,天津大学的科研硕果就是用来填补墙壁上这些空洞的啊。不知为什么,我会有这种过于稚气也过于缥缈的想法。

走进学院，首先映入我眼帘的就是冯先生撰写的对联：挚爱真善美,关切天地人。辅导老师迎接我,对我说:“从三点开始面试。”我一直在想:面试时我应该说什么呢?这时,辅导老师提醒我,三点到了。我站起来就走,到了三楼,有两扇对开的门,辅导老师打开门,说:“去吧。”当我看见冯先生高大的身影时,第一念头就是,我见到他了,见到一位著名作家,我终于见到我的导师了。我从少年时代起就读冯先生的作品,今天,我终于见到作家本人了。我在门口略微迟移了一会的时候,发现冯先生欠了欠身,我急忙抢上去,鞠了躬,他示意我坐下,我在他右边的一个沙发上坐了下来。我静静坐着,注视着他。他问我在哪里工作,是哪所学校毕业的。我谈到高等教育自学考试,冯先生没有听清,将视线投向辅导老师。辅导老师帮助我解释了这个问题。冯先生问我:“你描述一下,哪些文学作品对你有影响。”我刚开始叙述的时候,有点乱。冯先生抓住我的一句话反问我:“你喜欢故事?”我心里想,我自己的经历就是一个传奇故事。我就继续描述:“我希望能够像张爱玲那样留下一个文采飞扬的名字。”不知怎的,那天的我显得有点夸夸其谈,我还说,天津的作品与北京作品对比,天津人的幽默是一种“找乐儿”,而北京的幽默总是四平八稳的。或许是由于我说话时带出了天津方言,冯先生问我:“你是哪儿的人?”我答曰:“天津人。”冯先生说:“天津人的找乐儿是一种冷幽默,拿人家开玩笑,有时拿自己开玩笑,其实还是拿别人开玩笑。有时还抬杠。天津是个码头,码头上的人争地盘,人都比较强悍;而且天津是商埠,做买卖当然要能说会道。所以说,在文学作品中要表现出集体性格来。这种集体性格,既有全社会的共性,也有天津的个性;既有天津的人性,也有每个人的个性。”然后,冯先生问我天津作家的作品都看过哪些,还问我是否看过刘云若和戴愚庵的书,我说我没看过,冯先生问我:“你是想搞研究呢,还是搞创作?”我想了一下,说:“我的兴趣很广泛，对于抢救文化遗产这项千秋大业和京津沪三地文学研究以及文学创作都有兴趣。”说完之后，我感觉自己有点可笑，一个人怎么可能包揽这么多工作呢？能否完成这么多工作可是个大问题啊。这时，冯先生笑着问辅导老师：“考的成绩怎么样？”辅导老师说：“挺高的，四百多吧？”说着，扭头问我，我气定神闲地说：“411分。”这时，我感觉有些小得意。冯先生问：“一直以来，你都是自己看的书，没有到校上课吗？”我摇摇头，说：“我没上过课。”冯先生感慨万分地说了一句：“精神可嘉！”

谈着谈着，面试就结束了。

后来，许多人都问我：“你为什么考研呢？”这就回到本文开头那个问题了，为什么考研呢？我想，我将用我后半生的时间去回答这个问题。

三

经过这样一番长途跋涉的考试，我最大的心得体会就是，在学习中要充分运用庄子所讲的“用志不分，乃凝于神”的方法，无论生活处境怎样，只要有机会就要专心读书。通过我坚持不懈的努力，已经步入中老年阶段的我，或许可以坦然地引用欧阳修的诗句“曾是洛阳花下客，野芳虽晚不须嗟”来自我慰藉了。我之所以用“野芳”来形容自己，是因为年龄确实是一个客观存在，是一个用任何办法都无法掩饰的客观存在。

在天津大学冯骥才文学艺术研究院就学期间，师从冯骥才先生，我不仅系统学习了文学史、文学思潮、文献研究、西方文论、作家研究、口述史研究、民俗学等课程，还在学院组织的国际国内科研学术活动中拓宽了视野，奠定了较为完备的知识结构，增强了科研、创作和教学的能力。我从小就钟情于古典文学的学习，到了硕士研究生阶段，又始终不懈地致力于将中国古代文学与当代西方文学“打通”，并且试图在现当代作家创作中找寻中国古典文学的影响因子。在撰写硕士研究生毕业论文《文化坐标的构建》时，也能够从文化诗学的高度去把握中国当代文坛的各种现象。研究生毕业之后，作为自由撰稿人的我，创作了大量文学作品，相继出版了散文随笔集《隔院笙歌》《问取扁舟》、长篇小说《女刺客》、学术论著《刘云若传论》等。2017 年，我终于成为天津市作家协会文学院第八届合同制作家，圆了自己的作家梦。

最后，请让我用一首七言绝句来形容我感恩社会、报效祖国的心情吧：

青藤门下愧沉吟，
笔底明珠暗自寻。
惜取阶前盈尺地，
野芳迟至沐恩深。

（作者管淑珍，天津市作协签约作家）

工农兵学员考研

·潘　荣·

1974年夏，经群众推荐，领导批准（当时本人在哈尔滨郊区新农公社万家六队插队落户），我成为一名工农兵学员，进入天津师范学院（现天津师范大学）政史系政治思想教育专业学习。1977年夏毕业分配时，我被留在学院进修部工作。

一、从普及大寨县工作队到报名考研

从1977年10月开始，我被安排到静海县子牙公社（现静海区子牙镇）的一个大队开展"普及大寨县"工作。由于曾经在哈尔滨郊区新农公社插队落户过，因此我对当时农村的了解比没有长期在农村生活过的教师或干部多一些。我知道当地多数的干部群众是不会相信"农业学大寨"有多么大作用的。我们的工作队长与当地公社党委副书记老尚同志总是谈不拢。老尚希望我们能给他"蹲点"的大队搞活副业、发展经济出点主意，实在没有主意，就多下去干点农活，也不要瞎出主意，乱指挥。而工作队长们还幻想向邻近的山东、河北一些所谓学大寨的先进典型看齐，"大干社会主义"，白天发动群众平整土地，晚上组织农民学习毛主席著作,“大批资本主义”,根本与老尚等当地干部融合不到一起。所以我们在工作队除了干点农活,其他时间读读报刊、聊聊天。总之,大家都在等散伙,我则就在暗自准备考研。

1977 年 8 月,邓小平参加全国高校招生工作会议,并在征求刘西尧等教育部领导同志意见后,拍板决定当年就改变“文革”期间高校招生不考试的做法,采取统一考试、择优录取的方式。同时恢复招收研究生,增派出国留学及聘请外国专家来华讲学工作。

我因为英语基础太差,就没想过要出国留学,对于研究生考试,我倒是有些动心,毕竟机会难得。于是我特别留意北京、天津各大学文科招收研究生的有关消息。大约就在那年春节前,《人民日报》等报刊上就发布了中国社会科学院研究生院准备招收研究生的各个专业方向及导师人名,当时南开大学等高校动作比中国社会科学院要慢,还没有招生信息。所以我就想哪里先招生,我就报名试一试。

二、一本书为我指明方向

当时能跟我的政治思想教育专业的本科课程衔接上的专业也确实有不少,例如哲学、政治经济学、中共党史及共运史,等等。我自己也反复考虑本人的种种情况并向老教师们多次请教。了解我兴趣的老师们大都认为我最适合报考中国人民大学中共党史专业。但人民大学在“文革”期间停办,原校址被占用,恢复办学还需要相当的时间。而等到人民大学党史专业恢复招生后,不说往届的,仅“老五届”(即 1961—1965 年入校生)学员人数就不少,招生晚,竞争还激烈,因此我对是否仍然等着报考人大犹豫了。这时有一位老教师借了我一本李新、孙思白、彭明等主编的《中国新民主主义革命时期通史》(第一卷), 浏览后又从图书馆借了它的第二、三、四卷,花了一周时间通读了一遍。当时就感到这套书的内容比以往读过的党史宽泛不少,比如第一卷第一章:五四运动前夜的中国,亦即新民主主义革命历史背景,竟然有 50 页之多。其中对中国民族资本主义的发展与新文化运动的兴起都专门有一节来阐述。其他各卷关于少数民族地区问题、经济危机问题与文化论争问题也都讲得比其他党史书籍详细得多。再看这套书主编人名与《人民日报》公布的中国社科院近代史研究所导师人名一致,于是我产生了报考李新名下的“中国革命史”方向研究生的想法。我又去请教了曾教过我们中共党史的几位老师,例如陈文蔚、黄文焕等人。他们都说:你小子胆子不小,居然敢报李新这样的大专家,但既然人大党史专业短时间还招不了生,也不妨试试。

报名之后不久,便得到通知,5月上旬,就在天津当地考(初试)。考察科目五门:政治、外语(我选的俄语)、中古史、世界史及专业科目——中国近现代史。后三门课程我们在校时都没上过,而且我只请了两周假期作为复习备考时间。说实话,就是抱着不妨试试的想法,在没读《中国新民主主义革命时期通史》之前,我知道胡华是党史专家,但不知李新何许人也。考试科目内容很宽,而留给我复习的时间太短;再者我自己知道,自己喜欢理科,文科基础相对历史专业的学生要差很多。因为我考的不是党史专业,而是历史专业中的中国近代史中的中国革命史方向(当时还没有二级学科的说法)。恢复研究生考试第一次考试(初试即笔试)由各省、自治区、直辖市政府(即当时各省、自治区、直辖市革委会)的教育领导机关负责。天津市负责这一工作的领导人是胡昭衡,考场设在河西区大沽路的师范学校。我之所以能考上,主要不是水平与能力,而是时机抓得好,运气也比较好。近代史研究所出题老师可能考虑到报考学生大多都是在工厂或农村工作或劳动,没有多少时间复习,出的题都是考察最基本的知识,主要是分析问题能力和写作能力,以“中古史”为例:解释名词的比重较小,翻译古文的比重较大,而且选择翻译的内容比较容易,主要是从《史记》中选的,好像有“鸿门宴”一大段。专业考试最大的题目是:论中国农民战争的历史地位。古代史我当时读的还不多,但《毛泽东选集》有关论述我大多熟悉。另外,外语考试可以带词典,我在中学时俄语学得比较好,但是词汇量还是太少,幸亏语法基础较好,居然拿到近五十分。五门总成绩居然通过了报考近代史所研究生的初试分数线，取得了到北京中国近代史研究所参加复试的资格，这是超出预期的好兆头。

三、复试

大约6月底7月初我接到通过初试的通知后，就开始准备到北京参加复试。复试有面试和笔试两种形式，但未说明具体内容(初试时世界史、中古史及中近现代史都给了列出参考书目)。我自己揣摩，复试内容当以所报考专业方向为主线，就选我自认为最主要的9本书，反复通读，并对每一本都做了详细的读书笔记记录要点。这九本书就是《毛泽东选集》(共五卷)与李新等主编的《中国新民主主义革命时期通史》(共四卷)。现在看，当时我虽然没有压上题，但读的书并没错。其间有件事，曾经让我纠结过一阵子。那是近代史所办公室的招生负责人(后来知道是潘汝瑄先生)受中共中央《毛泽东选集》编委会办公室委托，发函征询我个人意见，问我是否有意直接调《毛泽东选集》编委会工作，如果愿意，就直接调动工作，不必参加复试。我考虑再三后认为，自己的水平与能力不能适应直接参加那么重要的工作，还是选择争取继续学习深造的机会比较合适，明确回信表示，愿意参加研究生考试复试。

现在只记得，复试是在8月份，天气很热。尽管天津到北京火车当时也就两个多小时，但我还是提前一天到了，住进离王府井与北京站之间的崇文门附近一家旅店。近代史研究所就在王府井大街北面美术馆对过的东厂胡同1号。这个地方北洋政府大总统黎元洪曾经住过，后来北京大学校长胡适也住过，因为胡适的原因，这里电话号码的后四位一直是5400。8点多我就到了，9点我们参加复试的10位考生被潘汝瑄领到一间大办公室就座后不久，他引导两位戴眼镜的老先生与几位中年学者进来了，两位老先生身材不高，却也让我们感到一种莫名的威严。经介绍得知这两位老者，黑一点并比较胖的就是《历史研究》主编黎澍先生；另一位肤色白一些，头发比黎澍更稀疏的就是我报考的中国革命史方向的导师李新先生。当时他二人均以学术带头人兼任近代史研究所副所长。我们考生依座位顺序通报姓名后,黎澍、李新先后讲话。两位讲的简明扼要:①请考生作简单的自我介绍;②先就恢复研究生制度与为什么要报考中国社科院近代史所即学习中国近现代史两个问题谈谈,然后再谈谈对当时报刊上争论不休的真理标准问题是否关注了并有无自己的看法。

我记得是考生们对前两个具体问题的答复基本一致, 可以概括为8个字:应当恢复(研究生制度),渴望(在中国近现代史方面)深造。但是在真理标准问题上大家的发言就不大一致了,虽然因为是在面试,没有激烈的争论,但有分歧。12点半,面试结束。最后,李新给我们留了一个题目"关于真理标准讨论之我见",要求各写一篇论文,三天后交卷。

李新留给我们的题目,当时对我来说还真是正中下怀。我对真理标准问题的意见早就确定了,就是完全赞成5月12日《人民日报》《解放军报》全文转载的《光明日报》特约评论员的文章《实践是检验真理的唯一标准》。当工农兵学员时,我们的哲学课的一个主要内容就是学习《矛盾论》与《实践论》。授课的孙正华老师对"两论"吃得很透,讲的通俗易懂。例如"应当在实践中不断开辟认识真理的道路""检验真理的标准只能是实践"一类的观点在我脑子里是生了根的。当然不仅我,就是孙老师等几乎所有人都完全没想到正是这个问题的讨论启动了中国在1978年夏秋开始的一场史无前例的思想解放运动,开辟了中国改革开放的道路。

用3天时间,写一篇仅3000字的关于真理标准的文章,对我来说手头的文字资料差不多够用了,因为毛选和一些马列著作单行本,特别是有关真理标准讨论的文章,如《光明日报》特约评论员文章、6月6日《人民日报》《解放军报》发表的邓小平在全军政治工作会议上的讲话、同月24日《解放军报》以特约评论员名义发表的《马克思主义的最基本的一个原则》及中国社科院哲学研究所研究员邢贲思的文章《关于真理标准问题》来北京时我都带来了。问题是怎么运用材料,要不要把自己在农村的所见所闻特别是近日参加普及大寨县工作队的经历写进去?

犹豫了很久，最后没写。既然无法把自己的亲身经历写进去，那我就只能看自己带来的文章与《实践论》，最后主要参考邓小平在全军政治工作会议的讲话的基调，主要讲要更好地贯彻“实事求是”的精神与作风就必须以实践来检验真理(包括马列经典)，而且是唯一标准。第二天接近中午我交了稿，就回天津了。

8月下旬我就接到了录取通知书：要求10月2日北京师范大学(中国社会科学院研究生院临时院址) 报到。报到后知道参加复试10人中取了5人，黎澍先生2位：张亦工、王好立；李新先生3位：侯均初、梁澄宇与我。其他5人未取。未取的原因是否与复试成绩(面试与那篇《真理标准讨论之我见》)有关，不得而知。因为原定的民国史方向(导师孙思白)、中国近代文化史方向(导师蔡美彪)未参加面试、复试，故一位也没有录取。

我今年69周岁了。总结1978年考上李新研究生后自己在学术上特别是思想上走过的路，感受最深的就是，能够亲身经历并参加真理标准问题的讨论是自己的幸运与时机，也给自己后来写文章做学术指引了方向。1979年这一年我们7位研究生(李新还为北师大代培两位：王树才、刘敬忠)几乎每周都能与黎澍、李新两位导师见上一面。在学习讨论中，我很快就接受了两位导师反复向我们概述的观点：历史科学的首要任务不是如一般所说揭示历史发展规律，而是揭示历史真相，现在要清除意识形态对历史的歪曲，反对历史学科为现实政治服务，给历史以新的歪曲。我在此引述的基本是黎澍的原话。李新是我的导师，后来我们见面的机会比与黎澍多得多，我从李新所写的文章及见面时所说的话中最明确的体会就是，在这个问题上李新与黎澍是完全一致的。我也写过一些没有多大分量的作品并发表，有没有一点点意义不应该由我自己在这里说三道四。我要表明的就是，我写作并发表他们的初心就是：尽自己的力，让更多的人知晓真实的历史。

(作者潘荣，天津师范大学历史文化学院教授，已退休)

教书育人 光耀中华

——忆1977年、1978年耀华学生的高考

·李淑敏·

一、新中国成立耀华:私改公、兼办业校

1927年庄乐峰先生创办天津公学(私立),1934年更名为"耀华学校"取"光耀中华"之意。

中华人民共和国的成立,揭开了中国教育事业发展的新篇章。党和政府高度重视教育事业,把改造旧教育、建设新教育作为教育工作的首要任务。1952年开始实施《教育部关于接办私立中等学校和小学的计划》,要求1954年内,全部完成私立学校的接办工作。天津市原来公立中学有十四所,"私改公"后,如南开中学改名为天津市第十五中学,耀华中学改名为天津市第十六中学。1952年"私改公"后天津市第十六中学第一任校长是韩烽(延安进城干部),他在任职期间,由于工作出色,出席了1959年在人民大会堂召开的"全国文教群英会",并受到表彰。

新中国成立后根据中国人民政治协商会议第一届全体会议提出的"要加强对劳动者的业余教育和在职干部教育"建议。1950年,政务院(即后来的国务院)发布指示,确定把工农教育列为国家

教育工作的重点。在全国开展了扫盲识字运动，一些地区开办职工业余学校、在职干部业余学校。

遵照市教育局统一安排，天津十六中学还兼办了一所《天津市第一干部业余中学》，当时是由十六中学一名副校长武一同志兼任一业中的校长工作。学校校舍教室共用，老师是十六中学在编人员，学员来自各行各业干部、职工，通过报名、考试，进校 固定班、排课、定时上课，每学期通过期中、期末考试，每年同样有升、降级制度。我校“一业中”教学质量同样在天津市业余中学教育中堪称一流，在20世纪五六十年代天津十六中学也为天津市的在职教育、提高广大人民群众的文化科学知识水平，做出了重大贡献 。

天津市第十六中学这个名字一直沿用到1988年，1988年复名为现在的天津市耀华中学。

我是1957年考入天津十六中学上高中的。1960年5月在校加入中国共产党，6月高中毕业留校 ，担任思政教育教学工作，1961—1965年在职学习取得中国人民大学政治理论函授班本科毕业证书。1988年评为耀华中学高级教师职称；1994年8月耀华退休 。可以说一辈子在“耀华”，亲身经历，耳闻目睹了她的办学业绩和辉煌。

二、天津市耀华中学——人才辈出的沃土

天津耀华中学建校、办学90年来，始终以“光耀中华、教书育人”为已任、以“勤朴忠诚”为准则、以优良的学风、校风为天津市、我国社会主义现代化建设、为中华民族的伟大复兴 ，培育输送着一批又一批的优秀学子、杰出的栋梁之材。

其中有钱伟长、于敏、金怡濂等15位中国科学院、中国工程院，院士；还有周南、李世淳、李国新、于振起等著名的外交家；朱传榘、华益慰、裴鸿烈、丁荫楠、王千等各个领域专家、学者数不胜数。

1958年，党的教育方针是：“教育必须要为无产阶级政治服务、必

须要与生产劳动相结合，使受教育者在德育、智育、体育几方面都得到发展，成为有社会主义觉悟、有文化的劳动者”。在这条教育方针路线指引下，天津十六中学凭借着良好的基础条件、丰富的办学经验、学识渊博、勤奋敬业、教学有方法的教师队伍创造出了一流的教育教学质量。每年高考成绩、上大学人数比率在天津市遥遥领先，年年都为知名大学、各类高等院校输送大批的德、智、体全面发展的优秀合格的毕业生。我校从 1960—1965 每年都要为军事工程大学(哈军工)输送十名左右的优秀毕业生，他们都成为我国国防现代化建设的骨干力量。

在这条教育方针指引下天津十六中的学生，不仅做到认真努力紧张而又愉快的学习各科知识，还拥有丰富多彩校园生活。共青团、少先队活动；文、体、美活动、学科社团活动、都开展得有声有色。当时我校有各种球类、体操、田径队、合唱团、舞蹈队、管弦乐队、航模组、美术组、无线电等 30 多个课外小组，每周固定时间地点活动。每学期都组织学生参加学校和市、区的体育运动会、文艺会演及课外学科竞赛活动，并获得优异成绩。在 1955 年 8 月参加全国青少年科技作品展览会上，比赛成绩优异，参赛队员蓝德康还受到了周恩来的接见并合影。1959 年，在新中国第一届全运会上，我校一些运动员代表河北省队参赛，取得两项冠军。一是，蓝德康创造的航模线操纵竞速模型比赛记录”而夺冠，并且获得了当年国家体委颁发的运动健将证书及证章；二是陈宝清的射击冠军。

对学生来说，我校当时的文体活动、社团活动、不仅培养了学生的动手能力、热爱集体的团队精神，更让他们树立了勇于担当社会责任心。我校苏丹同学，在校三年喜欢参加了航模组活动，1975 年初中毕业后上山下乡，经过自己自学努力参加了 1978 年高考，被天津理工大学无线电仪器专业录取。毕业后经过多年拼搏实践，成为“微弱信号电子测量技术领域”的权威。现在他经营着一家为我国航天事业服务的民营企业。为长征五、六、七系列新型火箭，研制生产火箭发动机测试仪器设备。

因为天津十六中学共青团少先队工作开展出色,1959 年，我校团委副书记、大队辅导员王鸿林同志,作为天津市代表出席团中央少先队工作会议,参加研究制定中国少年先锋队工作条例。此条例成为那时期开展全国少先队工作的指南。

1964 年春季,天津十六中学的男、女排球、女篮、男足、都获得了天津市中学生 17 岁以下组比赛冠军。当年暑假期间,我校这些运动队都代表天津市,参加了全国联赛并取得优异成绩。那年校领导还派我担任女篮的领队,教练是姚恩汉老师(国家级裁判)去呼和浩特市打了一个月的全国联赛。

1963 年,于汝皎、金秉贞校长参加了在北京召开的京、津七所中学会议,会议期间,当时的教育部长杨秀峰,曾带领参会人员来我校参观、指导工作,旁听了各学科的课，听了我在初二 2 班的“社会发展简史”。杨秀峰当时就我校教育、教学工作及学生的全面发展教育成果给予了很高的评价和肯定。20 世纪的五六十年代,天津第十六中学已经在全市、全省乃至全国堪称素质教育领先,培养优秀人才的沃土。

三、1977、1978 年耀华学生的高考

1977 年 10 月 12 日,国务院转发了教育部《关于 1977 年高等学校招生工作的意见》,在 1977 年年底恢复高考。停了 11 年的全国高等院校招生统一考试制度的恢复,是党的十一届三中全会后,我国进入社会主义四个现代化建设和改革开放时代,科教兴国战略的先导;是中华民族伟大复兴的前奏曲。当时全国人民都欢呼雀跃,我国由此重新迎来了尊重知识、尊重人才的春天。

我们全校师生更是兴高采烈,拍手称赞。这不仅给今后的高中毕业生继续学习上大学,敞开了大门;也给“老三届”“知青”学生,还有 20 世纪 70年代走出中学校门已经工作的初中生及各地、各部门有志青年带来了新的梦想和希望。

根据《意见》通知，1977 年 12 月两天进行全国高等院校招生统一考试。这是新中国成立以来，历史上，唯一一次冬季高考，同时也是最为仓促的一次。《通知》下达后，离考试只有一个多月。各地、各界的有志青年，知道了年底恢复统一高考消息后，很多人是通过社会上临时设立的高考报名点报名的。对于 1977 届的初中生、高中生，9、10 月份学校就开始进行摸底分配工作了。在一个多月时间里，我校就紧锣密鼓，组织 1977 年应届高中毕业生，复习、报名、参加高考。一些学生当年就很幸运的考上了大学。当年考试科目 4 科：语文、数学、政治、理化；1977 年 12 月 6 日、7 日两天，社会各界近 570 万有志青年走进了高考的考场，100 名考生中只有 5 名能被录取。徐韬 1977 届高中毕业生就是那年考上了北京医学院的，现在就职于美国高露洁棕榄公司，任资深技术总监。

恢复全国统一高考后，我校从领导到教职员工，都看到了教育战线这一大好形势，觉得我们老师们的用武之地回来了，我们天津十六中学的师、生又可以大展宏图了。1978 届学生考大学机会来了，可是时间紧、任务重、压力大。1978 年的高考时间定在 1978 年 7 月 20 日至 22 日三天进行。掐指算一算，从接到通知，到考试仅仅有 8 个月左右的时间，其中还包含了寒假、春节，可利用时间也就半年多。

对学校和老师来说，如何组织教育好在校的高中毕业生参加高考，使更多应届学生考上大学，义不容辞且意义非凡。当时老师们一方面摩拳擦掌、下定决心；另一方面也感到时间紧压力大，因为我们清楚：1978 届学生是在 1976 年初中毕业时经过 80%学生留城分配工作后余下留校上高中的，可以说是“无奈”上高中的学生，学习成绩参差不齐不说，这些学生和家长当时根本就没有上大学的想法。这届学生我跟教初、高中全过程，当时的现实情况与高考要求的距离的确很大。

当时，我与王宗仁老师继续担任这个高中年级组长，120 多个 78 届高中生，是在 1977 年 2 月开学上的高一。恢复高考消息使得老师们很高兴，可是高中学生及家长们当时对考大学、上大学并没有更多反应。因为在当时的社会背景下,现实让这些孩子根本没有上大学的理想和追求。

1978 年年初,这个年级学生就进入高二学习了,本应该年底高中毕业。高考时间是 7 月 20 日至 22 日三天进行。如何使这一百多个非常时期过来的,学习成绩参差不齐的高中学生从思想到行动上有决心、有信心,参加 1978 年的高考、考上大学,继续学习,是摆在我校领导和老师面前从没有打过的一场高考硬仗。

我们首先坚定更多学生和家长考大学、上大学的目标和信心。根据学生、家长思想情况,学校安排从 1977 年年底的寒假开始,对学生和家长就进行了深入细致的思想动员教育工作,鼓励学生,抓住机遇、抓紧时间好好学,坚定树立更多学生考大学、上大学的信念、信心和决心。同时对于学生进行个性化分析排查,对学习基础相对较好的一百来个学生及家长进行一对一思想及具体条件进行分析、谈心、家访、鼓励,坚定考大学、上大学目标和信心并为之努力学习。

在时间紧任务急的情况下,我们采取了集中优势力量的策略。根据 1978 年高考考试大纲要求 ,1978 年高考,文、理分科进行,都是考五科,文理均需考的科目是语文、数学、政治;理科加物理、化学,文科加历史、地理。于是,我们先帮助学生初步确立文科、理科的大方向,然后重新调整班级,由原来的 4 个班,调整为 1 个理科班 40 多人、1 个文科班 40 来人、还有 1 个基础班 30 多人。随后,学校重新调配了有关学科的一些骨干教师,来加强这个高考年级的教学力量。“师生共同努力奋战半年,让更多同学考上大学”就成为我们 1978 届师生当时的共同奋斗目标。在半年的时间里,我们师生共同进行了“恶补式”的基础知识教学和对口高考需要的重点知识教学,每天加班加点。抓紧时间备课、上课、学习、练习和作业、辅导。每天排 6—7 节课,加早、晚自习练习、答疑、辅导学生。这样经过半年多教学时间,师生齐心努力,使当年百十来个学生报名、并顺利参加了 1978 年 7 月 20 至 22 日的高考。

经过师生齐心努力，十六中学在1978年的高考中取得了优异成绩。根据天津市教育局当年对各中学高考成绩、录取人数统计，那年我校考上各级各类大学的比率和人数在全市遥遥领先，得到市、区表彰；并获得市、区各以一台黑白大电视及教具的奖励。当时无论是对学生、老师还是对学校，都是很大鼓励和鞭策。

下面这张照片是1978届参加高考，被高校首批录取的男同学拿到录取通知书后与校长老师们的合影(本人后排右一)。男生21位、女生20多位，再加上二批录取的最后共有六七十个学生被全国各地高等院校录取。

1978届高考首批录取的男同学与部分教师合影

记得有一个名叫赵晖的男同学，初中时因为参加我校航模组活动，高考第一志愿报的是北京航空学院。因为高考中的成绩在全市名列前茅，被中国科学技术大学优先调档，据说入学半年后被公派日本东京工业大学读本科和硕士、博士。毕业后，在日本和美国工作了8年后回国，现在住房和城乡建设部任总经济师。

还有一个女同学叫何悦，考入中国人民大学法律系，毕业后为天津大学法学院教授，后来成为一级律师、全国政协委员。还有考入中国人民大学经济系的闫贵花，考入北京大学图书馆专业的李达仁，考入上海外国语学院的葛艳；现任中国人民解放军第四六四医院心内科主任医师王野虹,当年考入的是天津医学院,等等。

另外,还有一些是1976年初中毕业后,服从分配工作已经进入社会的学生,知道了恢复高考后,经过刻苦努力在1978年考上大学。程社明就是其中的一个,他1976年初中毕业后走上工作岗位,工作中得知高考恢复,就满怀希望地报了名,还跑回学校找原来的老师借了一些学习资料,通过苦读考上大学,大学毕业后,考上中法合办MBA,留学法国,获得管理学博士学位、回国后创办中法合资企业,很有成就。还有李凤和张淑英,这两人是1976年初中毕业,上了2个月高中后,又去工厂工作了。“恢复高考”后,经过自学考上了天津师范学院,毕业后,做了教师,后来相继都被提拔,李凤先后担任过宝坻区委常委、区委组织部部长与区委常委、区委的组织部部长,现任中共天津市委党史研究室主任。张淑英在和平区教育局幼科工作,任过新华社内参特派员,后来自己创业。

1978年,考上了大学的还有1971年我校的初中毕业生,那年他们经过教育局培训,留在学校工作的十几位青年干部、老师,参加了学校1978届的复习、报名考上了大学。曾经学校团委的李志强、边复琴、刘耀昌、体育老师卞国华、政治教师贾邦俊、杨泽敏等人。李志强考入中国人民大学的语言文学系,毕业后分配在中国青年报做记者、编辑,后任职新闻信息与研究部主任;贾邦俊考入天津师范学院首届开办的法学班,毕业后,留在法律系任教。杨泽敏考入天津师范学院政治教育系,毕业后从事政治教学工作;刘耀昌考入天津大学,毕业后,留在天大团委工作、后勤集团总经理、后来做了天大副校长。卞国华考入天津师范学院历史系,毕业后留校工作。

曾经经历的1977年、1978年高考给我留下的印象还是很深刻的,天津十六中学,是育人的一片沃土,人才辈出的摇篮。

回想高考恢复40年来,我们的人才培养又重新步入了健康发展的轨道。高考制度的恢复为广大有志青年进入自己理想的大学和专业的学习提供了必要条件。高考,至今被认为是中国大陆最严格、最公平、最公开的招生考试办法,也为我国走向繁荣富强开辟了一条人才选拔培养之路。但是我国的“教育改革还任重道远”。党的十八大报告指出:教育是民族振兴和社会进步的基石、要坚持教育优先发展,全面贯彻党的教育方针,坚持教育为社会主义现代化建设服务、为人民服务。

希望我们的教育战线,加大改革步伐,“不忘初心,牢记使命”“团结一致,努力拼搏”,为推动我国社会主义文化的繁荣兴盛和精神文明建设、为国家需要培养更多全面发展的高素质的优秀人才、为实现中华民族伟大复兴的中国梦,继续努力奋斗。

高考恢复已经经历了40年,使我国的人才培养重新步入了健康发展的轨道,为我国四化建设、改革开放培养了大批学科学,懂现代经济的人才。但是教育的改革任重道远。

(作者李淑敏,天津耀华中学高级教师,已退休)

忆人忆事

中国曲艺之骆派京韵大鼓

·何佩森·

骆玉笙先生与作者

我的老师李多奎先生曾嘱咐我：多听小彩舞(骆玉笙先生艺名)的京韵大鼓,以资学习借鉴。25年间受骆师教诲获益颇深！骆玉笙先生2002年仙逝,2019年您105周年诞辰。余感恩之情无以言表,撰此小文以对恩师祭拜。

演艺界的艺术流派,是在一定的历史时期内,艺术家所创造的独特风格和卓越成就受到人们的喜爱。故此吸引了一批模仿者和追随者,逐步形成了一个有特定核心和共同风格的派别。

有着百余年历史的京韵大鼓,早期也曾称作京音大鼓或文武大鼓,是由清末直隶农村的木板大鼓书演化而来。进入了天津、北京等大都市的演艺市场之后,经过胡十(胡金堂)、宋五(宋玉昆)、霍明亮、刘宝全等鼓曲优秀艺人的加工润饰,化长篇书目为小段节目,尽量变乡音为京音。又吸收了京剧的声腔与做、表、亮相等艺术元素,赢得了观众的普遍喜爱。从而后来居上,一跃雄踞鼓曲之冠。这所有的成就,都应归功于杰出演员与乐手的精心创作。

鼓曲大师骆玉笙先生的演唱风格形成之前,京韵大鼓已经是流派纷呈之势。

京韵大鼓在20世纪前期,即出现了刘宝全刚劲华美、庄重俏丽的刘派。刘宝全先生天赋佳喉,高音响遏行云,低音珠圆玉润。吸收了京剧的许多表演元素,多演唱金戈铁马题材的曲目,如《长坂坡》《赵云截江》《南阳关》《宁武关》等,也唱"二八的俏佳人儿懒梳妆"的《大西厢》,以及《刺汤勤》《百山图》《丑末寅初》《活捉三郎》等叙事绘景的曲目。刘先生只在晚年演唱过一段《红楼梦》的曲目《双玉听琴》。

与此同时还有白云鹏古朴流畅的白派。白先生根据自己的嗓音特点,从不高音起唱。他的声腔依字而行,低回和缓。多演唱才子佳人题材的抒情曲目,以《红楼梦》曲目最为著名。如《探晴雯》《黛玉焚稿》《宝玉哭黛玉》《孟姜女》等,也演唱些帝王将相题材的《白帝城》《哭祖庙》《霸王别姬》《徐母骂曹》等传统曲目。

骆玉笙在表演

与刘派、白派鼎足而立的还有张小轩粗犷爽快的张派。张先生的嗓音嘹亮宽厚,演唱神完气足。观众这样形容他的演唱:"瞪眼涨红脸,顿足跺台板。击鼓打碎板,观众直了眼”,并称之为“花脸大鼓”。擅演勇武争斗题材的《博望坡》《草船借箭》《单刀会》《游武庙》等传统曲目。

骆玉笙摄于1942年

稍后又出现了白凤岩和白凤鸣昆仲悲壮苍凉、腴隽委婉的少白派。首先他们推出了一批新曲目，例如《汜水关》《击鼓骂曹》《红梅阁》《战岱州》等。其次是唱腔音乐上做了新的处理，白凤鸣先生发挥自己嗓音宽厚低沉的特点，白凤岩先生创造了“凡字腔”,以及平声字连用的“楼上楼”腔格。

京韵大鼓中的刘、白、张、少白等流派,他们各自表现着不同的音乐风格。到了20世纪40年代初期,京韵大鼓已呈现了一派繁花似锦的可喜局面。在此基础上才孕育出了小彩舞的风格,小彩舞是骆玉笙先生的艺名。骆派京韵大鼓是京韵大鼓史上第一个女声流派,也是迄今为止,京韵大鼓唯一的女声流派。她形成的时间大约在1937年至1945年之间。因为刘派和白派的影响太大了,所以当时并没有骆派这个称谓,而乏人称道。骆派京韵大鼓的真正确立成名,还是在中华人民共和国成立之后。

骆先生从4岁开始到17岁改唱京韵大鼓为止,唱了十几年京剧清唱。为她的吐字发声和演唱技巧,打下了坚实的基础。

骆玉笙先生1931年改唱京韵大鼓,拜在刘宝全先生的弦师“三弦圣手”韩永禄先生的门下,学习刘派风格。她有一条音域宽广并且音量宏大的好嗓子,唱刘派非常适合。1936年至1940年,韩永禄先生在天津帮助骆先生排练了一些白云鹏和白凤鸣二位先生的曲目,如《黛玉焚稿》《哭黛玉》《金定骂城》《红梅阁》《击鼓骂曹》等,演出效果良好。

骆玉笙先生的乐感和节奏感超乎寻常,这是她与生俱来的优势,而且她的嗓音既响堂又挂味儿。师父韩永禄先生帮助她结合自己的嗓音条件,借鉴白派和少白派的唱腔,对刘派京韵大鼓进行了初步的变革,渐渐有了骆派风韵的雏形。随着骆先生创制的新腔在所演唱的曲目中不断完善,骆派京韵大鼓终于显示出自己独特的艺术风采并为人们认可。

《丑末寅初》是刘宝全先生的代表作,他是唱中有说,说唱结合的演唱方式。而骆先生在演唱时加强了抒情的音乐性,对唱腔进行了润饰与加工,使其风格向骆派特点转化。刘派唱腔中休止符多、下滑音多,使旋律发生阻断。而骆派这些地方是连贯的,旋律延绵不断。同是“直冲霄汉”几个字,刘先生的“汉”字高挑;骆先生是在“汉”字后面加了一个虚字“哪”,声调下行,显示了柔婉的特色。“渔翁出舱解开缆”一句,刘先生在“缆”字后面使用了长腔;而骆先生不用长腔,则在“渔翁出舱”四个字特别是“舱”字上,使用了颤音。骆派注重歌唱,其抒情色彩自然而然地展露出来。

骆玉笙先生的美妙歌喉,不仅音域宽广、韵味淳厚、音色甜美,而且她又充分发展了京韵大鼓的歌唱和抒情性能。这就使得骆派京韵大鼓更多地与民族歌曲、戏曲接近相通,而又很好地保存了鼓曲演唱的独特风韵。20世纪40年代初,骆先生与弦师共同创编了《剑阁闻铃》的曲调,是唱腔与文词、情感完美和谐的典范。充分体现了形式为内容服务的现实主义美学原则,这是最能体现骆派京韵大鼓艺术风格的独有曲目。全段音乐浑然一体,以低回婉转的基调,描写唐明皇寒秋雨夜在剑阁这一特定环境中,思念杨贵妃的痛楚心情。全曲节奏舒缓,旋律如泣如诉,使听者如闻其声,如见其人。

骆玉笙先生的另一个代表作品《红梅阁》的音乐结构跌宕起伏,多音大跳。高则九天揽月,低则四海遨游。哀怨委婉之情三叹九转,激昂悲愤之声荡气回肠。既与《剑阁闻铃》相匹,却又各具千秋。骆先生非常注重每段鼓曲开头、主体与结尾三个部分的唱腔安排,使全段首尾呼应,丰满充盈。第一段落的甩板处,必有一个醒人耳目的精彩唱腔,取得引人入胜的效果。主体部分多彩多姿,结尾处异峰突起,回味无穷,欣赏者确有余音绕梁之感。《红梅阁》的结尾处连续高音强音,“冤沉海底,石落在汪洋!”喊出了李慧娘对奸贼贾似道暴虐的控诉,有力地把全曲推向高潮。

板腔体的剧种、曲种都有较为固定的腔型。京韵大鼓唱腔的“结音”(也称落音),上句较为自由,下句则需落在主音 1 上。个别落在 5 上的,也要用间奏解决在主音上。而且每个段落末尾的“甩腔”绝对要落在 1 上,以此来标志调式。骆先生则根据曲词字音的四声和感情的需要,多有破格。《红梅阁》中的“手高扬”、“雁成行”落在 6 上;《剑阁闻铃》的“断肠声”落在 2 上,给人一种余音不止的感觉。

《击鼓骂曹》是骆先生学自少白派的曲目,其中“咕隆隆渔阳三挝音节殊妙,韵哀哀渊渊似有金石之声。”此唱句是少白派的典型唱腔。在平常的叙事唱调中,引入了“凡音”(半音阶),使腔调陡生变化,充满苍凉凄楚的意境,由骆先生的金喉唱来更加美不胜收。下接一句传统的拖腔,“众公卿凝神听祢衡击鼓哇!”击鼓的处理:白凤鸣先生是用单楗子击书鼓,但是要击出双楗的效果来,十分动听。骆先生在韩永禄师父的支持下,借鉴了京剧《击鼓骂曹》祢衡双楗擂击“花盆堂鼓”的技巧,伴有京胡、撞钟演奏《夜深沉》曲牌,既营造了舞台气氛,又丰富了京韵大鼓打击乐的表现力。每演至此,观众必报以极其热烈的掌声。这要得益于骆先生少年时期,学习和演奏过

骆玉笙先生演唱《击鼓骂曹》

京剧打击乐。这段“鼓套子”她曾先后受到京剧名家李宗义和杨宝忠二位先生的指教;十年内乱结束之后恢复演出《击鼓骂曹》,骆老又向老生名宿杨乃彭先生请教过。

新中国成立之后,从《林冲发配》和《独胆英雄吕嵩山》开始,骆先生演唱了大量的新编历史与现代题材的曲目。她虽然不识乐谱,但是她从小学会拉京胡,给演员伴奏。改唱京韵大鼓之后,也能拉四胡,这对她编创新的曲目唱腔大有帮助。

她在京韵大鼓声腔的节拍、板式、腔型、旋律,以及调式调性的移位、转换等方面,有着许多成功的创造。具有代表性的《卧薪尝胆》曲调丰富多彩,揉进了京剧声腔,使曲目富于历史故事情调。

《和氏璧》也是极具骆派艺术特色的新作。这个曲目是骆老的晚年杰作, 其创腔水平和演唱功力更为精湛, 都达到骆派京韵艺术的新高峰。卞和“四哭”的排比句,吸收了京剧《蝶恋花》中杨开慧的唱腔和《文昭关》中伍子胥的《哭头》“爹娘啊”的唱腔。全段结尾处,赞扬卞和为真理不屈不挠的斗争精神,重复唱到“坚韧不拔”四个字的时候翻高五度,气势挺拔,动人心魄。然后旋律下行,在属调上终止结束全段,别致新颖很有气魄,是京韵大鼓唯一的变调结尾。

现代题材的曲目以《光荣的航行》与《珠峰红旗》为最佳,是骆派鼓曲艺术里程碑式的创新成果。骆先生大胆地突破了京韵大鼓的传统模式,广泛地汲取多种艺术养分。她创制的大量新腔,悦耳动听,十分优美,而且与传统的京韵大鼓声调融合得浑然一体,绝没有硬山搁檩的痕迹。使骆派京韵呈现出一种蓬勃开朗、雄浑欢快的崭新风貌。有别于哀怨痛伤、缠绵悱恻的《剑阁》之声,而是明快豪爽、激情澎湃的阳光新调。历史题材与现代题材的曲目虽然情感迥异,却是相辅相成的,构成骆派鼓曲艺术在整体风格上的辩证统一。

1985 年初,骆玉笙先生成功地演唱了电视连续剧《四世同堂》主题歌《重整河山待后生》。该曲唱响全国,成为名噪一时的时代金曲,使京韵大鼓得到广泛传扬。

骆老尊重原作,一反常规,演唱时全段未加一个虚字,使这段唱在总体上显得格外规整。这段曲子音程跳跃起伏,旋律迂回跌宕。在唱腔上,她使歌曲与京韵大鼓的过度从容不迫,巧妙娴熟,可谓天衣无缝。全曲的节拍与京韵大鼓恰恰相反,多为强拍起止。而京韵大鼓则多是弱拍(末眼、头眼)或次强拍(中眼)起唱。骆老是很不习惯的,但她还是克服了种种困难,圆满完成了任务。

骆玉笙大师的唱腔多姿多彩,回味无穷,是我们鼓曲艺术宝库中珍贵的财富。她所开创的骆派京韵大鼓能够得到广大受众的热烈欢迎,戏曲演员包括京剧的四大名旦、四大须生,乃至今天的当红名宿,也都无不喜爱、借鉴。骆先生的鼓曲艺术能够保持这样旺盛的生命力,绝不是偶然的。认真地研究骆派京韵大鼓的发展过程,并且很好地加以总结,找出其规律性的东西,对整个曲艺艺术的发展都是大有裨益的。

(作者何佩森,天津艺术职业学院国家一级演员、天津文史研究馆馆员、京剧老旦泰斗李多奎先生入室弟子)

一所消失在历史记忆中的学校

——记天津四友小学

·李学泓·

在绿荫环绕的常德道上一座不起眼的小楼，静静地坐落在那里。它没有风格迥异的屋顶和华丽的廊柱，不像五大道中诸多巴洛克式、英式、德式、西班牙式的花园洋房那样绚丽多姿，甚至可以说它是朴实无华的，在外墙上连历史风貌建筑的铭牌都不知去向。从严格意义上说，这里算不上名人故居。但是它却承载着一段厚重的历史。

这座小楼的前身就是20世纪30—50年代在天津颇负盛名的四友小学，也是目前为数不多的建于20世纪三四十年代的小学校舍之一。它不是名人故居，但是却和很多名人有着千丝万缕的联系。它的创始人就是名人后代、名人的学生，在创办和发展的过程中得到大批名人的支持和捐助，众多名人的后代就读于这所学校，曾经在它这里学习过的学生有一大批成为名人。

说起四友小学，还要从四友幼稚园说起。1936—1937年间，四位同租住于天津基督教女青年会(后为大沽路妇联所在地)单身宿舍的女士：穆祥淑、王士荃、张蕴英、王光蘅，有志于投身教育事业。王士荃是天津八大家盐商“益德王”家第三代王益孙先生的长女,1905年生人。她的祖父和父亲都很开明,热衷教育事业。祖父王文郁1903年创办天津第一所小学(天津民立第一小学),父亲王益孙和严修一起创办南开学校,后来又出银一万两资助天津南开学校迁址。她的办学动机是受祖辈的影响。1930年她从南开大学政治系毕业后,追随导师去南京政府任职,因为对南京的工作、生活环境,以及气候诸多的不适应,不久就返回天津。王士荃和穆祥淑既是儿时的玩伴,又是从严氏女塾到南开大学的同学和挚友,两人深受严修先生和张伯苓先生的教诲,更加大了她们办教育的决心,因此商议成立一个幼稚园。她们把当时位于伦敦道(现成都道)的居所的,楼下两大间作为幼稚园,因为是四个朋友创业,所以取名“四友幼稚园”。

尽管当时王益孙先生已经去世,但仍为子女留下了一些遗产,因此在幼稚园筹建中王士荃是四人中出资最多的,并代出了穆祥淑的投资。而且她把家中的家具和钢琴也搬到园中使用。建校之初,四位朋友亲手在常德道校园内栽下两株海棠。

幼稚园在1937年4月成立。成立周年时在法租界中国大戏院举办了周年纪念游艺会。1938年幼稚园迁到在科伦坡道(现常德道40号)

幼稚园第一届毕业生

新盖的两幢楼房内。

1939年天津发大水，王士荃为学校买下一只木船，水退后王士荃找人把这条船涂漆改造为孩子们游戏用的荡船。

当时幼稚园是两年制(小班和大班)。幼稚园开办一段时间后，有些孩子相继从幼稚园毕业。由于不少家长希望孩子们能就地升入小学，加上卢沟桥事变后，天津租界已经成为当时北方唯一相对安全的避风港，在租界内办小学，能为战乱中的孩子提供一个良好的、完整的接受初等教育的机会。因此四人决定在幼稚园的基础上筹建小学部。小学部大约在1940年建立。最初校址设在英国兵营(现天津一中校址)，“四友”租了一部分兵营空出的房屋，作为小学校舍。王士荃是幼儿部主任，穆祥淑任小学部第一任校长。小学部每个年级只开一个班，绝对保证教学质量。1941年太平洋战争爆发，日军进入英租界，占领了英国兵营，小学部不能继续使用该处房屋，遂全部迁至常德道。

该建筑楼下四间作为幼稚园的大班和小班使用 (那时的幼稚园只分大、小班)，二楼四间为小学一、二、三、四年级，三楼两间为五、六年级，其他小房间为校长室、办公室、家长休息室等，同时还租用了旁边胡同内的半所楼，作为穆祥淑校长及一位工友夫妇居住。小学和幼稚园在常德道校舍的格局，正式形成。

50年代四友小学校徽

最早四友小学的校徽是钟形，钟为绿底，褐色细边，钟身有一宽斜道，上书四友小学。到了50年代重新设计为圆形，直径约3厘米上面有一颗红五星，中间是绿色字体，“四友小学”，下面有灰色“天津”字样。我当年佩戴的就是重新设计的校徽。

在幼稚园和小学创办的过程中，得到了社会各界的关注和大力支持。如在筹建小学部时，直隶提学卢木斋先生大力鼎助并调来全部学生用的桌椅。林修竹先生自从在天津落户以后，便和四友结下不解之缘。

林修竹(1883—1948),字茂泉,山东掖县(现莱州)人。1927 年任潘复内阁教育部次长。1938 年春举家迁居天津,住在克伦坡道(现常德道 38 号)。林修竹长期从事教育,在津期间也关心教育事业。因住宅与四友比邻,故十分关注。1939 年,天津城区遭遇水灾,四友幼稚园被迫停课。当年 9 月洪水渐退,四友幼稚园是租界内第一个开学的幼稚园。林修竹作诗《比邻四友幼稚园洪水刚消即行开学喜而有作》,诗共四章,其中有云:“爹娘望子早成龙,娇小幼娃送此中。一受熏陶融大化,兰芽芝草蔼春风。”对幼稚园的幼儿教育进行褒奖。教师们见诗后,依原韵和诗四首,其一云:“功成高隐乐田园,多少困境得恤怜。自古清廉余福泽,祥呈麟趾庆遐年。”表达对退隐的林修竹的祝福。接到和诗以后,林修竹又到幼稚园答谢,作诗《仲秋前一日奉到四友幼稚园诸先生和章秋节无俚得律诗二首即以代答》:“万里清光冷画楼,不堪回首故山丘。当年大庠归何处,此日高材感旧游。咏絮才华凌谢女,簪花楷笔越时流。随缘已老吟情减,愧对琼章说唱酬。”“新诗六首写簪花,深佩通才女作家。轻展瑶章惊彩笔,好将明月比清华。中西兼优方为贵,艰苦耐劳志足夸。怪底园中光灿烂,文星今日蔚云霞。”林修竹与幼稚园教师酬唱往还,关系渐渐

20 世纪 40 年代的四友小学和幼稚园外景

密切，后来还成为四友幼稚园的赞助人，在小学部创建时林修竹也参与其事并做了赞助。

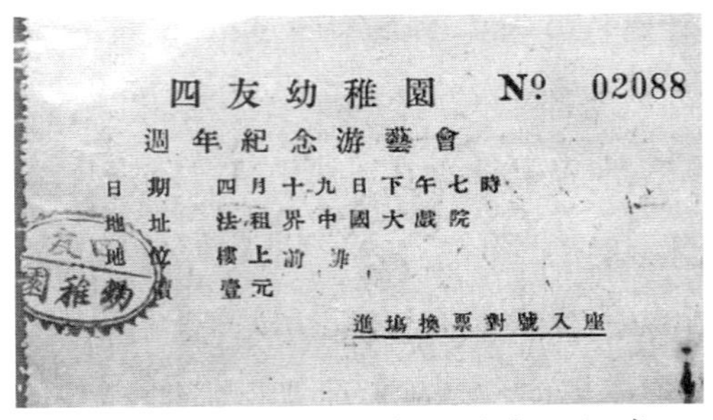
四友幼稚園 №02088
週年紀念游藝會
日期 四月十九日下午七時
地址 法租界中國大戲院
位 樓上前 排
壹元
進場換票對號入座

四友幼稚园周年纪念游艺会入场券

张蕴英、王光蘅只是出资，没有实际参加四友的管理。幼稚园和小学相继建立以后，她们结婚离开了四友。穆祥淑、王士荃在严范孙先生的严氏女塾(后更名严氏女学、严氏女中，1923年更名为南开女中)和南开大学的同学王端骥1938年底从上海回到天津。应两位朋友之约，加入了四友的工作，被聘为董事会董事。20世纪40年代初王士荃结婚，当时王士荃丈夫经济能力很好，希望她生儿育女、相夫教子。为此王士荃辞去四友的教学和管理工作。四友实际上由穆祥淑和王端骥负责。穆祥淑继续担任小学校长，方熟琴为幼稚园负责人。1942年王端骥的外祖母乐韵华去世，她将乐韵华的部分遗产捐赠给四友小学，并买了一架钢琴赠予四友幼稚园。1948年，穆祥淑离开天津经印度赴英国，与英国人考平先生结婚(考平先生曾在英国兵营工作)，临行前，将(四友)董事会权责交与王端骥，同时，任命方熟琴老师为第二任校长。1950年王端骥把从津沽大学毕业的长女葛守申留在四友做了教师。

四友幼稚园和四友小学在天津诸多私立小学和幼稚园中建立的时间比较晚，但很快就成了后起之秀。特别是优秀的师资和出色的教学质量，使它获得良好的声誉，甚至超过了不少老牌幼稚园和小学，尤其是小学名声更在幼稚园之上。在当下研究近代天津幼儿教育的学者也注意到这个情况。在《近代学前教育研究》中提到天津各幼儿园时，四友小学幼稚班赫然在列："四友小学幼稚班，负责教师方熟琴，有幼儿40名。"

创办人和主要负责人的子女都在四友就读，王士荃的孩子就是四友学生，当年王端骥就把正在新亚小学的两个女儿转到四友小学学习。学校受到当时租界内各界人士的青睐，学生中有不少民国政要、富商巨贾、文化名人、企业家的后代或亲属。这些名人或家族有曹锟、陈光远、倪嗣冲、严仁曾（严修侄孙）、唐宝鑫（抗日时贵阳清华中学创始人之一，第二任校长）、高云览（华侨，小说《小城春秋》作者）、周叔弢、王光英、毕鸣岐以及天津八大家的李善人家、益德王家、海张五家等。日寇占领北平后协和医院的大批医学精英，如方先之、柯应夔等，转到天津租界，他们的子女也有不少进入四友。有许多孩子是从别的学校转来的。幼稚园的小朋友也多数升入小学部就读。1951年，为解决贫困儿童接受教育的问题，陆续开办了一、二年级的两个义务班（“四友”当时是私立学校），为符合条件的孩子免费教学。1952年，幼稚园改为小、中、大三个班。小班开设于穆祥淑离津前曾居住的两个房间，小班为半日制，王端骥作为义务教师（不领取工资）和另一位老师共同执教小班（幼稚园每个班编制：两位教师、一位保育员）。至此四友小学、义务班、幼稚园共计11个班级，而教职员工只有21位（包括半职的义务教师、工友等），其中拥有大学学历的教师4名，从而完全形成了自幼教到小学的教育链。

四友的孩子们在荡船上游戏

但是由于学校教学条件所限,特别是校舍短缺,尽管每届仅限招一个班,但是人数依然超员。当20世纪50年代初,每班招到三十多名学生时,教室已经坐不开了。只能在两张课桌之间架起一块木板,利用走道安置学生。全班同学轮流坐在木板搭出的位置处。尽管许多家长非常希望能将子女送到四友接受教育,甚至有家长提出自备桌椅,请求学校允许他们的孩子进入四友,但学校只能婉拒,使不少孩子非常遗憾没能进入四友学习。

四友是私立学校,单凭学费收入是不足以维持学校正常运转的。四友幼稚园和小学除通过各方面关系获得社会名流、企业家等方面的捐助。除了上面提到的卢木斋、林修竹等,还有民国总统徐世昌的堂弟徐世章先生。在关心、支持公益事业方面,他每年都给予捐款并做宣传倡导募捐。

后期20世纪40年代至50年代初毕鸣岐成为主要资助者之一。毕鸣岐不仅让他的儿子、女儿进入四友上学,还成为四友的董事。四友小学长期苦于没有操场,1952年王端骥和他商量,借用毕鸣岐与友人共同拥有的一大片空地(即后来的常德道小学校址),作为四友的操场,并搭建了围墙、围栏,围墙用砖是毕鸣岐所捐。这个操场之大,在当时新华区小学中是首屈一指的。

徐世章先生

毕鸣岐先生

林修竹先生

天津八大家之一振德黄家的媳妇王士钰(王士荃的堂妹)也曾给四友捐资,并一度在四友幼稚园做保育员。

除依靠捐赠以外，学校教职员工还曾制作协和医院医生王志宜的配方冷霜(面霜)售卖;排练节目售票,在犹太俱乐部演出以筹集经费。1948年到1949年初,当时物资贫乏,物价飞涨。王端骥的丈夫费尽周折为员工购买粮食，并从造纸厂捐来大批纸张供学校使用，稳定了人心,保证了教学。

在1956年学校改为公立时,唯独四友小学有结余,还上交了一些黄金。这一情况当时就引起教育主管部门的注意。20世纪60年代初天津教育局局长何启军到四友视察,得知王世蘅、张玉英老师已离世,穆校长去了英国,唯一健在的只有王士荃。局长指示一定要请王士荃出来继续工作,所以她又回来教了几年中学,直到1963年退休。

四友小学第一届毕业生是1942年(按照1957年常德道小学第16届毕业生推算,四友小学在1956年改为常德道小学,但毕业届数仍按四友排列)。第一届完成1—6年级全部学业的学生毕业时间则是1946年(以1940年秋季一年级新生入学计算)。前几届毕业生都是从外校转来的,王端骥让自己的两个女儿从新亚转学四友也证实了这一点。然而据王端骥女儿葛守申老人回忆,她的一个妹妹是六年级转到四友的,并在1941年太平洋战争爆发时已经进入中西女中，毕业时间应当为1941年夏季。当年毕业的只有男、女生各一人。由此看来这两位学生应当算作第一届,但可能因某些原因未能进入相关的统计。

1956年按照国家规定,四友小学改为公立常德道小学。教育局派来于秀媛(后来转任昆明路小学校长)担任校长。1958年前后,在原操场位置建立了新校舍(即现在逸阳梅江湾国际学校所在地),解决了校舍不足的问题。“文革”期间,教育界受到冲击,常德道小学亦不能幸免。及至新时期,和平区小学布局调整,昆明路小学、岳阳道小学先后成为重点学校,常德道小学则为普通校,使其在各方面的发展更加不足。21

世纪初，小学布局再次调整，常德道小学并入岳阳道小学。从此四友小学失去传承，不复存在。

幼稚园则与燕达幼稚园合并同时改为新华区第五幼儿园，后再改为和平区第八幼儿园，21世纪，和平区幼儿园调整，其与第四幼儿园合并为和平区第四幼儿园，但是地点始终留在常德道40号原址。

从1937年到1956年，四友幼稚园和小学从成立到改制，经历了抗日战争、解放战争、新中国成立初期的风风雨雨，但始终秉承着教书育人、严谨求实的办学理念，学校拥有一支师德高尚、业务精良的教师队伍，保证了“四友”的稳定发展。

四友小学和幼稚园坚持学生德智体全面发展。诞生于灾难深重的沦陷时期的学校，始终把爱国主义教育放在第一位。1945年，连学生做游戏都知道中、美、英、苏联合打倒日本。1949年以后更是把“五爱”(爱祖国、爱人民、爱科学、爱劳动、爱护公物)作为德育教育的基础。在教学上，四友老学生回忆：老师没有打板子和逼学生硬背的，更没有往学生身上压作业的。他们总是不断地引导着孩子们体味课文，思考问题，发表己见。除了语文、数学等课程外，珠算、书法、音乐、美术及手工劳动，一概齐全。在高质量的教学的基础上，学校培养了大批品学兼优的学生，当时小升初是要考试的，四友小学学生升入耀华、一中等名牌中学的比例，绝对不低于今天重点中学升入211、985大学的比例。四友小学院子很小，运动器械只有一个摇船和一架滑梯。但是学校要求无论春夏秋冬都要坚持出操，保证学生课间活动，增强学生体质，还经常组织学生出游，一方面增强体质，另一方面学习各种知识，开阔学生眼界。经常去的地方是西康路（当时那里有一条河，可通青龙潭即今天的水上公园，河对岸则是稻田)，还去过倪家花园(现儿童医院)、李善人花园(现人民公园)，甚至更远到北宁公园。1952年有了操场以后，田径、足球等体育活动迅速开展。

在短短的16年中在四友小学学习过的学生不过三百多人，算到

四友的老师们

1955年入学、1961年毕业(即以私立四友小学名义招收的最后一批学生,新校舍建成以前仍在老校舍上课,每届只有一个班的学生),也不过五百人左右,但是却为国家培养了一大批栋梁之材。这些人里有中国工程院院士,飞行器导航、制导、控制专家冯培德;作家冯骥才;天津社会科学院日本研究所所长、日本问题专家周启乾;游泳名将穆祥雄、穆祥豪;河北师范大学学术委员会副主任、数学研究所所长康庆德;天津古币收藏家齐宗佑;中国女篮第一届高中锋雍容;天津民建副主委,天津市政府参事室参事、高级工程师冯培英;享受国务院津贴的医学专家、天津市传染病医院院长朱理珉;南开大学教授、翻译家谷启楠;高级工程师、中国民主建国会辽宁省委委员、优秀集体企业家毕守萍;南开大学教授、博士生导师李学潜等。至于大学副教授、高级工程师、高级经济师、主任医师等高级人才更是不可胜数。还有许多普通的干部和工人,但却才华横溢,如培养了许多美术、绘画人才的王振峰;业余诗人吴柯等。

80年过去了,四友幼稚园和四友小学已经消失在历史中。但是80

年来，四友的老师和同学从来没有忘记她。1980年穆祥淑女士回国和王士荃等一起参加南开大学校庆活动的同时，应当时常德道小学领导之约，参加了该校的国庆活动。

近年来不少四友的同学在《今晚报》等媒体撰文回忆四友幼稚园和小学。其中有马也先生的《记忆中的四友小学》，言穆名、齐宗佑先生的《六十年老照片勾起往事 七旬翁想见救命老同学》，于庆铃女士的《四友小学幼稚园》等。此外葛守申老师、赵文芷同学和她弟弟等人也写过一些回忆文字。

2007年四友成立70周年时，部分四友同学和葛守申老师、焦书箴老师共同聚会纪念。天津《今晚报》作了报道。

同一年，葛守申老师在四友时教过的小朋友们，共二三十人，他们在60岁生纪念日时，邀请葛老师一同回到和平区第八幼儿园（原四友幼稚园）和常德道小学（原四友小学）。在八幼，葛老师弹钢琴，60岁的"小朋友"们围成一个大圈，唱着儿时的歌，跳着儿时的舞，特别高兴，那两架已经老旧的钢琴仍在使用。四友的同学每年都以不同的方式聚会，缅怀自己的母校，并建立了多个微信群交流情感。

天津市常德道小学第十六届毕业生合影（1957年7月）

1980 年常德道小学国庆活动。左起第二人王士荃，第三人王端骥，第四人穆祥淑，第五人方熟琴

都说往事如烟，但是实际上往事并不如烟，它是历史，是记忆。四友小学和四友幼稚园永远留在四友的老师和同学心中。

（作者李学泓，天津五金矿产进出口有限公司高级经济师，已退休）

五大道的西餐馆

·王培良·

五大道是当年英租界的一部分，有着迄今中国保留最为完整的洋楼建筑群，在20世纪二三十年代五大道的住户有倒台的皇族、下野的总统、失势的督军、落魄的官僚，另外许多富贾巨商、各界名流、名伶红角也曾在此留下过足迹。在此居住的很大一部分是有钱人，形成了独特的人文环境。直到新中国成立后，这一带的居民衣食住行、生活习惯亦不曾有太大的改变，下馆子打牙祭的哪个地段都有，只是五大道的居民对吃西餐情有独钟，甚至乐此不疲。去西餐厅穿着得体是常识，逢节假日一家大小去吃上一顿西洋大餐，男士穿正装要

起士林大饭店

整洁，女士要穿套装、裙装、旗袍等和有跟的鞋子，入座、点酒都应女士优先。西餐优雅的用餐礼仪是一种美学享受：调整和放松心态、享受这环境和美食，酒、菜的搭配、正确使用餐具、酒具都是享用美食的必修课，也是这里一道靓丽的风景线。

“文革”前吃西餐有利顺德、第一饭店等各大星级酒店的西餐厅，还有规模小些的和平餐厅(新华路和平影院对面)等，最火的当属小白楼起士林餐厅。“文革”中不少家庭受到冲击，哪还有如此闲情逸致，再说连起士林都开始卖馄饨了，到哪去吃西餐解馋呢？

“文革”后有一段时日起士林增添了中西结合的早餐，中餐的云吞加上西餐的清汤小包，吃起来别有风味。有几年工作之余，我常到棋友刘学文家里聚会(当时他还没去美国，嫂夫人闫老师脾气好，对他真是百分之百)、下围棋、打桥牌、搓麻，午餐经常就近到起士林解决，想起来当时物价真的很便宜，现在如果天天去起士林就餐，怕没几个人能应付得了了。

20 世纪 80 年代，五大道出现了几家小西餐馆，之所以称之为“馆”，倒无褒贬之意，比起士林大饭店规模较小而已。先有了成桂餐厅(成都道与桂林路交口)、金环餐厅(大理道上，云南路和昆明路之间)，

河北路疙瘩楼成桂餐厅

日后陆续增添了苏伊士(成都道与广西路交口)、小伦敦(成都道上,芷江路口)等若干家西餐厅。

1987、1988年成桂餐厅原来在桂林路时生意极佳,几乎日日爆满,彼时我从国有企业下海,恰挚友陈嘉(四友学弟)在瑞典某洋行主办驻津办事处,遂将我招致麾下。当时租用常德道71号张学铭家部分住房做办公室,中午陈嘉每每携几个同事到成桂餐厅午餐。不知成桂餐厅请的是哪里的厨师,菜品虽大众,口味却纯正,价格很便宜,只是餐具和用餐环境较差,有些快餐早点铺的感觉。

后来成桂餐厅移师河北路(睦南道和马场道之间)疙瘩楼,规模扩大,档次提高,就餐环境也宽敞高雅了许多。尤其是三楼,进餐中还请了专业乐师演奏些室内乐,很有些域外情调,一改原本的大众风味,菜肴也增加了原汁原味的异国品种,价格自然也依成本增加而有所提高,不过的确物有所值。成桂餐厅的冷盘主厨沙拉最让人难忘,亲手由厨师长制作的冷烤牛里脊、冷烤西排、煎鸡排等,加入洋葱、彩椒、奶酪,还有特别调制的沙拉汁,简直美味无比。该餐厅的罐焖牛肉非常正宗,暗红色、油亮亮的浓郁汤汁,酥烂软嫩的牛肉,打开盖子香气扑鼻,吃到嘴里满口留香,味道超赞。

成桂餐厅的老板高子洪,每每见到熟客,总是异常高兴,餐后往往赠送一道自制甜点或者咖啡,还要感慨:“五大道老住户大都搬走,我的西餐文化遭受了冷落。”总让我们感受到作为老五大道人的那份怀旧和

成桂餐厅的店堂、菜品

情分。近年来,成桂餐厅在河北区意式风情街又开了一家分店,一座独栋的小楼,布局和装饰很有年代感,风格与河北路的成桂餐厅一致,菜品亦很受食客们的追捧。

大理道上的金环西餐厅刚开张时叫起士林分店,老板余洪涛,是毕鸣岐(天津著名的资本家)的外孙,场地和员工都是和平区红旗垫圈厂的。因为是和起士林有协议,由起士林派厨师,菜品颇具起士林纯正西餐口味,价格又便宜,所以一直经营得有声有色。尤其是时兴交际舞时,睦南公园有家舞厅(玫瑰厅)舞客盈门,也给餐厅带来不少生意,原来只有三十几平方米的店面明显不够用,又改建扩充了后面的几间平房。有时去晚了要站着等上一轮。经营了若干时日后起士林撤出了,但菜品却保留了起士林的风格。

因为拆迁的原因金环西餐厅迁至卫津路(环湖北路口)仍叫金环西餐厅,老板还是余洪涛。这里的奶油杂拌、法式猪排等传统菜肴依然保持起士林原来风味,尤其是吉林炸鱼松软可口,令人回味。我和袁弘宇、刘学文等棋友去过多次。一次我和妻女去吃饭还在那里巧遇十六中(现耀华中学)同学盛安利携眷就餐,因多年未见,相遇倍感亲切,就此不但多了相互往来联系,通过他还和宋正和等同学取得了联络,还真得感谢金环西餐厅这个美食交际平台。

大理道金环西餐厅旧址,现在建了雕塑和草坪

因我家和余老板母亲家是世交,所以一旦他知道我们在店里用餐,必会为我们的餐桌端上现磨的咖啡,十分亲切。那时上岛、星巴克等咖啡店还不曾进军天津,金环西餐厅已经备

金环西餐厅(平山道)

了进口咖啡机和咖啡豆。我最喜欢他们的美式咖啡，特别是新鲜咖啡豆，现场磨粉、萃取菁华制成咖啡，端上来杯口挂着一层萃取出的咖啡豆的油脂，香醇润滑，啜上一口，咖啡特有焦味浓郁绵长。抹不掉的往昔，追忆曾经的味道。五大道的老居民会时常光顾金环西餐厅，1999 年我陪父母在那里用餐时遇到过朱理玮的母亲王光纯(王光美的堂姐)和姐姐朱理玲，老人们聊得很是高兴。现今金环西餐厅已迁至平山道(天津人艺旁)，近几年因照顾外孙女上学一直暂住岳阳道，虽然离得稍远，还时不时去解馋。很多老顾客不论多远也时常来一饱口腹之欲。

金环西餐厅迁走后部分职工自己又开了一家店叫作鑫金环西餐厅，开始在成都道与云南路交口，是红旗垫圈厂的三产，被两位职工承包，员工几乎全是原来大理道时的老职工。虽不如那些年金环西餐厅火爆，因为面向大众价格便宜，生意还算过得去。曾经去了几次，渐渐和那里的厨师、服务大姐都熟识了。现在他们搬到重庆道文化里底商(云南路和昆明路之间)。由于前一段时间电视里介绍天津五大道风景区，有一则顺带介绍了此间西餐厅，口味如何地道、服务如何热情、价格如何实惠等，此后犹如做了免费广告一般，顾客纷至沓来。尤其是节假日，去晚了得等座位，除了日常的食客外，陡增了到五大道

重庆道鑫金环西餐厅

成都道苏易士西餐厅

来旅游观光的一众人等。虽是普普通通的西餐，却也颇具特色，其炸猪排、烤鲑鱼、意大利面吃起来蛮有滋味，价格比起北京来不知便宜了多少，口口相传、生意已不可同日而语。一次我和老伴想偷懒不做饭，6 点钟携外孙女去鑫金环就餐，不料店内竟无插足之地，只好知难而退，另寻饭辙去了。

苏易士西餐厅是袁世凯的孙女袁家倜开的(前几年这位老太太已过世)，因为拆迁往东搬了两个路口，现在成都道 40 号。此店也属于大众西餐，吃过若干次，虽无特别考究的菜品，味道却很纯正，菜量也很足。前几年柯东辉从美国回来，我和朱理玮等十几位 四友幼稚园同学在此聚会，很是惬意。

苏伊士西餐厅斜对面就是小伦敦西餐厅，换过店主。菜品还说得过去，只是每每感觉座位过于紧凑，有些狭窄。

成都道小伦敦西餐厅

英国租界小白楼、黄家花园、五大道的居民受洋味儿影响多一些，日常起居饮食也不例外，因而老居民也爱穿穿洋装、吃吃西餐。常德道“西餐老头”的菜我家也常买，几乎每家也都会做几道西餐菜肴，耳濡目染之下，我还学了几道西餐的保留菜目：土豆色拉、红菜汤、炸猪排、咖喱鸡、犹太牛肉等，逢节假日还在家里露上一手呢，不过谈不上口味如何，但也颇受欢迎。

2000年，一位郭姓朋友欲投资餐饮，受北京演艺界朋友撺掇，开了家西餐厅。当时他在选址时只贪图房租便宜，硬是把这家西餐厅开在了河北区王串场。餐厅装修得很是奢华，请的是天津一高级饭店的大厨，做的是正宗的西餐菜肴，色、香、味皆无可挑剔。虽然远些，我和朋友们也都去捧过场，但王串场和五大道的地域差别太大，饮食习惯、饮食群体截然不同，犹如山西人素不喜吃鱼，刚开业时偶有猎奇者前来就餐，之后客流日趋稀疏，经营举目维艰坚持了一年终于熬不住，撒手了。正如成桂餐厅的老板高子洪所言，饮食其实是一种文化，西餐并不是谁都爱吃的。

这些年五大道的老住户虽已迁走了很多，但从各地慕名而来的旅游大军却日益兴盛，五大道的西餐文化也在发展壮大，一个个新的西餐厅应运而生。

时光荏苒，转瞬三十余年过去，五大道的成桂、金环、苏易士等几家西餐厅依旧宾客盈门屹立不倒，不仅传承着五大道特有的“洋味儿”，更是五大道人抚今追昔的一个交流平台，也是老五大道人的情感归宿。

（作者王培良，天津泰达开发区伟达汽车服务有限公司工程师，已退休）

与天津有缘的老外交官郑藻如的一些新史料

·于铁丘　娄向丽·

友人郑绮莲的高祖郑藻如，广东人，和孙中山是同乡。收入《孙中山全集》里的第一篇文章即孙中山致郑藻如的信函，如今在广东中山的纪念馆里有展示。这位晚清时期在外交界资格老、辈分高的先贤，曾经在1878年做过津海关道，也与天津结了缘。

绮莲拿来一些其先祖信函、札记、诗文等，通过研读可以从一些生活的侧面加深对这位老先贤的了解。

郑藻如(1824—1894)，字志翔，号豫轩，又作玉轩。香山(今中山)濠头村人，咸丰元年的乡试举人。1854年因组织乡练援助清政府镇压红巾军有功，获封内阁中书衔。从此为曾国藩和李鸿章赏识，走上仕途。1869年，郑藻如被李鸿章聘到上海，任江南制造局帮办，总理局务，制造枪炮弹药，修造轮船和船坞，后又接管广东方言馆，培养中国自己的外语人才，会同聘请的外国人一起翻译国外科技著作。他在任内工作尽心尽力，如：其督建吴淞炮台，被外人称赞，誉为中国沿岸诸炮台之冠。

1878年，李鸿章又将其调到天津，任海关道。

据天津地方志和港口志记载,1880 年郑藻如会同德璀琳督办在东沽一带购买百亩地用来兴建北洋水师大沽船坞,以罗丰禄为总办,英国人葛兰德、安德森、斯特朗为工程师,主司船舶修理。后来在 1883 年开始造船,1891 年又兼造军火。这里遂成为北方第一座现代化的船舶修造厂。

1878 年 10 月 6 日,李鸿章带海关道郑藻如、道员许钤身和德璀琳到大沽,对新购的英制炮艇进行验收,4 艘炮艇分别被命名为“镇东”“镇西”“镇南”“镇北”,由管带邓世昌暂行接管。

郑藻如在津海关道所做的大事,还有处理光绪七年一起有关涉及俄国商人和俄国领事的金钱诈骗案以及为将华商运茶的税收与俄商运茶的税收拉平,堵塞俄商砖茶私散进入蒙古地区等问题向总理衙门提交报告等记载。

近代史对郑藻如记载更多的是他的外交官生涯。1882 年,郑藻如以三品衔大臣身份出使美国、日斯巴尼亚(西班牙)、秘鲁三国,其时秘鲁虐待华工很厉害,美国的反华浪潮也甚嚣尘上,虐杀华工,苛待华工的事件不断发生,郑藻如在其任上为华工的利益还是力争做了一些事情。这些都有记载,此不赘述。在其后人郑绮莲提供的郑藻如致黄遵宪[(1848—1905),字公度,清末诗人,维新派,广东嘉应州(现梅县)人,在 1880—1889 年间曾出使日美新加坡]的信函中,我们可以窥到这位老外交官的一点心迹。全信如下:

公度仁兄世大人阁下:

五月廿六日泐寄第壹百号信,谅邀鉴及。本月接九十九号来函,敬聆种切,比谂荩祉增佳为颂。哥林比亚工党嫉忌华人事,现虽未便与其政府相商,然此中情形亦宜随时达知驻英使署,容当抄函转寄劼侯也。君选兄既亲往商钵崙一事,又往筹哥林比亚一事,深堪嘉尚。弟素闻其留心时局。我辈无论身膺何职,须要有一段恳切为国为民之心结,为生平至愿。他日定有表见于时,兼造无量之福。

弟以至诚待人，以贤哲望人，必将与后任力言其德器也。此次接包封，并无总署信，想因法事过忙之故。阅《申报》乃知周银台出洋之信，殊非确耗。接傅相四月二十来函，亦未提及也。今早接津电谓招商局已经收回自办，并为达知。

敬请台安，惟希勋鉴不备。

世愚弟郑藻如顿首

六月初七日

一百零一号

再者，美国新派驻华公使德贝，为人闻甚公平。前到美都，弟邀其小酌，力疾相陪，滴酒不敢沾唇，尝一一脔而止，颓然苦甚。诚以交涉之事多赖樽俎周旋，故勉而为此也。西历八月，彼启程赴任，过金山时或来相访，先此布达。再请台安

弟藻又顿

黄遵宪的后人在看了郑藻如与黄遵宪的书信往来后，感慨万端，也曾写作一文：

玉轩先生，清季外交先进，一代传人，与先太岳嘉应黄公度先生为忘年交。先生奉使美、日、秘时，先太岳适任三富兰西士果总领事，书牍往还无虚日。余曾见先生亲笔致先太岳书凡百数十通，动逾千数百言，所言皆当日抚护侨胞与外交大计。今书尚藏于家也。顷于先生哲孙仲楚四兄复得见先生家书遗札，公忠体国之诚，笃厚祥和之气，仁言蔼如，如诵中兴诸贤手札。仲楚倜傥仁侠，慷慨好义，能诵清芬，世其先德吉光片羽，珍若球琳，不匮孝思，肃然起慕。因题数语，用申钦幸焉尔！

癸未八月世晚后学李沧萍敬题

玉轩先生清季外交先进一代传人与先太岳嘉庭黄公度先生为忘年交先生奉使美日秘时先太岳适任三富蘭西士果总领事书牍往还无虚日余曾见先生亲笔致先太岳书凡百数十通动辄千数百言所言皆当日维护侨胞与外交大计今书为藏于家也顷于先生哲孙仲楚四兄复得见先生家书遗幽出忠体国之诚笃厚祥和之气仁之蔼如也诵中兴诸贤手札仲楚倜傥任侠慷慨好义能诵清芬世其先德吉光片羽珍若球琳不匮孝思肃然起慕因题数语用申钦幸焉尔

癸未八月 世晚后学 李沧萍 敬题

郑藻如与黄遵宪并不只是同在美国任外交官时才相识，据相关历史研究者记载:早在 1876 年,时年 28 岁的黄遵宪随父北上进京参加会试途经天津及烟台,曾受人推荐见到李鸿章,其侃侃而谈,发表了关于时务的看法,李鸿章听后颇觉新鲜,认为有道理,遂对其帮办郑藻如说,黄遵宪是“霸才”。可见这些维新派的前辈是看好年轻的黄遵宪的,在美期间书信往来“百数十通,动辄千数百言”,既有公务往来之需,亦有意气相投因素。黄遵宪后人“忘年交”之评应非虚言。

郑藻如的晚辈刘玉麟也曾写过一篇纪念文章,记述了其外交生涯,录于下:

郑光禄玉轩姻伯,于麟有提携之恩。忆麟年十二尝赴沪出洋总局报考,旋派往美国为官学生,蒙光禄保送入局。年十九,国调回华到沪,适光禄由津海道升放美日秘钦使,并调先父随往,父子相见,殊为快慰。年廿五,麟随张星使荫垣[1]出使美国,后复回华,在乡候

---

① 其中“垣”,应为“桓”之误。张荫桓(1837—1900),清末外交官,字樵野,广东南海人,光绪十一年(1885)出使美、西、秘三国。光绪十六年(1890)回国。

光禄病状，先后见面只四次耳。按光禄为人坦诚勤慎。当时美工人仇视华工，在落士冰灵埠诛戮华人数十[①]。光禄严重交涉，卒获赔偿。迨年余，又与先父出巡秘鲁，检查卷宗竟至宵分，忽患半身麻木症，后由美政府遣派兵船护送回华。其见重于外人如此。总其人格政绩比称贤良，麟奉使英国恒尊为典型也。公其早年曾入幕曾文正，曾公称为金玉君子云。麟感念前恩，今复睹遗墨，临楮记述，不胜怅怅矣！

庚辰中秋愚侄刘玉麟敬书

① 华工在美被虐杀一事见《清史稿》第十六册四五八七页。落士冰灵埠《清史稿》中写作洛市丙冷埠。根据《美国通史》，怀俄明州的旧译为洛士冰，故此处应是指残杀华工的发生地怀俄明州的岩泉市。

郑藻如因病回国后，曾在家乡及天津养过一段病，因光绪帝召，进京觐见。在其家书中，详记了这段经历。全文如下：

三月十三日诣宫门跪请圣安。先一日，到吏部朝房驻夜。十三子刻，总署供事赍递安折二分，不必另递折子（其安折系译署总办代办）。丑刻，总署之苏拉[①]三名来伺候，由吏部朝房步至隔壁之奏事处朝房，候军机大臣到时，出至门外一迎，报明某某预备请安。迨五点钟，即进西苑门，循石路往南步行，过一琉璃门，复往西，过五凤桥而至德昌门旁之小门，入至听起处。此处有一小坐落，乃各官预备召见暂歇之所。

是日七点钟，先有各部带领引见人员。迨八点钟，第一起是召见贵州学政陈荣昌，第二起召见藻如。再有太监引入一小门，过一小院子，又入一旁门，乃是勤政殿之大院子。然后登殿前之左阶，其阶五级。又进殿门，有太监引至左边召见之所。太监揭帘，即恭肃而入。

皇上正坐，藻如朝上跪，唱曰：臣郑藻如跪请圣安。跪时不免冠。因离京日久无庸谢恩，故不免冠。唱毕，起行数步，至御榻前再跪。

皇上问曰：汝何处人？奏曰：臣广东人。皇上问曰：从前出使何国？奏曰：臣于光绪七年奉使美国、日国、秘国，于光绪十年十一月三年期满，蒙天恩再留半年，扣至十一年五月期满。适是年正月得半身麻木之病，经在洋奏请开缺，于十二年回至广东本籍。今幸医治就痊，于本年三月初三日到京。皇上问：现在如何？奏曰：现已病痊，只步履不能迅速，仍尚服药。皇上曰：现仍服药么？此次如何到京？奏曰：去年由广东到上海就医，再由上海到天津就医，是以今年到京。皇上问曰：在津见李鸿章否？奏曰：臣在津见过督臣李鸿章。皇上问曰：李鸿章精神如何？奏曰：李鸿章去冬病过十几天，随即痊

---

① 苏拉，满语，清廷里当差的执事人员。

愈，目下精神很好。皇上问曰：外国情形如何？奏曰：美国土人不甚喜欢中国人。日国有两处外阜不甚喜欢中国人。秘国本国亦不甚喜欢中国人。皇上问曰：汝岁数多少？奏曰：臣今年六十六岁。皇上曰：下去。乃起退行而出。

此次皇上召见系在南海。南海之北为中海，再北为北海，皆御园也。景致阔大，金碧辉煌，洵天上也。

郑藻如对皇上的接见是非常重视的，他为此还有一封给兄弟的信函：

馥泉弟如晤：

三月十一日有第十六号吉信寄回，想已得接。兹将十三日召见之事录出，寄，还祈看过，交与习静草堂可也。余与澄儿均平安。三月十五日 玉字

未列号

上述资料均系郑藻如家人收藏，未曾正式对外披露过，我们在征得其后人同意后予以公布，意在给研究历史的学者们提供更多的信息，得以丰富天津以及广东、上海等近代史史料于万一。

（作者于铁丘，天津社会科学院图书馆馆长、研究馆员，已退休；
娄向丽，天津铁路运输法院研究室主任高级法官，已退休）

津门工商往事

收藏古老药具 传承中药文化

·韩　晓·

中药是传统中医药宝贵遗产中的瑰宝，有着悠久的历史，一些老药具在中药的采集、加工、炮制、制剂、经营中发挥重要作用，很多老药具都成为文物。听说我的同事王庆昆专门收藏老药具，经多年不懈的努力，在这方面颇有成效，已成为民间收藏家，现为天津文博协会民间收藏委员会会员，在天津市收藏界，收藏老药具他是独一份，新华社及其网站、《今晚报》《渤海早报》《今晚经济周刊》等多家媒体予以报道，中央电视台专门拍摄了20分钟的专题片，并在全国卫视转播。

初冬的一天，我慕名专门去他家参观采访。

走进他家，映入眼帘是占了客厅一面墙的文物架，上面摆满了各式各样的瓷器，有青花瓷的药罐，有乳白色的乳钵，有罕见的瓷药碾，有唐代的瓷脉枕，卧室、餐厅、阳台都摆放着各种老药具的藏品，各种老药瓶、药戳、药鼓、药杵、药壶，琳琅满目，他收藏的老药具已有二百多种(件)，他的家俨然是一微型老药具博物馆。

已过耳顺之年的王庆昆热情地接待了我。说到这些老药具，老王如数家珍，侃侃而谈："我这辈子就没离开中药,上学念的是中药学校,毕业后分配到天津同仁堂制药厂,从制药工人到副厂长,几十年与中药相依相守,直至退休。中药文化遗产博大精深,有几千年的历史,我对中药有特殊的感情,如何挖掘和传承中药这一瑰宝,让我们的后代了解中药文化,成为我退休后的追求。”

说起老药具的收藏,还有一段曲折的经历。他父亲喜爱收集瓷器,曾收藏不少古瓷,在父亲的影响下,王庆昆年轻时就爱好收藏。“文革”中破“四旧”,他父亲把收藏的瓷器都砸了。拨乱反正后,每每回忆这件事,他父亲就十分遗憾。这时的王庆昆就想再圆老爷子收藏瓷器的愿望。经过几年的努力,他已收藏各种古瓷器五百多件,包括瓷瓶、瓷罐、瓷碗、瓷碟、瓷壶、瓷樽、瓷枕、文房用具等多个门类,从汉代的陶器,到唐、宋、元、明、清以至民国各个朝代的瓷器都有。说着,他拿出了藏品,一一介绍,这个陶罐是马家窑网纹罐,距今已有3000年历史;这个是唐代黄釉莲花纹六系罐;这个是宋代白釉莲花纹四系罐;这个是元代钧瓷彩斑双系罐;这个是明代青花花鸟纹瓷罐;这个是清代粉彩菊花纹观音瓶;这几个是民国时期红楼梦系列的帽筒……真是琳琅满目。

“你怎么又改收藏老药具了呢?”我不解地问道。原来收藏瓷器后,王庆昆离不开前辈的教导。在天津收藏界有一位颇有威望的收藏家——杨克贵先生,小一辈的收藏者都尊称他为“杨爷”。他每淘到一件瓷器,就向杨先生请教,让其掌眼,学到不少这方面的知识。有一次,这位前辈问了他两个问题:“你收藏了多少件瓷器?你是干什么工作的?”王庆昆说他收藏了五百多件瓷器,学的是中药。前辈听后说:“收藏瓷器一般都是家传,水很深,你所收藏的瓷器都为民窑,而官窑在民间存留很少,且价格昂贵。你是学中药的,一定很了解中药的相关知识,为什么不收藏与中药相关的老物件呢?现在收藏老药具可是空白,你能搞这方面的收藏就是独一家!”听了前辈的一番话,他茅塞顿开,“对呀,中药是我的老本行,收藏老药具我有得天独厚的优势”。于是,他开始转向自己更熟悉的领域,收藏老药具,从此一发而不可收。

收藏这些老物件谈何容易，一是年代久远，市场上流通少，古玩市场也少见；二是人为损坏多，有些小药瓶服药后随手丢弃，很少留存，更显弥足珍贵。王庆昆一有空就往古玩市场跑，每发现一件老药具，千方百计也要淘到手。对中药器具、典藏医药古籍、老字号药店的药目、民间验方手抄本等他都不放过。功夫不负有心人，如今，他已收藏多个门类的老药具二百多件，其中一款长沙窑脉枕的年代可以追溯到唐代，而清代光绪年间胡庆余堂的豆青釉水盂、宋代的洗眼壶杯等也都被他收入囊中。说到洗眼壶他还演示了使用方法：他一只手举着壶嘴朝着眼角冲水，另一只手端着特殊设计的接水盆，其边缘弯曲刚好和人的脸贴合。现在别说这种使用方法，就连这个器皿都无人认得。

他还向我展示一组陶罐。从外表看类似养蛐蛐的罐，上半部挂釉，下半部本色。原来这是早年间盛膏滋的容器，罐体上印有“同源堂”“仙德堂”等名号及膏名，装入膏滋后用油纸封口扎牢出售。他收藏的小药瓶独具特色，一枚枚始于清代的青花小药瓶，胎质白而青，绘有兰花，十分淡雅，宛若一件件精美的工艺品，这些小瓷瓶不仅造型精美，每个小药瓶上都有“天津”二字，例如“天津同德堂”“天津德生堂”“天津瑞芝堂”“天津长春堂”“天津永春堂”等，每个药瓶都展示出各家的独门药。如德生堂的平安散、长春堂的避瘟散、瑞芝堂的红丸药、永春堂的眼药，等等。通过对这些老药瓶的收藏，可以进一步研究天津中药行业发展的历史。

他拿出一个老物件，外表乍一看，好似一块长椭圆形的木板。他告诉我，这是称细料的“分厘戥”。只见他轻轻平行错开，在凹槽内卧着一个象牙杆的小药戥，上面雕刻着分、厘的刻度，十分精致，黄铜的戥盘和戥砣，小巧玲珑。他说这个分厘戥专门用来称羚羊粉、琥珀、牛黄等贵细药材的。还有一件造型奇特的陶罐，看似一个水罐，实则为盛装煎剂的药壶，有“三系、大口、小嘴”的特征，从罐梁穿上绳子为提手，把从药店煎好的中药从大口灌入药壶提回家，服时从小嘴倒出，十分方便。这样药壶实为少见。

在他的藏品中，木版《本草纲目》《本草纲目拾遗》《雷公炮炙论》等中医学典藏书籍均被他细心保存；天津隆顺榕、同仁堂等老字号药铺的药目也被他完整保存，特别值得一提的是一本清代万全堂药目。这是他的老同事珍藏的一本老药书，得知他收藏老药具特意送给他的。这是一本用毛头纸石版印刷的线装书，前几页已残缺不全，扉页上半截印有繁体字的“生记万全堂药目”“开设天津估衣街路南”。前面还有用楷书写的序，落款为：“上书房行走翰林院侍讲愚弟王文锦拟序并书”，时间为“光绪十二年(1906)岁次丙戌”。看来万全堂的掌柜与翰林院侍讲关系不一般。

在天津有一首歌谣：“大药铺同仁堂，裕牲、天元、万全堂。”万全堂列在清代天津大药铺之中，据说万全堂药店的坐堂医治好了李鸿章的病，李鸿章要付诊费，掌柜的婉拒，说：“您不用付费，您给我堂题个牌匾，润笔就权当诊费如何？”李鸿章欣然答应，提笔为万全堂题写了店名。自此万全堂名声大振，在清代天津药行中，万全堂可谓名列前茅。论资产，数一数二；论经营，万全堂自始至终中规中矩，药做得地道，有口皆碑。

书中介绍了万全堂所生产的中成药药目，书有“修合无人见，存心有天知”，这句话一直是医药行当中的一条职业道德古训，“修合”在古语里是制药的意思，是指中药的采集、加工、配制过程，它涉及药材的产地、成色、质量、加工等因素，直接影响中药的疗效。“修合无人见”就是你制药的时候没人能看见。但在这个过程中自己一定要凭良心做事。在无人监管的情况下，做事不要违背良心，不要见利忘义。因为你所做的一切，上天是知道的，也就是通常所说的“人在做，天在看”。此书载有丸散膏丹、各种药酒共六百余种。除书前的序言外，紧接着为生记万全主人拙安氏于光绪癸未秋八月撰写的叙：“此本刊自乾隆己卯，原版已经散佚，诸方且多未备识者，咸抱关如之憾。兹复补遗订坠缕晰条分，如某方应列某门，某药应治某症，详叙眉目用佐……本堂精选地道药材，遵方配制以经传之……”

之后，按病症分为风寒门、脾胃门、饮食门、妇女门、诸火门、眼目门、补益门等16科门，逐一介绍各类病症的病因。如风寒门中写道：“从来中风者，年逾四旬之外，缘少年纵酒嗜欲，肥甘过度，致生湿痰，伏藏经络……”脾胃门中写道：“昔东垣发明内经之旨，论脾胃内外伤之辨曰，凡人以胃气为主，有胃气者生，无胃气者毙……人无胃气，不思饮食，如春令之不行，失继于脾，而运化何物焉？……大抵脾宜暖而不宜寒，胃宜温而不宜燥，此治法之大端也，或补或泻，不可执方。病者谨慎调理，莫蹈前辙，略云大概，岂能尽其意乎？”这一章节，按中医理论详细叙述各种病症的病因及治疗的大法。下面为天津万全堂虔修诸门应证丸散膏丹总目，分别介绍所包含的药品，与如今我们中成药的科属门类的划分大体类似。如风痰门的牛黄清心丸，介绍了主治的病症：“治男妇诸风，缓缓不随，言语蹇涩，痰涎壅盛，猝然晕倒，口眼相引，手足挛搐，脊背强直，口吐涎沫，怔忡健忘，癫狂痫病，语言错乱……”“暑湿门载有六合定中丸、藿香正气丸、六一散、香薷丸等。藿香正气丸项下写道：“专治四时不正之气，风寒时气，山岚瘴气……”品种之众多，内容之翔实，不愧为实用之药目，是一本难得的清代老药书，实为罕见，他如获至宝，爱不释手。

他还收藏一本《达仁堂药目》，这是达仁堂在天津大直沽宝宅开业的第一本药目，在1913年仲春刊印，对达仁堂的发展史的研究具有重要意义，他连同一本民国时期达仁堂《函售制度和价目表》无偿捐给了达仁堂。

王庆昆的藏品除了具有年代感外，还有史料价值。有一次，他去沈阳道古物市场淘宝，无意间发现在一堆民国期间的旧剪报中，有小说连载。他拿起翻看，背面有老药铺的广告，他眼前一亮，如获至宝，欲购买这些旧剪报。摊主发现他对连载的小说不感兴趣，而是对背面有老药铺的广告情有独钟，于是出大价钱想讹他一笔。王庆昆看出摊主的意图，与其讨价还价。可摊主就是不松口，说："你买回去，给报纸写两篇稿子，钱就赚回来了，何必跟我们小贩斤斤计较。"但小贩要的价位他实难以接受，可遇到这个机会实在难得，又不愿与这些老药铺广告失之交臂。他又返回与摊主砍价，最终成交。买回这些老广告后，他分门别类，装裱成册。如广药做的广告别有特色。原北洋广告药品部为广东药品做的广告就用上这样的广告词："娶妻要看舅，买衣要看袖。"生动形象地道出广东药的货真价实。又如天津乐仁堂在旧民国报纸上做的广告曾用："吾乐氏自清康熙壬午于北平开设同仁堂以来，所用各种饮片丸散膏丹按症购服，无不效验如神，本堂主人仰承遗嘱设乐仁堂于外埠，凡选材制造无不精益求精，上符先人济世之心，俾垂久远利之厚薄非所计也。"其意是说，乐仁堂所生产的药货真价实，一切为病人着想，从不计较利益。还有天寿堂做"姑嫂丸"广告时，在报纸上画有一穿旗袍的妇女双手抱着一幼儿的图像，以此广告受众，该药专门治疗妇女不育不孕症的。这些老广告对研究旧时药品广告的发展史有一定的价值。

他收藏的两张达仁堂药店乐家老铺的药品仿单，印证重大的历史事件。"仿单"是指我国清代中叶以来，一些药铺为扩大宣传效果，在药包上常覆盖一个纸木版印的药品介绍。这种仿单是介绍药品性质、功效、用法的一种说明书。随着印刷工艺的进步，仿单又兼具一种信誉保证书或防伪标签的性质。这两张药品仿单是在他到古文化街寻访藏品时无意中发现的，薄薄的两张纸，摊主要价 150 元，当时他觉得不值，没舍得买。回到家中他有些后悔。以后他多次到古文化街寻觅，再没有看到它的身影。半年以后的一天，那位摊主惊现在他的眼前，真是"踏破铁鞋无觅处，得来全不费工夫"，他想，这次绝不与其失之交臂。他二话没说，拿起摊主的本子浏览，里面又多了几件藏品，摊主爽快地说："这些你给 120 元都拿走。"上次 150 元只有两张药品仿单，这次附加几件藏品只要 120 元，买得值，立马成交。

药品的老仿单，其中包含了诸多值得研究的信息，为我们了解中药行业的习俗和发展提供了实物史料。回到家中，王庆昆仔细研究和解读这两张仿单。这两张仿单一张为“银翘解毒片”，另一张为“香连片”。在银翘解毒片的仿单上印着“国药改进科学制品”字样。还印有：本方系根据清初吴鞠通氏所拟银翘解毒丸处方经我店改用科学方法提炼制成片剂，其功效与原丸药无异。仿单上还印有主要成分、主治等内容。它与平常的药品仿单不同之处，在于上面都用红色镂空字印着“抗美援朝、卫国保家”字样，说明早在1953年中药新剂型已研制成功。在20世纪50年代，周恩来召集中医药知名人士，提出将传统的中药剂型进行改革，向“三小、三效、五方便”（即剂量小、毒性小、副作用小，高效、速效、长效，生产、运输、贮存、携带、服用方便）的方向发展，实现中药现代化。当时，天津达仁堂经理乐松生邀请了北京大学教授郑启栋进行研究，历时两年终于研制成银翘解毒片、香连片、黄连上清片、女贞片四种片剂，这标志着中药剂型的重大变革，把传统的中药，经现代化的提取工艺，浓缩制成片剂，便于服用，提高了疗效，一改传统大蜜丸、散剂服药量大、疗效缓慢的弊端，受到市场的欢迎。当时，正值抗美援朝期间，这批药生产数量不多，留存于世的仿单更显得弥足珍贵。他通过进一步解读还发现了达仁堂将最新研制的片剂药品无偿捐献给志愿军战士，在抗美援朝时传为美谈。

王庆昆还收藏一种中药小票。旧时抓汤药每味药都单包，内附一张小票，上面印着药铺字号、药名、主治，并有这味药的图像，然后码成像金字塔一样的药包，捆好交给顾客。顾客回家后，可按处方核对药味，防止差错。他收藏的小票有天津天和堂的炙杷叶，上面画有枇杷叶的图形，印有主治为“清肺降火、宁嗽化痰”，还有天津宏仁堂的当归身小票，印有“主治：补气养血、扶阴助阳”的字样，图文并茂。这样的中药小票现已难觅踪影。

在他的藏品中，还有一枚信封，上书“乐肇基先生收”，落款是“荣华工程公司”。乐肇基何许人也？王庆昆介绍说：“乐肇基是创办达仁堂乐家老铺的乐达仁的亲侄子,他继承了达仁堂的基业。王庆昆发现这个信封后,就想,乐肇基的私人信件为何会出现在古文物市场上呢?这绝对是个老信封,于是毫不犹豫掏钱买下。

这个信封虽然没有信囊,不知道其内容是什么,也不知道“荣华工程公司”是什么单位,但其中定隐藏着大背景。王庆昆说:“回想当年,我们企业曾进行一次大规模的整顿,一些与生产无关的物品被当作废品卖掉了,像老单据、老发票与企业来往的信件等,收废品的小贩都是整麻袋地往外背。我估计这个信封也是这样流入古物市场的,其中的故事还需要我们进一步考证。”

王庆昆收藏之路既充满了艰辛,也收获了快乐,有说不完的故事。中新药业集团公司原党委副书记杜志勋得知他收藏老药具,便把家中于 1956 年药店公私合营时当废品处理的两个青花瓷大药罐无偿送给他。这种药罐专门用来盛装蜜丸的。旧时中成药的生产都是前店后厂。把中药研成细末,用炼制的蜂蜜和成药坨,再用准子(一种制蜜丸的工具,上有用木头旋成半圆形的碗,下有一活动的小木棍)将一小块药坨填入抹平,用小木棍顶出,揉圆即成蜜丸。准子有大有小,分为三钱、二钱、一钱、五分等多个规格。这些蜜丸没有外包装,制成后,统统装入大药罐中。有顾客来买时,用夹子夹出,外裹上一层油纸,附上一张仿单交与顾客。王庆昆非要付费,杜书记说:“我这两个药罐可是老货,在我家一直当盛米面的容器使用,几次搬家都没舍得扔掉。得知你收藏这些药具,我把它送给你,让它发挥更大的作用。你要给钱,我就不给你了。”王庆昆只得笑纳。他回到家中,用手电筒照在药罐斑驳的纸条上,立即显示“秘制”二字,这正是老药铺盛放蜜丸用的“将军罐”,至今已有上百年的历史,他如获至宝,对这对药罐爱不释手,稳稳地摆在文物架上。

王庆昆说:“中药传统的手艺如果在我们这一代失传了,中药文物在我们手上流失了,我觉得愧对历史,无法向后代交代。”他就是怀着历史的责任感搞老药具的收藏,使古老的中药国粹得以传承,同时,丰富了他的退休生活，使他晚年生活格外充实。他的藏品有的是珍品，收藏界有人看中某件藏品，欲出大价钱收购，被王庆昆断然拒绝。他说："收藏老药具是我的爱好，这些藏品来之不易，我收藏老药具进一步促进自己学习，颇有成就感。这些藏品不仅属于我个人，更属于中药界，属于国家的，你给多少钱我也不卖。如果让收藏老药具沾上铜臭味，就失去意义了。待我百年以后，将这些藏品无偿地捐给国家。"他有如此高的境界，真让人竖起大拇指，给他点个赞。

王庆昆多年如一日，呕心沥血搞老药具收藏，正如他所说："收藏之乐，其乐无穷。老有所为，乐此不疲。"

（作者韩晓，天津中新药业股份有限公司副主任中药师，已退休）

天津市药材公司援藏往事

·南　凯·

青藏高原是世界上隆起最晚、面积最大、海拔最高的高原，全区平均海拔在4000米以上，素有“世界屋脊”之称，祖国边陲西藏就位于这座“屋脊”的西南部，以其雄伟壮观、神奇瑰丽的自然风光而闻名。旧西藏经济十分落后，交通闭塞，没有现代工业，只有牧业和少量农业、手工业。自1951年西藏和平解放后，虽有所发展，但仍落后于其他省、自治区、直辖市。为此，中央人民政府每年从内地抽调大批干部援助西藏地区建设。从1956年起，在中央人民政府商业部和中国药材公司牵头下，曾多次组织京、津、沪3个直辖市的中药技术人员对口支援西藏。仅天津市药材公司从1956年至1985年就派出15批援藏干部，总计有60余人。这些援藏干部深入西藏各个地区，克服重重困难，历尽千辛万苦，在西藏挖掘和普查药材资源，协助组织收购中药材，传授中药技术，培训援藏干部的子弟，为西藏的中药事业的发展做出了贡献，与当地藏族人民建立了深厚的感情。特别是援藏干部曹振宇曾12次进藏，克服艰难险阻，从水流湍急的雅鲁藏布江，到高耸入云的唐古拉山脉，都留下了他的足迹。他参与普查中药资源,协助收购中药材,帮助藏民脱贫致富,他每到一处,都受到当地政府和藏民的热烈欢迎和盛情款待。他还被评为全国劳动模范、全国民族团结进步先进个人,受到党和国家领导人的接见,为西藏中药事业的发展做出了卓越的贡献。

一、艰难关口不屈服

首先,要挺过旅途艰险和下乡出行关。新中国成立初期,边陲交通尚不发达,去西藏,得从北京出发,坐火车至甘肃兰州,转车至青海格尔木,再搭乘解放牌军车,走青藏公路,翻越海拔 7000 米的唐古拉山,要经过七八天的行程,才能到达拉萨。有一次,遇到恶劣的天气,这批援藏人员足足走了 23 天才到达目的地。当时的山路曲折颠簸,路况不好,再加上高原缺氧,进藏的干部很多人不适应,一路上头痛欲裂,呼吸困难,根本没有食欲,有人没到拉萨就倒下了,旅途的艰辛难以言表。

在 20 世纪六七十年代,西藏的交通非常落后,柏油路只有拉萨有,其余地区都是沙石路,拉萨通往各专区有长途汽车,其余县与县之间距离甚远,近处也有几十千米,远的则上百千米,没有长途汽车,援藏人员进藏后下乡开展工作,一是靠搭乘来往公路上运输公司的货车,二就是搭乘部队的运输车,实在没车可搭,只能靠步行。那时分工一个人有时负责几个县的工作,下乡前要自己联系车辆,不管是地方的车,还是部队的车,只要能搭上就好,碰巧也能搭上县领导的车下乡。由于公路质量差,险要路段较多,崎岖的山路一天走不了多少千米,沿途又没有旅馆,只能算计好在多少千米处有兵站或道班,那里能有饭吃,也可过夜,但没有被子、枕头。在兵站吃饭、睡觉就交几毛钱,如遇到内地来的汉族老乡,见了面特别亲,就不收钱。第二天,天一亮就又要赶路。有时遇到公路塌方或泥石流就惨了,困在途中,有时三五天也走不了,只能露宿或找到附近藏族群众家里吃住,给几毛钱就行或是给点东西也可。

由于交通问题,对工作的开展影响很大。当时,援藏干部侯玉祥负责聂拉木和樟木两个县的工作，两县之间相距约四十五千米，他经常是步行往返。在樟木口岸，他爬高山，走盘山路，每天下乡来回走几十里路是常有的事。他曾作《攀高山》诗一首："登上三千七，还有四千三，头顶蓝天脚踏云，风景独特的青藏高原。盘山路宛如银带缠，我顺银带往上攀，到了山顶朝下看，呦，我已经到了天边。"

其次，要过高原反应关。由于地形、地貌和大气环流的影响，西藏的气候独特而且复杂。随着海拔增高、气压降低、空气密度减小，每立方米空气中的氧气含量逐渐递减，从华北平原来的天津人到西藏后都会产生高原反应。每批援藏人员到达拉萨后，都被安排在招待所休息，逐步适应高原气候，严重的还要吸氧治疗，以加快机体对高原反应的适应过程。援藏干部杨继宗进藏后不敢大动，缺氧反应大，头疼得直撞墙；李中华到达拉萨后，吐血不止，紧急送往拉萨市人民医院，原来是胃出血和肺水肿，医生说如果送的再晚些可能会有生命危险。每批援藏干部临行前都配备脑宁、止痛片、速效救心丸等药品，在拉萨休息一段后，多数人基本适应了西藏的气候。之后，才分配他们到下面各个地区开展工作。提到速效救心丸，还有一段小插曲：1984 年五一国际劳动节那天上午，西藏自治区第一书记阴法唐在拉萨罗布林卡公园接见全国援藏各对口单位的正、副领队。当他走到天津援藏副领队杨平面前时，闻到一股清凉的香味，他忙问身边的工作人员这是什么气味？杨平急忙答道："是我含的速效救心丸。这是我们天津生产的，由川芎、冰片等中药组成，口中含服有缓解高原反应的功效。"阴书记听后，对天津援藏总领队、天津建委主任李振东提出能否将速效救心丸支援西藏一部分？李主任当即应允。后来得知，李主任责成天津市经济协作办公室张福祥与天津市药材公司联系，曾多批次将速效救心丸空运拉萨，支援西藏，这是后话。

再次，要过语言关。西藏自治区是我国一个最大的少数民族地区。在 20 世纪六七十年代，西藏还很落后，大多数藏族群众长期受着三大领主的压迫，根本上不了学，大多数是文盲。西藏和平解放后，党和政府办了很多学校，进行双语教学，只有在校的学生及各级藏族干部会讲些汉语。我们去的汉族干部不懂藏语，在工作、生活上遇到不少困难，援藏人员的工作是协助收购中药材，基本上都是在乡下和山区，语言不通给我们开展工作带来了困难，有的条件好一点的县能短期配备翻译人员，但大多数没有这个条件，更何况我们援藏人员的工作是在乡下，只有靠自己学藏语了。那时条件很差，又没有集中时间学习语言，我们援藏人员都是一边工作一边学藏语，特别是学习一些与收购中药材工作有关的语言，还要学习生活中常用的词汇。因为那时除了县城，乡下没有招待所，他们有时要住在群众家里，不懂语言就特别不方便。经过一段时间的学习，大多数同志都能在短期内讲一些常用的语言，解决了工作及生活中的问题。70 年代援藏人员侯玉祥曾写过一首《学藏语》三字顺口溜："学藏语，从头起，咔拉莎，称吃饭。拜老师，需谦虚，吐介其，谢谢你。打手势，解其意，胡黄连，叫过计。勤实践，牢牢记，耐心学，常练习。午饭前，记一句，多交流，更牢记。早起床，多复习。"

最后，过生活习惯关。到西藏主要食品为糌粑，就是炒面的藏语译音，是将青稞洗净、晾干、炒熟后磨成的面粉，它是藏族人民天天必吃的主食。援藏干部下乡就吃这个，食用时用少量的酥油茶等搅拌均匀，用手捏成团即可。打酥油茶也是西藏的特色饮料，是用酥油和浓茶加工而成。先将适量酥油放入酥油茶桶中，佐以食盐，再注入熬煮的浓茶汁，用木柄反复上下搅拌，使酥油与茶汁融为一体，呈乳状即成。刚去的同志，吃这些食物非常不习惯，有的人闻到酥油茶的味道就想吐，糌粑吃到嘴里直打转，很难下咽。还有一种血肠，就是宰牛时把肠子抻出来，翻个个，再将牛血灌进肠子里，扎紧口，放在屋檐下自然风干。吃这种血肠时，用牛粪炉子烤熟，沾盐巴吃。援藏干部王树明亲眼见过血肠的制作过程，所以他吃一次血肠得呕吐三天，不思饮食。尽管不适应，但由于没有别的吃的，只能硬着头皮吃。而且当地没有水果和蔬菜，他们都得了便秘。朱芳臣到西藏时一百三十多斤，仅一个月就瘦的不到一百斤。有一次，药材公司的领导赴西藏慰问援藏干部，带了点苹果。当分发到他们手中，谁都舍不得吃，只是用鼻子闻了又闻。

由于西藏高原缺氧，烧开水摄氏60度就沸腾；蒸馒头、煮水饺都必须用高压锅，蒸出的馒头，用手一捏就瘪。侯玉祥回忆说："我记得，20世纪70年代我们援藏人员按汉族干部待遇，发给我们临时副食本，在日喀则地区按人口每月供应2斤砖茶、4条香烟，还有青油等。但那时我们援藏人员的补助每天1.4元，也买不了这些东西。吃饭在专区、县都是在机关搭伙，每餐0.5元，一天也就一块多钱。下乡就苦了，没有地方吃饭，只能在藏族群众家里搭伙。那时藏民家里条件很差，除了一些餐具以外，再就是身上穿的衣服，其余什么也没有。我们下乡吃顿饭，一般每天要付两毛钱，藏族群众很好客，不把钱看重，只是没有什么吃的给我们，只能提供酥油茶、糌粑面，有时连酥油茶也没有，想吃肉要等到屠宰的时候，或者有时能吃上藏族群众打来的野味、野山羊等。"

条件好一点的可以自己做饭，在乡下用政府提供的白铁炉子，燃料主要是干牛粪和木材。藏族同胞看我们做饭很新鲜，有时也来吃。1976年援藏人员张溥曾写下过一首诗描述当年在日喀则白朗县的工作和生活："白朗海拔三千八，终日每天刮风沙。一日三餐烧牛粪，土坯房里来安家。万里高原药花香，春光大黄正好挖。药材收购任务大，天津药司协助抓。"

这些不适应没有难倒他们，艰苦的生活反而锻炼了他们的意志，经过一段时间他们逐渐适应了当地的生活，度过了生活习惯关。

二、协助收购药材

西藏幅员广大，那里蕴藏着许多宝贵的资源，药材是其中之一。在西藏东南部雅鲁藏布江流域，气候温和，雨量较多，树木茂盛，草药很多；藏北地区多高山峻岭，人烟稀少，气候寒冷，不适合树木生长，主要出产一些珍贵药材。西藏药材产量大，种类繁多，有三百种左右，其中具有医疗及经济价值的约一百种。

冬虫夏草是西藏特产的贵重药材之一，简称虫草，有“冬天是虫，夏天是草，冬虫夏草是个宝”的民间谚语。

冬虫夏草虫体呈金黄色、淡黄色或黄棕色，西藏产的称为藏草，质量较好，很受市场欢迎，售价也较高，目前市场价格昂贵，售价超过黄金的两倍，有“黄金草”之称，当前，冬虫夏草的湿草每根收购价格在30—40元之间，可在当时，1斤冬虫夏草的收购价才十几块钱。它生长在4000米高山雪线以上，冬天雪下得越大，冬虫夏草长得越多。1961年，有一次，援藏干部朱芳臣带领二十多名藏民，带着糌粑和帐篷到那曲地区采挖冬虫夏草。他们在山脚安营扎寨，安顿好后就往山上爬。高原的气候恶劣，一天三变脸，出发时还太阳高照，一会儿就阴云密布，狂风大作，暴雨夹着冰雹铺天盖地地砸了下来；饿了就啃口糌粑，渴了就抓把雪。由于条件恶劣，每天只能上山一次，而且多在上午，抓紧采挖。夜晚就宿在八面透风的帐篷里，漫长的夜晚，寒冷异常，冻得他们蜷着身体，夜不能寐。经过几天的艰苦奋斗，收获颇丰。援藏干部杨平回忆，在1984年夏至时节(6月下旬至7月上旬)带领藏民到藏北黑河地区挖虫草。当时山上的积雪尚未完全融化，杂草还没长出，容易发现冬虫夏草的子座，他们就半跪在寒冷潮湿的山坡上，冒着患“雪盲”的危险，发现一棵虫草，就用带来的红绳系上它，再搜寻周边，还能发现多株虫草。采挖时，用他们自带的工兵铲将周边的泥土、碎石刨开，慢慢挖出体形完整的虫草，虽然他的裤子都湿透了，手也被荆棘扎破，但看到挖出的冬虫夏草，心里还是暖融融的，有一种满足感。经过大家的努力，有时一天就能挖一百多颗。协助西藏群众收购虫草，既增加了藏民的收入，又解决了天津市的药用问题。

西藏另一个特产为珍贵的麝香，又名寸香，为鹿科动物林麝、马麝或原麝等成熟雄体位于肚脐和生殖器之间的腺体中的干燥分泌物。西藏产的麝香为马麝,体形较大,吻较长,全身呈棕色,通常仅颈部有少量模糊黄点,颌颈下和腹部呈黄白色。雄麝上颌犬齿发达,露出唇外,向下微曲,俗称“獠牙”;脐部有香腺囊,囊内包含麝香,为常用中药。

由于麝香功效显著,资源短缺,也是天津市场上的紧缺品种。援藏人员也将协助当地收购麝香当成重点工作,并学会了鉴别麝香真伪的方法:眼观:真麝香的粉粒呈棕褐色或黄棕色,团块中偶有方形柱八面体或不规则晶体,无锐角,并可见圆形油滴,有时也可见毛及皮层内膜组织。鼻嗅:真麝香有一种特异的香气,经久不散。如果没有浓香袭人,或者有腥气、臭气,则为假货。口尝:取少许麝香口尝,真麝香有一种刺舌的感觉,并有一种清凉之味直达舌根,味道纯正,没有腥臭异味。手捏:真麝香微软,有弹性。用手捏后再取少许麝香加适量水调匀,若不脱色、不染手、不黏手、不结块者为真品,反之则为假货;也可将少许麝香置于掌心,如果加水湿润后能搓成团状,用手指轻揉即散开、不黏手、不结块,则为真品。火烧:取少许麝香,置锡纸上隔火烧热,可见轻微如磷似的火焰,然后有蓝色烟柱直线上升,麝香会发生跳动、蠕动、迸裂或有爆鸣声,则为真品。如果火一烧就起油泡,且无香气者为假货。水泡:将少许麝香放入沸水,如急速旋转后渐渐沸翻溶化者为真品。如果漂浮在水面上或沉底不动、不溶化则为假货。这些方法简便易学,把住收购麝香的质量关。

西藏药材资源丰富,他们还协助当地医药公司收购大黄。西藏大黄是蓼科大黄属植物,产于西藏西部,生于海拔3600—4600米山坡石砾间,为矮小粗壮草本植物,根状茎粗壮,叶片革质,近心形或心状圆形,顶端钝,叶上面无毛,下面沿叶脉生短柔毛;圆锥花序,自根状茎顶端分出,苞片极小;花呈淡紫红色,藏语称“曲匝”。

西藏大黄储量丰富,在3000米高度的山沟里,漫山遍野长年都生长着大黄。由于是野生,有得天独厚的自然条件,大黄长的粗壮,一个就有好几斤重。可是西藏大黄药用还有一段不寻常的经历。西藏产的大黄原植物来源复杂，品种繁多，被列为混乱品种，多数被用来做颜料，如西藏的建筑，特别是寺庙、布达拉宫外墙的红、黄两种颜色即是用大黄及其他物质混合制成的颜料染成的，西藏大黄很少药用，在天津市以前也没有记载和使用过西藏大黄这个品种的。

天津市药材公司援藏人员进藏后，发现西藏盛产大黄，这种大黄能否药用？经过多年工作，他们认真分辨大黄的种源，并与公司技术、质检人员认真检测，发现西藏大黄中有天津市习销品种——掌叶大黄。经过临床试用确有疗效，于是确定将该品种命名为西藏大黄，并将其规格、价格列入天津市中药材、中药饮片牌价本中，作为大黄的一个新品种。朱芳臣曾带领藏民上山采挖大黄，他们吃住在山上，一个星期就采挖了几百多斤，用十几头牦牛驮下山，交售给供销社收购站。从此在西藏各地收购的大黄，源源不断从西藏运到天津，供市场使用。

除此之外，他们还将鹿茸、鹿角、贝母、党参、杏仁、秦艽、丹皮、木瓜、重楼、麻黄、桃仁、黄连、柴胡、当归、黄芪、龙胆、乌头、雪莲花、五味子等几十种收购品种制成宣传牌，标明收购规格、质量标准、价格等内容，挂在供销社门前，动员藏民采挖交售。每天宣传两种，天天更新。这些品种很多是内地紧缺品种，通过宣传，使收购量大大提高。

三、挖掘新的药源

援藏药师在工作中发现一些新药源，有牛羊胆、驴皮、岩白菜等，还协助当地成功试种胡黄连，使收购品种不断扩大，挖掘了新药源。

收购牛羊胆。在食肉方面，藏族禁忌较多，一般只吃牛羊肉而把牛羊的胆囊作为废弃物随手扔掉。牛羊胆中含有大量的胆红素，是生产人工牛黄的重要原料。由于国内天然牛黄资源日益稀缺，难以满足临床用药的需要，国家药品监督管理部门批准了生产人工牛黄。这种人工合成牛黄是按照天然牛黄的主要成分——胆红素、胆酸、胆固醇、无机盐等，人工配制的一种天然牛黄代用品，其制作工艺简单，价格还不到天然牛黄的 0.5%，在一定程度上满足了普通百姓的用药需求。人工牛黄占据了 98%的市场份额，成为天然牛黄的主要替代品。天津生产的中成药很多需要人工牛黄这种原料，由于原料紧缺，每年要从外地调入。到了西藏他们发现了牛羊胆新药源，在当地供销社的密切配合下，开展牛羊胆的收购工作。起初，牧民们不理解，他们就张贴宣传海报，深入牧区宣传牛羊胆的药用价值，大讲变废为宝、支援药用、增加个人收入的好处。经过一段艰苦细致的宣传工作，很快打开了收购局面。在西藏收购牛羊胆汁不是个简单的活，他们每天要到屠宰场和藏族同胞一起杀两百多头牛。西藏杀牛方法叫憋死牛，先用绳子将牛鼻子和四条腿绑紧，然后一刀直捅牛的心脏，一定是有经验的藏民才能准确无误，这样牛血全憋在肚子里，灌血肠时用。开腔后王砚田和王树明等人叮嘱藏民别把胆弄破了，请藏民取出胆放在桶里，还要观察牛是否还有天然牛黄。那曲地区昼长夜短，已经是夜晚 10 点钟了天还很亮，他们就在野外支起锅灶，王砚田师傅把劈好的木柴浇上汽油点着火，在藏民的协助下，将牛羊胆汁慢慢熬制成膏。一开始每天收购不到半桶，慢慢发展到每天能收购十几千克。他们将熬好的胆汁膏装桶，待凑够一定数量后，发往甘肃柳园仓库，及时发运回津，解决了当时天津生产人工牛黄的急需原料。当地牧民高兴地说："真没想到，几十年一直扔掉的废物，现在也能卖钱了。"

收购驴皮。他们在西藏收购的新品种还有驴皮，援藏人员做了大量的动员工作，发动藏民踊跃交售，使收购形成规模，成绩斐然。

驴皮是熬制阿胶的原料。阿胶又名盆覆胶、驴皮胶，为驴皮熬制的固体胶块，性平，味甘，具有补血止血、滋阴润肠、安胎的功效，是一味常用的补益药。阿胶还具有美容养颜作用，通过补血而滋润皮肤，利于皮肤保健。长期服用可使脸色红润，肌肤细嫩，有光泽，是滋养皮肤，美容养颜之佳品。

阿胶为药食同源的品种，有很高的药用价值和经济价值。在当时，1 千克阿胶出口可换回 1 吨小麦。他们发现，在西藏农牧民家中差不多家家都饲养毛驴作为主要的驮运工具，这些驴老残丧失劳动力后，藏民就将拴在驴脖子上的铃铛解下来，把驴放归深山，使其自然死亡，从不宰杀，当地称为“抹(ma)铃放生”。这因为藏民不吃驴肉。赶到山上，或老死山中，或被野兽吃掉。开始，他们上山去“捡”毛驴，用绳拴好后牵回驻地宰杀，收取驴皮，将驴肉、内脏切成小块，当成肥料埋在附近苹果园的树下。

但这样小打小闹的“捡”毛驴终成不了气候，必须发动群众扩大收购。于是他们在地区商业局的支持下，先在山南地区搞收购驴皮的试点，编印了宣传材料，介绍驴皮是熬制阿胶的主要原料，驴肉可食用，油能制造肥皂、蜡烛……为破除迷信，改变藏民习俗，他们亲自示范宰杀毛驴，亲口吃驴肉，打消藏民的顾虑。为收购驴皮，经过他们的工作，拉萨、日喀则、穷果区等地区的商业局还专门下发了收购活驴的通知。经过援藏同志的不懈努力，终于打开了收购局面，仅进藏的第一年就收购驴皮几百张，为天津市生产驴皮阿胶提供了原料，取得很好的经济效益。

发现岩白菜资源。刘乐贤在西藏工作期间，发现西藏几个县都有岩白菜这味药。据资料记载，岩白菜又名呆白菜、矮白菜、岩壁菜，为虎耳草科植物，生长于海拔3700米以上地带，是多年生常绿草本，多生于高山阴湿石缝中，叶片紫褐色，花朵紫红色，十分美丽，每年5—6月采全草，晒干即可药用，其性平、味涩、微若，具有补脾健胃、收涩固肠、除湿利水、活血的功效。《植物名实图考》曾记载：岩白菜“生山石间，铺生不直立，一名矮白菜，极似莙荙，长根数寸，主治吐血”。

刘乐贤发现这一资源后，即向当地领导汇报，建议组织开发利用，并向天津市药材公司领导建议收购岩白菜，以此为原料研制新产品。由于西藏只有少数人知道此植物对腹泻有作用，但没有组织过采挖。在当地政府的支持下，发动藏族群众上山寻找。群众反映有一种叫电缆的植物与岩白菜相似，后经刘乐贤辨认，此电缆即是岩白菜。而电缆一名的由来是因为岩白菜鳞片状根部裸露在岩石上，雨雪过后经太阳光反射出的亮光与架设的高压电缆线发出的闪光接近，所以当地的群众把岩白菜叫作电缆。得知这一情况后刘乐贤大喜过望，立即协助当地政府组织群众大量采挖电缆。

群众采挖后，刘乐贤亲自指导加工成合格的中药材岩白菜，并成批运回天津。既给当地群众增加了收入，也为天津市开发新产品提供了原料。从1977年开始，刘乐贤回津后，即调入第四中药厂（现天津同仁堂制药厂）药检科工作，潜心研究岩白菜的功效，开发新成药，经过几年的努力，最终研制成功中成药的新产品——痢速宁片，疗效显著，受到医疗单位和病患者的好评。

试种胡黄连。胡黄连又称割孤露泽、胡连，为玄参科多年生草本植物，性平，味苦，无毒，含有胡黄连素、胡黄连甾醇、胡黄连苦苷等成分，与黄连名称相似，且均为苦寒清热燥湿之品，善除胃肠湿热，同为治湿热泻痢之良药。《本草纲目》记载：胡黄连“其性味功用似黄连，故名。割孤露泽，胡语也！”现代药理研究表明，胡黄连还有消炎、抗菌、抑菌的功效。这种药材为多年生草本，主产在喜马拉雅山区，生于海拔3600—4400米的高寒地区的岩石上及石堆中，或长在浅土层的向阳坡、高山草地处。过去国内药用胡黄连主要从尼泊尔、印度、不丹等国进口，西藏和四川、云南等地有少量野生，但资源枯竭，形不成批量商品。他们进藏后，在自治区有关部门要求下，让他们在希夏邦马峰下协助试种胡黄连，使资源稀缺的野生品种变为家种。从1975年开始，药材公司援藏人员就在与尼泊尔接壤的聂拉木县小面积试种，由于气候、土壤等条件适宜，生长良好，初步试种获得成功。1976年侯玉祥同日喀则医药公司赵军营会同县供销社的同志继续试种，将试种面积扩大到约一亩地。试种面积的扩大，需要大量种苗，他们不怕困难，爬上希夏邦马峰，冒险从高山深处采挖秧苗，移栽到试种田。虽然希夏邦马峰山顶常年积雪，冬季长，夏季短，所有植物都生长缓慢，但经过他们精心培育，这些引种的胡黄连长势喜人，到了八九月采挖出的胡黄连均达到药用标准，试种大获得成功,并在西藏自治区大面积推广种植。这些市场上急需的胡黄连,除调拨供应全国药用外,并源源不断地运回天津,保障了患者用药,同时为国家节约了大量外汇,也增加了当地农牧民的收入。

四、征途遇险境

西藏地处高原,江湖河汊很多,出行十分不便,援藏人员遇到不少艰难险阻。一次,援藏小组组长曹振宇在藏族翻译的陪同下,从那曲到巴青,半路一条江水横亘在眼前,湍急的江水奔流而过。这是怒江的上游,是通往巴青的必经之路。当时,江水没有上涨,翻译下马测试一下水深,觉得可以涉水过江。翻译骑的是一匹高头大马,很快趟过江到达对岸。老曹循着他的路线,也冲向江中,由于水流太急,他骑的马匹又较小,趟到江心,马失前蹄,把老曹甩入江中。湍急的江水把老曹冲向下游,眼看就要没顶,就在这千钧一发之际,他看见前边不远处有一棵小树低垂伸向江面,他手疾眼快,猛地往上一窜,牢牢抓住这棵小树的树干。翻译看到老曹遇险,立即招来江边的牧民,找来一根绳索,把老曹拽上岸。冰冷的江水把老曹全身浸透,冻得他直打战。热情的藏民把他让进帐篷,沏上一杯热奶茶递到他的手中,又点起牛粪为老曹烘烤衣服。

回忆当时惊心动魄的一幕, 老曹心有余悸地说:“是那棵小树救了我的命,也是上苍保佑。当时我在西藏的工作任务还没完成,哪能先去阎王爷那儿报到呢?”

援藏干部到西藏后,每个人都配备枪支和子弹,以防身之用,并配坐骑马匹以代步。说到骑马还大有学问。藏民骑马驰骋在高原,矫健如飞,而从天津来的干部根本没骑过马,藏民老乡还特意挑选个头较小的矮马给天津的同志,并教给骑马的要领:拉住缰绳,双脚登在脚蹬上,双腿夹紧马肚,全身放松。可是学骑马也不是一件简单的事,况且援藏人员大都是中老年同志,他们长年在城市里生活,别说学骑马,都很少见过马。有的人由于掌握不好骑马的要领,再遇到一匹好动的马,不但没学会骑马，反而还让马背把屁股磨破了，几天之内都骑不了马。那一天，援藏干部董兆铸头一次骑马，十分紧张，双手紧紧拽住缰绳，屁股紧紧贴在马鞍上，没走多远，屁股就磨得生疼，待回到驻地，屁股已磨起泡。打从那天起，每次下乡，他都一瘸一拐地步行，直至水泡消失才再骑马。

还有一次，援藏干部朱芳臣一行骑马到樟木口岸，路过一片原始森林，这片原始森林树高林密，参天大树有好几丈高，密密的树冠遮天盖日，阴森森的，阳光经过层层叠叠枝叶的过滤，洒在大地上也只剩下几个温柔的光点。这时，在密林深处，隐现一头豹子的身影。说时迟那时快，朱芳臣掏出手枪朝豹子打去，可惜枪法不准，没有打中，豹子闻声逃脱，他们也有惊无险地走过原始森林。

这片原始森林是无人区，蚂蟥成灾，被称为危险的“蚂蟥区”。蚂蟥又名蛭，分旱蚂蟥、水蚂蟥（水蛭）、寄生蚂蟥三种，是一种吸血环节动物。它的头部有吸盘，平时潜伏在落叶、草丛或石头下，伺机吸食人畜血。一旦它附着在皮肤上，就用吸盘吸住皮肤，并钻进皮肉吸血，且吸血量非常大，相当它本身体重的2—10倍，由于它有麻醉作用，人被叮后还不容易感觉到，被吸血后容易引起感染。他们在过“蚂蟥区”时，人人都把袖口、裤腿用绳子扎紧，小心翼翼地通过。就这样，还有蚂蟥爬到脚面，十分危险。

五、汉藏一家亲

援藏干部在工作期间，与藏民们打成一片，广交朋友。援藏干部王树明深情地回忆四十多年前在西藏那曲结识的一位藏族朋友——索多。

他说：“那是在那曲地区收购牛羊胆汁期间，因工作关系认识了一位藏族朋友——索多，他是那曲商业局中药材仓库专职保管员。他为人忠厚、老实、诚恳，中药业务经验丰富，对工作认真负责，一丝不苟，他教工人挑拣药材，从不说教，而用实际操作让工人看。

索多比我大几岁，不识字，是个粗中有细、心地善良之人，汉语说得较流利，待我像小弟弟一般，生活上处处关心我、爱护着我。他担心我对牧区生活不习惯，常把我带到他家，让我适应藏民生活，教我怎么制作酥油茶，如何用手和糌粑面，告诉我在高原只有吃这些东西才能适应牧区环境。有一次，在他家吃用牛粪炉子烤的血肠。因为我在收购牛羊胆汁时看过藏民灌血肠的过程，当时就呕吐不止，恶心得吃不下饭。索多得知后很内疚，他千方百计为我调剂生活。那曲高原鲜活物资匮乏，不知他从哪里弄来几个生鸡蛋，煮好后放点盐巴，喂我吃下去，至今想起来心里都热乎乎的。

索多对药材业务非常熟悉，他常在仓库为我讲解收购中药材的知识，从认药、分类、辨别等级、质量鉴别到如何挑拣、加工等，他用那朴实的语言和对药材的熟知，让我对这些未曾见到过的野生动物药材和根类品种有了很深的印象，如大黄、贝母、秦艽、独活及动物类羚羊角、鹿茸、鹿角、鹿尾、天然牛黄、麝香等，认识到古老中药品种的博大精深，使我更加热爱这一行业。他还细致的介绍藏民采摘麝香时不破坏生态环境的具体做法：即在秋冬季用绳套将獐子套住，逮住后取出脐部腺囊，也就是麝香，然后再将獐子放生。虽然20世纪70年代人们还不太懂得保护生态环境，但藏民们的做法保护了野生动物的药材资源。索多还帮助我们在杀牛时如何寻找天然牛黄，并为我们支锅盘灶，熬制胆汁成膏，封桶装运。

在那曲地区工作生活了两个多月，与索多这位藏族朋友结下了深情厚谊，一晃四十多年过去了，这段历史让我记忆犹新，“难以忘怀”。

六、普查药材资源

1985年，国家经贸委发出通知，在全国范围内开展大规模地中药材普查工作。支援西藏药源普查工作的重担又一次落在援藏干部的身上。当时由组长曹振宇、副组长杨平、任雪兵、张建平4人组成的援藏药源普查组又一次奔向西藏，开展为期3年的中药材资源普查工作。

西藏地域辽阔，中药材资源十分丰富，有些品种亟待摸清资源和开发利用。经研究，根据地区和品种的划分，确定天津以藏北那曲地区的比如县、索县和嘉黎县为普查重点，以36个药材品种为主，先从群山环抱、海拔平均在3500米以上的比如县入手。在一位藏族青年干部达瓦次仁向导的协助下，普查组爬山越岭实地调查，采集标本，拍摄药材生态照片。经过不懈的努力，基本查清了那曲地区比如县的药材资源。常用的中药材和藏药153种，其中有些为珍稀贵重药材，如冬虫夏草、贝母、牛黄、麝香、鹿茸等，还有党参、黄芪、金银花、大黄、天冬、羌活、防风等。他们把这次普查编成顺口溜："山上一把草，山下一把药，鉴别草苗都是宝，西藏药材真不少。"

普查工作十分艰苦，高山缺氧，空气稀薄，气候瞬息万变。刚才还艳阳高照，忽然就乌云密布，电闪雷鸣，一会儿又风雪交加，有时一天就经历4个季节。在恶劣的条件下，他们风餐露宿，饿了啃一口自带的干粮，渴了就喝口凉水，白天上山搞调查、寻药源、采样品，晚上回到宿营地，点上蜡烛，化验土质，压制蜡叶标本，冲印照片，整理普查记录，撰写调查报告，每天都工作十几个小时。寻药源、采样品需要耐心细致，在采集现场，要详细观察药材的生长环境，当时的地形、地貌、海拔高度、植被覆盖情况等其形态特征，是花，还是根，或茎叶，或果实，特别是某些植物一些部位的颜色、气味都在现场一一做详细记载；压制蜡叶标本是个细致的工作，先将采集的新鲜的药用全株，展平压干，固定在白色的硬纸板上(专业称台板纸)，填写上标签，捆绑压紧，自然风干才能完成。

他们在普查药源的同时，对中药材的采集、加工和保管等方面做了系统的总结，根据药用部位，如根、皮、茎、叶、全草、花、果实、种子等几大类，确定采集时机。西藏特产的贝母有知贝、青贝等多个品种，采集标本时，6月份采花，8月份采集果实，9月底采挖其鳞茎；丹参、黄芪、天冬等7月份采花，9月底大雪封山之前采挖其根；冬虫夏草则在夏至时节积雪尚未化尽时采挖。对在产地采挖的药材如何进行初加工、对贵细药材如何保管都做了详细的调查和总结。鹿茸宜生虫，可用樟脑防虫；麝香宜走油、生虫，可用干燥剂、氯化钙等保管；蛤蚧宜虫蛀、鼠咬需用吴茱萸防之；各种人参宜吸潮、发霉、虫蛀，可用石灰箱保存，等等。

嘉黎县桑东镇属于唐古拉山山脉，海拔4300多米。一次在天刚刚蒙蒙亮时，普查组就穿上厚厚的防寒服，背着考察的各种工具向山顶进发。经过三个多小时的攀爬，来到山顶上的一片开阔地，他们发现一大片迎着晨光、在雪地盛开的雪莲花。雪莲花藏语称“恰果苏巴”，为菊科多年生草本植物。它不但是难得一见的奇花异草，也是举世闻名的珍稀藏药。它生长在青藏高原4000米雪线以上，适应各种复杂气候环境，根部在零下32℃还可安全越冬。他们发现这种喜马拉雅雪莲，上部叶苞叶状，膜质，淡黄色，宽卵形，包围总花序，总苞半球形，外有苞片3—4层，边缘或全部紫褐色，被稀疏的长柔毛，冠毛污白色，内层长，羽毛状，在雪地的衬映下，婀娜多姿。普查组的成员欢呼雀跃，如同哥伦布发现了新大陆。为了防止雪豹等猛兽的袭击，张建平把汽油浇在旧棉絮上，架上树枝，点燃了篝火，并持枪放哨，其他同志抓紧时间，为雪莲花拍照，又小心翼翼采挖出全株，采集了土样，用海拔仪测量了雪莲花生长的海拔高度，为海拔5740米。援藏干部孙元盛在那曲地区极其恶劣的条件下，还十分乐观地写下一首《西江月·战风雪》：“风啊，呼啸而起，雪啊，漫卷而飘，风雪交加何所惧，扬鞭催马飞跑。风吹更加挺拔，雪飘装点更俏，骏马头上惊雷炸，原是它在欢笑。”

历时3年的药源普查，曹振宇带领小组成员不畏艰险，不顾疲劳，走遍了一市、5个专区、56个县、社、乡，翻越了九普卡山、面唐山、白嘎山、夏拉山、牦牛山、夏曲卡山、达登山、热地山等大山和亚麻山大峡谷，制作中药蜡叶标本两千多份，撰写了数十万字的普查资料，编写了《西藏药用植物的普查报告》《西藏药用植物蜡叶标本的采集和制作》《西藏贵细药材的保管》等讲义。他们利用这些讲义，为西藏自治区医药公司、那曲地区医药公司及下属各县、乡有关业务、收购人员授课，培训八十多期（次），相互交流了专业经验，密切了汉藏干群关系。药源普查时，他们发现麝香、贝母等贵细药材的资源没有得到有效的保护，使药源大为减少。为此，他们撰写了《关于保护麝香和贝母资源》的专题报告。

报告全面分析普查中发现的问题。麝是我国稀有动物之一，在西藏地区原都为野生，麝香就是雄麝肚脐和生殖器之间的腺体中的干燥分泌物。原始的方法是“杀麝取香”。为保护资源，有关部门曾三令五申要保护麝这种珍稀动物，有的地方还采取封山禁猎、控制武器等措施。但在利益的驱动下，猎杀麝的行为屡禁不止，甚至有些干部利用配枪的优势，滥捕滥杀，不论雌雄，还是幼麝，都倒在他们的枪下，使麝的资源遭到破坏。为此，普查人员建议：加强宣传和落实《珍稀动物保护法》，严格麝香经营渠道的管理，严禁个人私自倒卖；对麝的生长、栖息地严加保护，要封山禁猎，制止狂扑滥杀，违者严惩；积极研究和推广人工饲养，采用“活麝取香”的实验，大力保护资源。

西藏产的青贝母和知贝母为野生常用的珍贵药材，其生长周期长，一般需 3—4 年才可采挖。可是在利益的诱惑下，很多藏民在贝母尚未成熟时就抢着采挖，使贝母的质量和收购量明显下降，严重破坏了贝母的资源。为此，报告中建议：采取有力措施，即采留结合、挖大留小、刨多留少、刨密留稀等，分片控制，轮流采挖，以利贝母资源的更新和恢复；收购部门严格执行国家统购统销政策，对交售不成熟的贝母拒收，并对其进行批评教育，甚至予以经济制裁。这份报告对保护麝香、贝母等珍稀贵重药材资源起了重要的作用。

普查结束前，他们还把精心制作的冬虫夏草、知贝母、青贝母、雪莲花、丹参等十余种蜡叶标本一百多份无偿赠送给当地的医药公司，提高了他们鉴别药材真伪的能力。如市场上有用亚香棒虫草冒充冬虫夏草，普查人员把真品冬虫夏草的标本赠给他们，就有了比对的实物：真品冬虫夏草虫体和子座相连，全长 9—12 厘米，虫体如三眠老蚕，长约 3—6

厘米，粗约0.4—0.7厘米。外表呈深黄色，粗糙，背部有20—30个横皱纹，近头部的环纹较细。头部红棕色，腹面有足8对，位于虫体中部的4对明显易见；质脆，易折断，断面略平坦，内心充实，白色略有点发黄，周边显深黄色。菌座自虫体头部生出，呈长棒状，弯曲，上部略膨大，子座表面灰褐色或黑褐色，长可达4—8厘米，直径约0.3厘米，柄部有细纵皱纹，质柔韧，折断时内心空虚，粉白色；闻之气微腥，口尝味微酸。而伪品亚香棒虫草为寄生在鳞翅目昆虫的子座及幼虫尸体的复合体。虫体呈蚕状，长3—5厘米，直径0.4—0.6厘米，比真品个小，表面有类白色的菌膜，除去菌膜显褐色，亦有环纹20—30个，但可见黑点状气门。子座亦呈长棒状但有分枝，头部亦稍膨大，但表面是灰褐色，柄部多弯曲，有细纵皱纹，易折断，但断面无真品特征；闻之气微香，口尝味淡。

市场上更有甚者用面粉、石膏等原料，内插干黄花菜冒充子座，然后用模具压制，涂上颜色而制成假冬虫夏草。这种伪品其外观与真品冬虫夏草十分相似，但仔细观察，其色泽、纹理不自然，质重易折断，断面为实心，亦无真品的特征；闻之气微无腥味，口尝味淡发黏。真品是自然生长，不可能每根都长得一模一样，可伪制品都是一个模具压制出来的，故每根外表相同，仔细观看即可辨别。这些伪品，不仅起不到任何治疗作用，而且花了高价的冤枉钱。辨别真伪让收购人员进一步掌握识别冬虫夏草的知识，进一步提高了当地药材收购能力和水平。

援助西藏药源普查工作圆满完成任务，通过了国家级验收，1985年，所有普查人员荣获“天津市支援西藏经济建设先进工作者”的光荣称号，并颁发了荣誉证书和奖杯。

援藏采集、制作的蜡叶标本，现存天津中新药业人文博物馆，成为教学、科研珍贵的技术资料。

七、藏族群众眼中的“阿莫叽啦”

天津市药材公司在20世纪50—70年代的援藏人员中，有一部分人是从小在药店学徒，从学抓药开始，兼学问病发药，掌握一定的中医理论知识，能给病人诊脉、对症发药，俗称“斗大夫”，也有部分人员是天津市中药学校毕业的学生，曾系统学习过中医、中药理论知识。那个年代西藏缺医少药，大部分乡村群众依靠仅存的藏医、藏药，根本满足不了群众治病的需要。于是，很多藏族群众把他们当成是医生，他们以为懂药的人必然懂医术、能看病，称他们“阿莫叽啦”，藏语即医生的意思。而我们一部分援藏人员就承担起业余医生的重任，给群众看病。

多次进藏的刘乐贤也被当地群众称为“阿莫叽啦”。他在南木林县、谢通门县工作期间，多次为藏族群众治病，治好许多疑难病症，以至于许多当地干部也找他治病。在他的驻地、田间地头，藏族群众家中经常看到他给藏族病人把脉的情景，许多人认为他是医疗队的。他将援藏时随身准备的常用药品免费发给有病藏族群众，还经常自费给病人买药；或者到田间、山区采摘鲜活中药材，配制好为群众治病。特别是几次及时发现患有重病的藏族群众，使他们被很快转到县城或拉萨的医院接受治疗；有时还配合当地医生，抢救危重病人，使之转危为安，受到当地群众的赞赏。

有一次在白朗县杜穷区，援藏人员张溥接待一位找他看病的藏族老大爷，说他已经很长时间吃不下饭了，而且右肋下隐隐作痛。张溥通过仔细观察、号脉，怀疑是肝病，并找到区里的负责同志立即将其送到县医院治疗，经检查是肝硬化，如在不及时治疗就会有生命危险。藏族老大爷住院治疗一个时期，病愈出院后找到张溥，双手合十，口中喊他“阿莫叽啦，吐介其！”意思是“谢谢你医生”。

这些“阿莫叽啦”为藏民送医送药，解决了藏民缺医少药的困难，密切了汉、藏群众的关系，受到当地政府和藏族群众的好评。

八、培训西藏学员

1972年，为稳定援藏干部扎根边疆，培养中药行业的接班人，西藏自治区医药公司与天津药材公司协商，准备让40位进藏干部子弟赴津进行为期半年的药材知识培训。天津药材公司让王树明与已在成都的刘荣昌、孙介民共同办理学员的食宿和购买预售至北京的火车票，培训的学员由杨继宗带队，租用长途汽车由拉萨经川藏公路去成都。这是一条艰险路程，此路线要走二郎山国道，但当时这条路没完全修好，有的拐弯处就是悬崖，没有路，而是用木板、铁板临时搭成，用铁链串起来，车到此，人全都得下来，背靠着山这面扶着车行走，不准往下看，否则一晕就危险了。一路上遇到好几处这样的弯道，十分惊险。经过层层险关，一行人终于抵达成都，大家悬着的心终于放下了。

这些干部子弟，来自五湖四海，年龄和文化程度参差不齐，大部分是农村孩子，安排他们住宿后，虽然宣布了几条规定和纪律，但因他们散漫惯了，受不了约束，又刚到大城市，看哪都新鲜。那时住房没有洗手间，晚上起夜要到院内公厕解决，这些孩子懒得去厕所，就地方便。早晨起来一看，痰盂和满地都是尿，他们只好和服务员一起打扫。终于带着这帮孩子登上赴京的火车。到达北京后，天津药材公司派车接回津城。先在辽宁路饭店吃过晚饭后，乘车把他们安顿在咸阳路财贸学校内。这次培训实到38人，其中3位女生。当时财贸学校已放寒假，只有王树明陪着他们，照顾他们的起居。

公司领导安排党子英、王树明、狄惠中、郑宗玉组成四人小组，全面负责培训工作，党子英负责中药业务培训，安排学员到中药厂、批发部、药店参观、实习，狄惠中、郑宗玉二位负责准备培训资料，王树明负责后勤管理、安全纪律及各项杂务事项。

正月初十后正式开学，由于这些子弟文化和年龄的差异，学习自觉性差，课堂纪律松弛，课后散漫任性，老师们在教课和管理上遇到了许多困难，经请示公司领导与西藏协商，派来藏族干部田中朝协助学员的管理，情况有所好转。

除党子英授课外，还聘请财贸学校杨汝峰老师讲植物课，药材北菜园仓库田兴烈药师讲药材的收购等级和鉴别。经过半年的时间,7 月份培训结束,学员们考试合格颁发了结业证。药材公司领导黄文哲、王墨田、陈增光等来校召开结业会并与学校领导、全体学员和授课老师合影留念。

随后公司派王树明和赫连正昊及藏族干部田中朝护送学员，经北京转车,走青藏公路返回西藏。

在北京等火车票期间,他们带领学员游览了北京城区和公园,三天后上车，辗转几天后抵达甘肃柳园，然后乘两辆大公共汽车朝拉萨进发。走到唐古拉山脚下时,情况突变:一是海拔升高,二是唐古拉山有水银矿,缺氧严重,他们及许多学员头痛不适,这时司机把车停在山脚下暂时休息。此处不宜久留,他们把在柳园备下的香烟、罐头、牛奶饮料等分给司机一部分,恳求他们能否尽快翻过大山。在他们一再要求下,司机这才启动汽车,加速翻过山岭,万幸没出大乱子,这时大家也逐步适应了缺氧的环境。经过一周的长途跋涉,总算到达拉萨,他们安全地把学员送到目的地,多日悬着的心终于落地。

这次培训虽然时间短暂,但还是收到一定效果,目前,这些学员有的成为业务骨干,有的担任了基层的领导,为西藏中药事业的发展做出了贡献。

九、促进两地交流

天津市药材公司多年的援藏工作在西藏及天津引起过很好的反响,两地的政府、有关部门都对援藏工作做了充分的肯定,《西藏日报》《天津日报》等新闻单位都曾用整版的篇幅报道过援藏人员的工作和事迹。

通过援藏也促进了两地的经济交流和人员往来，也为两地带来了实实在在的好处。20 世纪 50—70 年代我国经济还很落后,物资匮乏,特别是药品缺乏，中药材脱销品种很多，直接影响到人民群众治病用药。天津市药材公司援藏人员深入西藏各地,积极推动中药材的收购工作，同时调查西藏各地的野生药材资源。特别对一些高原野生植物药材,如西藏大黄、青贝、秦艽、胡黄连、岩白菜等品种,原先不被内地使用,但这些品种在西藏存量很大。为有效利用这些资源,援藏人员做了大量、细致、艰苦的工作,通过普查、采集、加工、申报,终于使这些品种符合内地药用标准,开辟了新的中药来源,拓展了津、藏两地的经济交流的渠道,同时也增加了西藏地区的经济收入,一举两得,双方满意,达到双赢。

通过援藏人员在西藏高原的艰苦工作，也加强了两地人员交流和往来。那时虽然交通不便,但每年或两三年内西藏有关领导都会派人员来津或访问学习,或进行业务交流。每次两地都签订许多经济往来的合同,每年都与西藏自治区签订数十吨甚至上百吨的进货合同。西藏药材经数千米的长途运输源源不断地供给天津，为我市中药饮片的市场供应和中成药生产提供了重要的原料。西藏还每年额外支援天津市国家计划分配的药材品种,如麝香、冬虫草、豹骨、熊胆等稀有贵重药材,解决天津市患者急需。

天津市除援藏人员常年在高原工作外，天津市药材公司经常派出领导干部及相关人员进藏访问，给西藏医药部门带去天津市产的中成药及进口南药,同时慰问天津在西藏工作的中药干部和职工;还经常接待西藏干部、职工回内地探亲、来天津旅游、学习、看病的同志们,两地两公司人员走亲戚似的活动从未停止过。西藏历任医药公司领导都来天津访问过,而药材公司20世纪80年代的领导韩长奇、魏庚子、乐鹤祺、陈增光,不顾年龄高、高原反应大,也是一上任首访的地区就是西藏。1986年,乐鹤祺总经理访问西藏,到达拉萨后,由于高山反应,使他长夜难眠,尽管如此,他仍坚持完成工作任务后才返回内地。天津市药材公司还协助西藏自治区医药局领导干部权德君同志离休后来天津安家,同时安置其家属工作。津藏两地的友好关系,维持了数十年,历经几代人,这些与他们援藏息息相关,也使经历过援藏的同志们终生难忘。

后记

2016年,正值天津市药材公司援藏60周年之际,由天津市药材公司离退休老同志理事会组织健在的援藏老同志座谈,回忆当年援藏的峥嵘岁月,缅怀已逝去的援藏干部。

座谈中,他们感慨万千,援藏的艰辛历历在目,取得骄人的成绩令人瞩目,他们为曾经建设新西藏贡献青春年华而感到自豪。

附援藏干部名单:李宗禹、高振山、张继生、朱芳臣、张俊田、张廷兰、骆军、曹振宇、董仲林、辛礼奇、王砚田、刘乐贤、王树明、郑宜民、刘荣昌、姜希文、孙介民、孙振华、侯玉祥、董兆铸、孙元盛、杨平、张建平、杨子欣、张溥、赫连正昊、杨继宗、侯振明、刘兴华、李永柱、李中华、王津生、王卫国、张申、朱发泉、陈广伍。

(作者南凯,天津中新药业股份有限公司职业药师,已退休)

乐鹤祺与天津医药事业的渊源

·侯玉祥·

乐鹤祺是原天津中药集团董事长兼总经理，经过多年的努力，他主持的集团被列为全国医药行业利税十强企业中的第六位，还被中国企业评价中心列为1993年度全国五百家最佳工业企业之一；1993年他被评为天津市劳动模范；1994年评为第五届全国优秀企业家，并荣获“金球奖”；1997年6月27日成为我国在新加坡上市的第一家国有企业。在通往成功的路上，是乐总永不言弃、勇往直前的精神，付出了很多艰辛和努力所取得的。让我们看看他的成长历程吧。

一、贫困的童年时代

乐鹤祺生长在一个贫困家庭，他11岁初小毕业被迫休学，和父亲一起摆摊卖烟、卖茶水等来维持家庭生活。在父亲的坚持下积攒了一些学费，后来乐鹤棋又上学了。1947年高小毕业，由于家境困难无法继续上学，在亲戚的介绍下，14岁就随大师兄莫文达先生乘船到天津万国药房当练习生。1948年年底，药房经理张仁德先生全家回宁波，坚持要把乐鹤祺带回上海，否则在亲戚面前不好交代(张仁德先生是乐鹤祺姑姑家的堂侄)。就这样,乐鹤祺又回到上海,但生活没有着落,在堂兄乐竞新工地上吃闲饭。后因父亲病重又回到了家里,幸而不久上海解放,他决心回天津。一个 16 岁的孩子,只身去天津,交通又不方便,父亲很不放心,但又没有办法,全家想办法凑了不到两块银圆,拿了一个很小的包袱,风餐露宿一直沿铁路往北走,有火车就上,没有火车就徒步走。有一次,浦口到明光的铁路被雨水冲坏,火车不通,他就徒步走到明光车站,正好遇到一列往北走的装原木的敞车,他就爬了上去,一路被雨淋得湿透,结果到了车站被发现,还被罚了款。这时他已身无分文,正巧 7 月 1 日津浦线第一列客车开通,他就上了这趟列车。到了天津要补票,他拿不出钱来,后来在解放军军官调解下,就把他放走了。这一路走了整 7 天。

二、幸福的青年时代

到了天津,他又回到万国药房工作。1950 年,因天津万国药房是上海的分店,上海总店老板抽走资金逃跑了,因此上海来人要关闭天津的分店,卖给素波药房。在谈判中,原来的同人都不要,只要他一个,他想私人企业早晚长不了,不如早一点参加革命。在工会的帮助下,于 1950 年 9 月考入了中国医药公司。

参加革命工作是他人生的转折点,他把它视为幸福的青年时代。他的上级都是进城的老干部,他们的革命精神、思想品德、艰苦奋斗的作风、强烈的事业心和责任感,都随时随地影响着这位年轻人,使他逐渐树立起理想、信念和不怕风雨的拼搏精神。领导们很关心年轻人的学习,除了政治学习外,上夜校的时间历来都有保证,因此他顺利地完成了夜校的初中课程,以后又上了夜校高中。

中国医药公司是全国性的公司,也是刚刚成立。他刚到西药仓库不足一个月又被调去医疗器械部。当时正值抗美援朝,前方急需医疗器械,国内几乎没有生产,他们就从苏联、匈牙利、民主德国等国进口的医疗器械发往朝鲜。他们六七个人从搬运、检验、保管到发运都自己干,干中学,学中干,对一般的医疗器械的基本知识很快掌握了。但医疗器械是一门技术含量很高的产品,掌握它难度很大,有时高级的精密仪器要找私人企业去检验,验一台民主德国的X光机就要收费50元。平常就喜欢钻研这方面技术的乐鹤祺,就想要自学检验技术,领导发现后就鼓励他。

1953年总公司在全国医药公司系统抽调4名同志,委托天津总医院X光机技术培训班培训技术人员。他被选调去脱产学习,他们4个人还要增加半年的X光机械学和维修技术的学习。由于深知不懂技术之苦,所以常常学习到深夜一两点钟,假日从来不休息。有人感到奇怪,20世纪50年代的青年人怎么不会跳舞呢?原来他是个典型的"书呆子",凡是举办舞会,他总是能躲就躲。但他在学习上进步很快,经常受到教授和主任的鼓励和赞扬,结业考试成绩为100分,是全班的第一名。1953年4月他被批准加入中国共产主义青年团。

1954年10月,他回到公司不久被调到精密仪器库当库长兼检验员。这个仓库是个贵重仪器库,但管理不善,经常出现贵重仪器破损、丢失、账货不符的现象,损失都在几千或几万元,经常受到上级领导的大会批评,人心涣散。他到了仓库以后,就以仓库为家,团结和鼓励大家建立规章制度。为了达到有序管理,他带头搬、倒商品,建立经常盘点和按月清点库存的制度,完不成任务不下班,突击了几个月,很快做到了账货相符。

但仓库的落后面貌没有改变,国家的财产损失虽有减少,但数额还是很大。库里放的紫外线管和X光管既没有磕也没有碰,有的不发光了,有的不应该出现可见光却出现了可见光,只能报废了。当时压力相当大,但他不相信这些东西会报废,于是他就钻研商品养护知识,几乎用了所有的业余时间看书、查资料,终于发现玻璃和金属在不同温度下膨胀系数不同的原理和水银在不同温度下可以由气体变成为液体的物理现象，最好的解决办法就是冬天放在恒温的暖库里。为了证明这一点，他就发动全库同志自己动手，建了一个不到十平方米的自动恒温库，把X光管和紫外线管等仪器存放到恒温库里，这样一来无论多长时间没有一个商品出库时不合格的，终于杜绝了损失，上级领导对他进行了大会表扬。但他还不死心，又采取措施把原来报废的紫外线管和X光管也都全部恢复，挽回了损失。以后他又研究了自动定时机和X光计时器等仪器。1958年他所在的仓库被评为先进仓库，他被选为京津两地青年向党中央献礼的天津代表之一，并在中南海紫光阁受到邓小平和胡耀邦的接见并合影。以后他又被评为全国第二届青年社会主义建设积极分子和天津市劳动模范。同年加入了中国共产党。他感到青年时代是在党的阳光和雨露中成长起来的，他是最幸福的。

三、风风雨雨中接受考验

1958年由于机构变更，他被调到医疗器械修配厂任技术负责人，他又研究电视X光机。1961年机构再次变化，天津市药政处成立了技术科，又把他调回任技术科副科长，负责医疗器械各厂的技术工作。由于他技术比较全面，能及时掌握国内的新技术，因此常常被卫生部和市科委借调去参加国外来华的医疗器械技术交流，并作为我方的主讲人，从此他也出了名。正因为如此，“文化大革命”中他虽然是中层，但被打成了反动技术权威。1969年医疗器械公司被撤销，当时，他已33岁，正是创业的最佳时机，却被闲置起来。后来，由于各医疗器械厂的领导联合找到局里提意见，二机局才把他调到局生产组负责医疗器械各厂的计划和调度工作。当时天津市的医疗器械的生产基础不好，再加上“文化大革命”的冲击，设备落后，产品老化，很难适应当时的需要。但他坚信国家不会永远乱下去，一旦恢复正常，我们就要赶上去。因此，他按照毛泽东“抓革命促生产”和“六·二六”指示精神，一方面组织生产，另一方面发动大家研究新的产品。厂里的领导和群众对他很信任。由于派性作怪,局里出现了有关他的大字报,但他没有受这影响,还是一心一意把生产抓上去。他常常背着铺盖卷下到厂里,和干部工人一起干。有一次局长发现了,故意在晚上9点多钟到手术器械厂去检查,正好碰到他,局长深有感触地对他讲:你白天受批判,晚上还在抓生产,精神可嘉。

医疗器械行业起步较晚,国家没有投过资,当时又很急需,装备不行怎么做出好产品来呢?于是他找到卫生部反映,可卫生部当时只有一个人抓全国医疗器械生产,有点力不从心。于是他在卫生部的支持下,经常到北京跑国家计委,连当时没安排工作的卫生部医疗器械局浦春琴副局长也主动帮他一起跑国家计委。他差不多跑了半年,终于有了结果。国家计委领导很重视,把医疗器械行业的投资列入了国家计委的大本内,每年都安排一批基础项目,国家还分配几百台当时非常紧缺的机械设备,800吨的大型精压机国家还专项安排了生产。卫生部领导很满意,全国同行更满意。在几年的时间内,天津市医疗器械行业有不少厂有了基建项目,各厂几乎都投入了新的设备和运输工具。因此,新的产品也不断地出现,天津市医疗器械行业在全国取得了举足轻重的地位。他在全国同行业中也出了名,受到大家的尊敬。

1976年,唐山地震严重波及天津。他的头部被碰伤,有七寸长的口子,他顾不上看病,就跑到单位经过简单的包扎后又下厂了解灾情,指挥抗震救灾和恢复生产等工作。卫生部及时召开了抗震救灾会议,部署下达了抢救唐山伤员的急需医疗器械任务。他回来后,星夜组织生产,按时送到了唐山抗震救灾的第一线。地震以来他有一个多月没回家了,当他回家想换换衣服,结果家里人也找不到了,费了很长时间才在马路上简易抗震棚中碰到。当快要过冬时,他又组织全科的同志自己动手为每一个家都建了抗震棚,他被二机局评为抗震救灾模范。

四、迟到的重任

1979年,天津市组建医药局,他被抽调参加组建工作。医药局成立后,他历任计划处、生产处处长,以后又调任企业整顿办公室主任、企管处处长。1985 年局里组织一批干部下去帮助企业整党,当时没有他,据说还有一个单位没人去,又把他抽去了。当他报到时才发现是去药材公司。当时因为药材公司与局里关系比较紧张,局里有些干部平时遇到药材公司的处长们都是躲着走,他也挨了一顿骂,不欢而散,以后再也不想去了。这次整党应由局领导带队去,当时他也不愿意去,局长再三做工作,他才鼓起勇气去了药材公司。

他们一共 4 个人进驻药材公司,通过座谈会了解情况,与下边的同志接触,做了大量的工作。整党结束,市和局决定要对药材公司换班子,他万万没想到搞了一辈子医疗器械的他,现在要安排他到药材公司当经理,他虽然一再推托,但也无济于事,只好硬着头皮上任。

1986 年 1 月,他出任经理,提出三点意见:第一,就他一个人来公司,不带人;第二,不带框框,充分肯定过去领导班子的成绩,着重调查研究后再提出战略目标;第三,下边各级领导和机关中层一律不动,不管过去如何,就看现在表现,适合的就用,不适合再作调整。这样干部稳定下来,工作局面也打开了。

乐鹤祺认为老领导留下的好传统一定要继承。他到公司一直坚持与党委书记一起办公,无论什么事都是随时互通情况,做到你中有我,我中有你,党政始终是步调一致的,因此公司很快出现了上下级关系融洽、心齐气顺的局面。

乐鹤祺认为改革的出发点和落脚点都要从实际出发,又回到实践中来检验,最终看效果。他到公司首先遇到的是中药六厂的班子问题。这个厂生产的速效救心丸,疗效好,但就是产量上不去,一直供不应求。厂长是位年轻干部,事业心不强;原来老厂长已退居二线,60 岁了,但事业心很强。经他提议,把老厂长请回来继续担任厂长,新厂长调走另行安排工作。经过一段努力,速效救心丸的产量很快上去了。因为这是公司的骨干产品,六厂效益上去了,公司的效益也有了显著的提高。以后又委托老厂长提名厂长人选，公司进行考核，果然他选出的厂长不负众望。

为了公司的发展和适应市场的变化，他认为领导必须有超前意识和战略目标，加之锐意改革、善于开拓、勇于拼搏、脚踏实地的工作，生产才能保持不断地增长。他认为中药是我国的宝贵遗产，当今世界要回归大自然，提倡天然药物的呼声越来越高，中药走出国门是必然趋势。但中药出口必须符合国际规范的GMP(药品生产质量管理规范)生产标准。我国卫生部也提出国内生产的药品在五年内要达到GMP标准。但要达到GMP的要求，工厂就要改造，七个中药厂和一个包装印刷厂的改造就要几亿元资金，这是最大的难题。在他工作的有生之年，他要考虑给后人留下些什么？因此他要为实现GMP改造去拼搏。改造需要钱，国家投资已取消，税前还贷又没有赶上，但国家为了支持大中型企业的技术改造，制定了很多优惠政策，这是发展的机遇。但药材公司在天津市不过是个商办企业，不可能列入市里的重点改造行业。因此他就把它改制成企业化公司、企业集团和股份制公司，连跨三步，成为天津市的重点企业，充分利用国家的优惠政策，将国家留给企业的钱一点一滴地积累起来，有了一定的资金。公司本身除了正常维修，将3亿元资金全部投入了工厂的生产和改造，按国际(WHO)和我国的GMP标准要求进行技术改造和基本建设，七个中药厂和一个包装厂已改造六个，目前已有两家被澳大利亚卫生部GMP论证合格，中药六厂被卫生部GMP论证合格，并成为中药行业首家GMP合格单位。应该指出，这么大规模的中药GMP改造，在全国也是首家，我国卫生部组织专家论证后，全国才开始动起来。

在行业内他还抓了全面质量管理，建立了保证体系，使产品质量长期处于稳定可靠的状态。天津中药生产的产品在全国是公认的质量可靠的产品，1992年被国家中医药局命名为中药行业唯一的一家质量先进公司。为了既保持集团的规模效益，又调动企业的积极性，公司将新产品开发、新药品销售、批发部的外地产品自采、劳动用工、奖金分配等权力下放给企业，从而极大地调动了基层企业的积极性。乐鹤祺在任的9年来，公司的固定资产由1985年的6208万元增加到44947万元，增加了6.2倍；净值4122万元，增加到35688万元，增加了7.6倍；厂房建筑面积，由1985年94639平方米，增加到36万平方米，增长2.8倍；职工工资总额由1985年1027万元增加到8600万元，增加7.37倍。自1989年到1993年，公司工业总产值每年递增18%，销售收入每年递增15.17%，实现利润每年递增7.4%，利税居同行业的前列。1992年国家统计局公布的全国消费相关百强企业中，他主持的公司列为全国医药行业(包括西药)利税前十强企业中的第六位；同时还被中国企业评价中心列为1993年度全国五百家最佳工业企业之一。1993年他再次被评为天津市劳动模范，1994年评为第五届全国优秀企业家，金球奖获得者。

五、境外股票成功上市

1994年他已62岁了，因此从1995年开始他不担任总经理，仍保留董事长的职务，主要抓股票境外上市工作。

证券化，即股票上市在发达国家已有一百多年的历史，它培养和造就了不少世界上著名的顶级企业，这些企业都是由小型企业艰苦奋斗不断创造财富，通过上市融资使资本不断扩张，逐步成为世界上的顶级企业。然而证券化是一种融资手段，它不是资本主义的专利，是在发展经济推动资本市场，人为创造出来的经济财富，我们把它引进来是理所当然的。起初他对股份制并不了解，天津证券公司初经理找他时，他还说药材公司有钱，不需要搞股份制，把他顶了回去。不久市政府在武清召开的工业局长会上，李慧芬副市长在大会上点名对他进行了批评，当时他和医药局的曹局长也在会场，会上的这记“猛掌”把他拍醒了。回来后他立即把初经理请了回来，向他赔礼道歉，下决心搞股份制改造。

1992年公司实行了股份制改造，组建了中药集团股份有限公司，向社会法人和内部职工募集资金10500万元，全部用于技术改造的投入，为股票上市做了大量的改制工作。由于内部股不能流通，股民们期盼股票上市流通，当时“劝业场”“天海”“津国商”相继上市，天津药材公司是第一批8个预选企业之一。

当时股份制还在试点阶段，每年都是国家给指标，指定企业上市，像他们这样的企业选上的概率很小。经过努力，市里把一个间接上市的指标调给他们。他们立即行动，他和初经理带着4位专业人员奔赴中国香港考察，拜访了中国香港著名保荐机构、律师行、会计事务所等中间机构，学到了不少运作方法。回来后他们向市里做了汇报，经过筛选，明确了以中国香港渣打银行为主承销商，聘请胡·关·李·罗律师所为上市公司的法律顾问，中国香港一家会计事务所作为审计单位。他们派来几十人，对企业进行清点、检查、审计，经过近半月的工作出具了审计报告书，渣打银行经与中间机构协商，拿出了天津中药集团股份有限公司赴港上市的“建议书”。他们将“建议书”报到了国家证监委，没想到被否决了。当时他们为筹备股票上市已花了上千万元的费用，各中间机构非常理解，除会计事务所已发生的一百多万元费用外，其他费用都免了。此时国家中医药局领导和主管部门正在考核干部，拟提拔乐总到总公司当总经理，但他回绝了，因为他不肯放弃正在运作的股票上市工作。

在间接上市失败后，他认为直接上市也不能等、靠、要，只能按小平同志讲的那样“闯出一条路来”。于是他和詹原竞、张伟革开着车去闯北京。此时他的老毛病丹毒和痛风又复发了，可根本没时间去医院治疗，他只能在办公室一边挂吊瓶一边办公，不痛了就去北京。有人说：“你不要命了！”，他幽默地答道：“没那么可怕，离心脏还远着呢。”后来他打听到孙效良教授是我国著名的经济学家，又是股份制积极倡导者，就到北京去拜访他，请教股票上市程序，请他帮助解决一些具体问题。明确了要股票上市，首先有国家计委、国家经贸委、国家证监委、国家中医药局的一致同意，才能报总理审批。于是他们就一个部门一个部门的拜访、请示，他并以全国优秀企业家的名义向朱镕基书面反映中药集团上市的理由。经过不懈的努力，1995 年 1 月 25 日，接到国家证监委文件，批准中药集团为境外上市预选企业。这时又出现了问题，他们集团的利润下来了，经上级领导的帮助，资金重组，建成一个上市公司，达到上市的有关要求，于 1997 年 6 月 25 日在新加坡股票上市成功，企业更名为"天津中新药业股份有限公司"，成为中国第一家在新加坡上市的国有企业。

从准备上市到成功上市，经历了 6 年，成功融资 5.5 亿元，这一笔巨资对天津医药事业和中新药业的快速发展带来了巨大的帮助。天津药材公司 1985 年净资产只有 4220 万元，通过不断发展和发行企业内部股，1997 年在国内上市成功，市值就达到了 15 亿元，2001 年在国内股上市，通过三代人的努力现在市值已 70 多亿，按照公司发展规划，市值将超过达到百亿以上，公司走上了高速发展的道路。

乐鹤祺说："改革创新是艰难的，人的一生要做成一件对人民有益的事，必须有付出代价的准备，否则一事无成。我一生历经坎坷，艰苦奋斗，特别是完成了我一生事业中的最后一个心愿——集团股票在境内外上市，心中感到莫大的欣慰。衷心祝愿中新药业能够更快发展，取得更大的成绩。"

（作者侯玉祥，天津中新药业股份有限公司退休职工）

天津广开皮市在改革开放中繁

·齐国利·

清光绪庚子年(1900)以后,天津城墙被拆毁,随之天津城向周边拓展,南开和广开成为新开发的地域。当时在广开的华家场聚集了几十家熟制裘皮和皮革的作坊,是天津民营硝熟皮革和传统熟制毛皮的发祥地,由来已久。受欧洲先进工业植鞣工艺制革的影响,自1912年北洋时期开始,新型机器制革厂在南开、广开兴起而且得到发展。至20世纪三四十年代,仅广开一带汇集的新型制革厂达五十多家,如乾大、三成,志大、聚兴隆、庆祥等。与此同时经营生牛皮的皮庄和经营成品皮革的皮铺、皮革庄也应运而生,伴随开设,在广开兴旺时达三十多家。由于1939年日本侵略者压迫、自然火灾的损毁、二战后美国皮革大量倾销等诸多的不利因素,这使广开皮革的经营没有恢复到七七事变前兴旺的局面。

新中国成立后,随着国家经济建设的发展逐步推进了个体经营向集体经营的过渡,1956年实现了公私合营。制革行业都进入了国有企业,鞋店、皮革店铺归属到商业系统。国家对原料牛皮等皮张畜产品采取统购按计划调拨的方式,中央政府执行了计划经济政策。

在20世纪70年代计划经济时期,我常驻河南、江苏、江西、云南等省从事验收军工牛皮、羊皮、麂皮的工作,落实国家调拨天津军工皮张计划。1984年上半年,我在河南省外贸厅完成了全年一半的验收任务;下半年,我被调到江西省外贸厅工作,每月多次到省畜产公司却无货可验。当时轻工业部、商业部、外贸部在一起开会时曾透露,畜产品将实现全面开放的政策,这是下半年皮张货源缺少的原因。1984年12月,轻工业部、商业部、外贸部没有下达1985年度军工原皮的调拨分配计划。从此,国家对制革原料皮的统购统销政策结束。由此畜产品市场全面放开,原料皮的开放促成皮革的放开。制革原料和皮革由计划经济过渡到开放的市场经济,是制革行业政策的开始。

一、市场经济的先行者

自1984年12月至1985年春天,畜产皮张开放初始,制革原料牛皮、羊皮等皮张开始涨价。冬季是屠宰旺季,也是原料皮张质量最好的季节。以屠宰和买卖牛皮的个体经营商贩抓住时机收购牛皮。1984年外贸调拨价格优质黄牛皮每张大约50多元,而私人个体出价每张120元以上。为了稳定开放的市场价格,以保证军工、军需、国有制革企业正常运行,轻工业部、商业部、外贸畜产公司从美国、澳大利亚、荷兰、法国等国家进口了大量的盐湿牛皮和兰湿牛皮,以补贴价格调拨给上述企业,这一措施稳定了原料皮市场行情,暴涨的牛皮价格开始回落。从此成品皮革也由制造厂家自行销售,畜产皮张的开放是皮革市场放开的前提。

1985年随着成革向社会出售,广开出现了经营皮革、鞋材的商贩。有的经营者在自家临街屋前,将货物摆在木板架上出售,也有不在此居住而借其门脸房的位置,把拉来的货摆在木板上,这样做要好于地摊。南开区所属街道办事处有组织居民经办加工集体事业的先例和经验,他们利用集体经营的资金在广开租门脸房出售皮革。如蓄水池街在广开开办了宏福皮革鞋料商店,在附近平房还设工厂制作皮件商品,其制作的皮革腰包很精致。腰包也称腰串、本子兜,当时为货运三轮、卡车司机专用,由于使用方便,在20世纪80年代需求量很大。宏福皮革鞋料店聘请了天津市第四皮鞋厂退休的供销科科长、业内行家刘玉兰为经营兼业务。宏福皮革鞋料店在广开起到了示范作用。南开区多家街道办事处组建的皮革商店,以积极的姿态进入市场,是拥护开放政策的基层群体。一些个体经营的小鞋厂、小皮件作坊的兴起,促进了皮市的开展。由于天津几家国有制革厂的产品在国内有一定的知名度,成为人们争相购买的热门货,有的销售员每日都在众多的客户蜂拥之下忙于谈业务,从而忽略了商业规律对经营者的影响及瞬息万变的市场经济。

随着市场的形成与展开,当时有商业头脑的人士则看到广开市场的潜能,认定这个地方必将释放出活力与生机,会成为皮革经营兴旺地域。于是这些最初涉足市场的人员用小本钱到国有制革厂购买积压没有销路的皮革,然后加价在皮市上出售。广开皮市所面对的是社会各个层面皮革制品行业的需要。在改革开放中,街办、乡办、个体、集体加工业兴起,有的初始资金少就生产一些社会有需求的劳保手套、工具包袋、电工工具套夹等。这类商品考虑的是实用、工作时能起到保护作用;工具包袋则要承重、结实、耐磨,因此皮面上有些伤残、颜色有色花等都不是大问题。

在皮革市场开放之初,广开皮市的门市和摊位已达四五十家。这些初期的经营者共同遵循了市场经济的规律,社会有需要才是经营之本,所购各种皮革随行就市、及时出售盈利。尽管皮市上最初经营皮革的商户和摊位并不是皮革行家和专业人员,也不被业内行家们看好,但这些市场开拓者抓住了改革开放的大好时机,顺应了市场经济的规律,并在经营中学到了知识、认识了皮革、认知商业经营的理念,立足于广开皮市,成为市场经济的先行者。

二、集体、个体、私营企业经营者的舞台

20 世纪 80 年代，以退休老技术工人入股集资组建了津南制革厂(1960 年因自然灾害没有原皮停业转产自行车零件，划归自行车公司)。入股的退休工人大部分是原津南厂的职工，在京津制革厂退休。新建厂有底皮辊压机、转鼓 4 台、伸展机、双柱挤水机、片皮机、鞣制木箱等，其设备当时的价值达十几万元。厂址设在北辰区食品厂后院。用植鞣工艺制作牛底革、马鞍具革等，这些皮革是社会上紧缺的产品，由于质量好，有的皮件厂在其基础上制作军工产品。在广开大街设经营门市部(之后迁广开中街 15 号底商东边门脸房)，这是皮市中生产兼营商店的私人股份企业。从业人员有李少碱、李智信、李福元、郭禧珍、张若虚、郑金冠、张继尧、杨恩庆、程树华、王书文等人，其中多位老先生是来自 1949 年前老制革厂。

唐山开平洼里乡制革厂是集体经营的乡办制革厂，由京津制革厂退休工程师、技术工人指导生产牛面革，在广开皮市有多家商店经营该厂的产品。开平洼里夏庄是回族居住人员较多的村庄，这些经营生牛皮的专业户与天津多家制革厂有生牛皮交易。由京津制革厂退休工程师、技术工人指导生产经营的黄骅东坛制革厂是一家乡办集体企业，该厂牛面革成为广开皮市上经营的皮革之一。河北新乐县(今新乐市)彭家庄在改革开放后成为经营生牛皮的汇集地，这里的牛皮曾大量销往天津。张军斗是比较大的经营户，他不但向天津供应牛皮，还将牛皮卖到山东、江苏等地，交易中有时厂家以成革抵牛皮款，他将青岛制革厂、静海县(今静海区)联海制革厂抵账的成革，委托广开京津皮革商店经销。张军斗在将生意做大、做活的同时还开办了制革厂，聘请京津制革厂十几名退休老技术工人，生产与京津制革厂同类型的植鞣皮革，其产品也在皮市京津皮革商店出售，因质量好外埠客商慕名前来采购。河北衡水枣强县恩察皮革厂，有多名京津制革厂退休的老工人协助生产，该厂二

层兰板(半成品)在广开卖得很快。

河北省香河县香椿营是回族人员居住集中的大村庄，村中有历史悠久的清真寺。在近代香椿营有以屠宰牛羊，向外县卖牛羊肉为业的传统。改革开放后，这里成为向天津、北京供应牛羊肉的产地，也是经营牛羊皮张的集散地。除当地产皮张，还有来自河北省北部、内蒙古赤峰、辽宁等地牛皮地汇集此地。有多家牛皮专业户向天津供货，其中大户经营者马凤臣在采购牛皮中，力求优质、加工、腌制、保管得当，京津制革厂制作的优质产品有老马供应的原料皮。他为人诚恳，在多年交易中讲信誉可靠。他同山东博兴、德州，河南商丘的制革厂牛皮交易中，有用牛面革抵欠款的情况，这抵账的牛面革在皮市京津皮革商店代售。唐山玉田是优质东道黄牛皮产地，当时牛皮专业户霍春利也遇到用成革抵牛皮款。为难之际，皮市京津皮革商店帮他出售了牛面革。20 世纪 90 年代，私人、集体、乡办制革厂开办过多，形成供大于需的状况。许多制革厂资金周转困难，普遍采取以皮革抵欠原皮款，将困难转嫁给供应原料皮的商户，广开皮市成为生牛皮商户出售皮革走出困境的寄托和选择。

三、行业人员进入为开放的皮市锦上添花

在天津 5 家国营制革厂中，开办商店最早的是京津制革厂的皮革经营部，该店与国有体制脱离，由工会组织全厂职工入股筹集资金开办，为“三产”性质。京津皮革经营部于 1985 年 1 月开业，店址设在厂门口，购本厂生产的皮革，也向外地购生牛皮在厂内加工成革出售，从业人员有经理张昌友，业务姜庆广、王尚义等近十人。该经营部每到年终按股分红利。1991 年扩大经营，将京津皮革经营部迁往广开皮市，一分为二设两个商店。一处在广开大街北头，租广开副食店的门脸房，经理张卫华(兼会计)，业务有申静、王尚义等多人。张卫华离开后申静为经理，会计王宝荣。另一处在广开南头，租劳保皮件厂的门脸房，经理汪浙，会计郑平，业务方玉珠、孟玉等，之后汪浙调回厂，续任经理为张志

羽、李奎林。两家京津皮革商店前后人员达二十多人。1996年由销售人员组成京津商行，由厂门口迁到广开北头东面怀仁里新建楼房底商，经理刘永胜，会计孙亦文，业务马杰、战俊娥、王春生、田艳琴、赵树强、李贵林等十余人。

1990年天津制革厂合并到南郊(今津南区)第一制革厂后，在广开开设三环皮革门市部，属三产性质，独立经营核算，自负盈亏，人员有经理盖家齐，会计蔡宁荣，业务侯文生、孙俊荣等8人。初租皮革研究所的房子，后租广开副食店门脸房。

1992年第二制革厂与第一制革厂合并，原第二制革厂书记胡荣离开二革，在广开开设万力皮革经营部。皮革主要购自天津皮革业退休人员在黄骅、济源等地协助生产的制革厂，还有倒闭制革厂处理的半成品进行改制等，经营颇见成效。与前面提到的几家商店不同，该经营部是胡荣自筹资金，与原单位没有关系。

在广开有商业经营传统的商家要属市百货公司皮革经营部。一商系统内所属的多家制鞋厂如沙船、天顺、德华馨、同升和、九洲、前进等归属百货公司。改革开放后，百货公司经商业部进口美国、澳大利亚等国兰湿革(半成品)，委托京津制革厂加工牛鞋面革，专供行业内各制鞋厂，还向社会出售。百货皮革位于和平区吉林路，在哈尔滨道有分号。在广开大街设一分号，经理姓吴；在广开中街15号三间大门脸房设第二家分号，经理姓张。这两家分号是皮市中较大的商户。吉林路是百货皮革经营部总号，经理邱万祥。百货皮革经营部业务范围广，其经营遍布外省多家鞋厂。1990年，百货皮革从澳大利亚进口多个集装箱改良羊皮，供国内多家制裘皮厂选购。当时用改良羊皮制作羊剪绒汽车坐垫、靠背很盛行，还有裘皮革一体的保暖皮毛服饰很时尚(里修饰成革面，毛面剪绒为裘面，可两面穿用)。同时百货公司还从新西兰进口了珍珠羔羊皮。珍珠羔羊皮质量好，为盐湿鲜皮状便于加工熟制。皮板轻而薄但有拉力，成品的珍珠裘皮衣穿在身上轻而保暖，与名贵的裘皮相比，珍珠羔价格低廉，是制作女士、儿童保暖服饰优质材料。上述两种进口羊皮，我都参与了商检(市商品检验局)、动检(市动植物检疫局)、逐箱验货的工作。之后百货公司还经办了国产兰湿牛皮向意大利出口的业务，在山东博兴、菏泽制革厂加工，我也曾协助去验货。在广开皮市中，百货公司皮革经营部是销售全面而且品种广的商家。

行业内各单位和人员在皮市开办的商店，在20世纪90年代有四十余家，都是租用了广开比较大的门脸房，提升了皮市经营的档次、质量，规格、品种也是多样化。

四、聚八方来客

随着畜产皮张的开放，集体、个体、乡办的制革厂兴起，可谓遍地开花。他们所产皮革要在社会上流通，最终成为制鞋、箱包、工业皮件、日用皮件、军需装具等诸多商品制造厂家的原料。广开皮市的出现成为皮革交易的大平台，于是各地所产皮革在这里集中，汇集在各家商店中。河北省的货源比较多，除前面提到的唐山、黄骅，还有皮毛之乡的蠡县、肃宁、皮都辛集、无极县的张段固等地的制革厂，山东沂源、江苏淮海、浙江温州的皮革也来此售卖。

天津市制革厂在皮市经营中仍占优势，5家国有制革厂有各自名牌产品销往全国。天津有的产品还是外省商家的首选，这有历史的渊源。以京津制革厂为例，其军工用革早已全国闻名，而其铬鞣牛面革曾在全国行业评比中名列第一，还有各类工业用革、皮碗、皮垫、马鞍具革等，是国内独家产品。20世纪80年代，国内制革行业普遍采用铬鞣工艺制革，植鞣工艺制革逐步取消。由于京津制革厂的植鞣工业革是面向全国，为机器轮带(大重型机床摩擦轮带)和纺织行业专用皮革，因此保留了植鞣工艺生产，其植鞣工艺生产制作历史可追溯到近代北洋时期。

京津制革厂的铬鞣工艺耐热法兰革，用在大型火炮助推器内的密封装置(可耐高温)。油鞣工艺麂油鞣革是航天工业首选擦饰皮革和过滤汽油用革。铬、植两种工艺结合鞣制的马鞍具革用途更广,是精密武器、机械的装具,还是国防工业专用设备的重要配件,其不产生静电耐摩擦的特点,在制造火药机械中起到防暴不易燃的作用。植鞣工艺打光装具革是军队专用皮革,供北京武警军械所等,福建武警总队购打光装具革制新式快枪枪套等,专用于海上缉私。

改革开放后,纺织行业有了前所未有的发展,以乡镇集体兴办的纺纱织布厂兴起。纺织行业使用的织布机必须配备牛皮制作的皮码子(皮仁,也称皮榔头,每台机器左右各一只)、单耳、双耳皮圈、吊棕皮条等多项配件。还有毛纺机的梳毛皮条、搓皮套(扳手,纺毛线用)等纺织配件产品需求量扩大。重庆、西安、焦作、泰兴、大连、合肥、昆明等国内几十家工业皮件厂,都使用京津制革厂的植鞣皮革生产纺织配件。当时的植鞣带革、皮仁革,民用的底皮心、前节、边皮等,是广开皮市上的抢手货,这些植鞣皮革大部分都在多家京津皮革商店中出售。

自 1988 年始, 广州白云实业发展公司越秀经营部经理英皓涛来津,购买京津制革厂牛软面革在广州出售,之后多年与天津的生意关系从未间断,延续至 20 世纪 90 年代后期。哈尔滨、长春、沈阳等多家商户与天津有业务往来。在兴旺时,皮市由北头黄河道至南头西市大街,华家场、广开街的门脸房几乎全由经销皮革的商家租用。1996 年,广开东面改造建成商品房,那楼房下的底商租金更贵。这一时期,也是广开大街百年来最兴旺的年代。

五、改革开放中行业历史得到传承

广开十字街(与中街相交)北 89 号向阳皮革鞋料店,是南开区向阳路街道办事处经营的商户。有三间门脸房,是比较大的门市,经理姓裴。店内有两名业务是原第三皮件厂退休工人, 其中史邦元老先生是行业内有资望的老师傅。史师傅出生在衡水皮都枣强大营东花柳村,父亲是熟制裘皮的行家,继承了祖辈传授的手艺,村中农闲时,家家户户都以熟毛皮，缝制皮褥、皮衣为业生存。大营皮褥、裘皮衣等毛皮制品质好、价格低廉，当时天津租界洋行大量收购销往欧洲各国。每一件毛皮的背面(皮板里)都打印有长方形“中国大营”的标记，世界闻名。1937 年过完春节，16 岁的史邦元经天津枣强皮局东家介绍进天津万盛和硝皮厂学徒。因为这一年爆发了七七事变，至此，史师傅成为万盛和最后一批进厂的徒工，直至 1953 年工厂关闭再也没有新工人进厂。他在万盛和工作的十几年中，掌握了植鞣工艺多种皮革的制作，是一位优秀的技师。他为向阳皮革商店在外省采购皮革时，遇到了多位在徐州生活的天津老同行，这些老人是 1949 年前到徐州工作，出自老恒利、大陆、鸿记等制革厂，在聊起近代天津的皮革业时有说不完的话。老同行们为史师傅提供了徐州周边地市制革厂的信息和货源，史师傅主动告知厂家提高质量和改进操作的方法，让卖方很感动。前面提到的蓄水池街开办的宏福皮革商店，同时兼营制作民用皮件。该店聘请了第四皮鞋厂退休的刘玉兰先生。刘老先生不但是经营皮革的业内人士，还是制鞋业皮件业门里出身的行家。

三环皮革门市部经理盖家齐，其爷爷盖岐山，1929 年开设天津金城制革厂，生产牛面革，其父盖奎章，曾在天津津南制革厂工作，一家三代人都没有离开制革业。京津皮革商行业务员马杰，其曾祖父于 1928 年开办得利生制革厂，其家族 4 代人都从事制革工作。鑫华茂皮革店经理何士杰原在天津第一制革厂工作，他沿用了祖辈开设制革厂之名。作者向何经理了解鑫华茂开办年代时，他说：“随着父亲的去世，祖辈的往事已没人再提起。”笔者查阅商会档案：“鑫华茂制革厂开设于 1913 年，位于广开华家场，经理何誉生，字春芳，投资 5000 银圆，轧皮机两架。”轧皮机也称底皮辊压机，是近代机器制革的主要设备。这一信息说明，当时只有要用欧洲先进的植鞣工艺制革才使用辊压机；还披露了在民国之初，天津民营的小制革厂已采用了世界上先进的生产技术制革。

史邦元、刘玉兰，还有津南制革厂的常化平、李智信、张继尧、李福元、杨恩庆、郑金冠、李少碱等多位经历过近代制革业的老先生，在人生的黄昏时刻赶上了改革开放，他们努力地为这新时代做着贡献。家族经营的传承与延续，为新时代的市场经济增添了浓厚的历史底蕴。

六、改革开放在继续

我们采用的鞣制技术为铬鞣工艺，尤其在鞋面革及各种轻软革都用铬鞣技术生产，因为目前还没有新的工艺取代它，所以铬鞣成为当今世界范围内唯一的生产方式。铬是重金属元素，它是主要的污染物之一，再加上有种类繁多的加脂剂、染料、涂料、填充剂等，这些没有全部被皮革吸收剩余的部分及中性盐、酸类、碱类和其他药料都会进入污水中，这就造成制革废液成为最难处理的水质，排放后对环境形成重污染。

为了保证市区的生态环境，深化改革市政府加大了生态环境治理，淘汰了一批高污染的工业。1990 年位于河北区金钟河大街的天津制革厂停业关闭，设备和人员迁往南郊双港第一制革厂。至此，由 1898 年开设的天津北洋硝皮厂被拆除。之后，河北区昆纬路的天津利生体育用品厂制革工序取消，不再生产球皮革。1998 年位于河北区京津公路的京津制革厂停业，人员和设备并入南郊双港第一制革厂。1992 年位于南郊双港第二制革厂，并入相邻的第一制革厂(两家工厂都是 1956 年公私合营时开设)。2008 年天津第一制革厂关闭，从此重污染的制革行业在天津消失。

在改革进程中，国家加强了治理污染的力度和污染防治，要使污染物排放总量减少，生态环境质量总体改善。这其中，天津市皮革行业做出了最大的牺牲和贡献。党的十九大做出了“推进绿色发展”的重要部署，制造业向高端迈进。同时我们将不断研发新的产品，推动经济发展，这中间有许多新材料代替了皮革，这是可喜的现象。新型的纺纱织布机已进化到无梭织布，那诸多的纺织皮革配件与老织布机都成为历史。特别在国防、兵器、航天等领域所研发的新材料替代了皮革的作用。

天津广开是与皮革密切相关的老地方，如今被已改造成全新的商业街和居住小区，那些陈旧的平房已不存在，格调故里、公园北里、广泰园、怀仁里等生活小区使广开面貌焕然一新。在大楼底商中，仍保留了传统的皮革经营。由民国初北洋时期始，广开出现了买卖生牛皮的皮庄，随之多家制革厂在此开办。从20世纪30年代诸多家经营成品皮革店铺兴起，到改革开放后的皮革市场，这一切已成为广开百年沧桑变迁的历史。当一个行业从城市中消失后，其百年发展的过程便成为我们追忆的往事。我们坚信，将来会有更新的工艺生产技术克服和消除制革中的污染，再现制革业新的春天。

更正与补充

《天津文史资料选辑第119辑·天津恒利硝皮厂》一文更正如下：

161页第三行侯芳溪(189？—1948)，山东宁津县人，应为直隶宁津县人。宁津县1928年前称直隶省，1928年北伐后，国民政府将直隶更为河北省，1963年之后由河北省划出归山东省。

163页倒数九行，机器制鞋厂应为机器在制革厂，20世纪20年代制鞋业没有使用机器，制鞋为手工操作，当时是机器制革厂开放和兴起……

169页第八行齐国桢（字国辅），参照164页第四行驶理齐国桢(字国辅)，169页国辅更正为周辅。

《天津文史资料选辑第122辑·我所知道的天津早期制革厂》一文更正如下：

挤水机的“挤”字在该篇文章中曾出现过8处，其中有3处将挤字误为济。

253页第九行济水更正为挤水。

254页第十行济水更正为挤水。

255页倒三行济水更正为挤水。

255页第九行生产中底皮辊压机和木制转鼓只是用水不方便。在删改时遗漏了内容，应在木制转鼓后补上“已使用电力”5个字，此句应为：生产中底皮辊压机和木制转鼓已使用电力，只是用水不方便，需要人工挑水……

260页第二行去掉而且二字。

以上两篇文章中的失误谨此纠正，谢谢。

（作者齐国利，天津隆庆皮具制品有限公司工程师，已退休）

后 记

本书共收录文章42篇，为方便阅读，分为5个栏目。为庆祝改革开放40周年，我们从去年就开始征集相关史料，从40余篇稿件中选取12篇有代表性的文章纳入《庆祝改革开放40周年》栏目；今年适逢中共中央发布“五一口号”70周年，我们向各党派团体征集相关纪念性文稿，收录14篇在该栏目；《纪念高考恢复40周年》的相关稿件，是我们从去年就开始向社会及有关单位征集的，天津大学、天津师范大学校友会对征集工作给予了大力的支持，我们从中选取8篇文稿刊出；《忆人忆事》和《津门工商往事》栏目中所收录的8篇文章，基本属于自然来稿，其中涉及“五大道”的人和事、著名曲艺家以及天津皮革业、医药事业发展的史料，部分文章出自长期供稿的老作者之手。本书所收录文章充分体现政协文史资料的“三亲”特色。

从编辑到定稿，对史实认真核实、对文字斟酌推敲，作者与编辑都付出了辛勤的劳动。在即将付梓之际，我们向对本书征集、编辑、出版工作给予大力支持的各界同人表示诚挚的感谢。由于编者水平和时间所限，书中难免有不妥之处，敬请批评指正。

中国人民政治协商会议天津市委员会文史资料委员会
2018年12月